Think Again

창의방정식의 비밀

이동조 지음

Think Again

창의방정식의 비밀

이동조 지음

Think Again

추천사

우리 모두 장착해야 할 창의방정식

'저마다의 처지를 약진의 발판으로 삼아 창조의 힘과 개척의 정신을 기른다.'

국민교육헌장의 한 구절이다. 아마 창조라는 말이 나온 첫 국가 공식문서일 듯하다. 그만치 창조, 다시 말해 창의성은 예나 지금이나 그 중요함이 이루 말할 수 없다.

사람들은 나를 창의적인 사람이라고 말한다. 그도 그럴 것이 2015년 현재 238권의 저서를 발간한 작가이기 때문이다. 작품의 영역도 소설, 수필, 동화, 만화, 희곡, 시나리오 등등 거의 전(全)방위다. 독자들의 사랑을 제법 오랫동안 받아오고 있다.

이 세상에 없던 것을 만들어내는 것이 바로 창의의 영역이다. 나는 내가 재능이 약간 있고, 열심히 노력했기 때문에 이런 결과가 이루어진 줄 알았다. 그러나 나의 이런 어리석음은 이동조 저자의 이 책 〈창의방정식〉을 만난 뒤 여실히 깨졌다. 창의에는 프로세스가 있으며 방정식에 의해서 모든 새로운 아이디어와 기획이 나온다는 진리를 뼈저리게 깨달았기 때문이다. 나에게는 알게 모르게 창의방정식이 장착되어 있었던 것이다.

창의방정식에서 가장 중요하면서도 새로운 것은 시공간, 즉 무대 배경이다. 창의성은 바로 그것이 발현될 새로운 공간이 있을 때 나온다. 탁견이다. 반복되는 일상의 익숙한 무대에서 창의성을 드러낼 이유가 전혀 없기 때문이다. 필요는 발명의 어머니라고 했는데 바로 이 필요가 무대임을 저자는 꿰뚫고 있다.

창의방정식을 나에게 적용하면 정확하게 맞아 떨어진다. 주지하듯 내가 1급 지체 장애인으로서의 삶을 산다는 건 비장애인들과 다른 무대에 선다는 의미다. 장애인의 무대에서 세상을 보니 무슨 이야기를 하든 사람들은 신선하다고 느끼는 것이다. 입구에 계단밖에 없는 식당에 장애인용 경사로를 만들면 좋겠다는 내 제안은 나의 입장에서는 너무나 당연한데 그 말을 들은 주인에게는 창의적 아이디어가 된다. 그렇게 하면 휠체어 탄 노부모님이나 유모차 미는 엄마들도 손쉽게 찾아오는 식당이 될 수 있기 때문이다. 식당의 매출이 올라가는 건 당연하다.

그리고 중요한 것 가운데 또 하나가 두근두근이다. 얼핏보면 비과학적으로 보이는 이 개념은 창의방정식에서 자신도 모르게 가슴이 뛰고 영감이 떠오르는 단계를 말한다. 이러한 설레임이 있어야 멋진 아이디어가 무한대로 쏟아져 나온다. 두근두근은 애정이고, 관심이며, 영감이니 한 마디로 필이 팍 꽂히는 경우라 하겠다.

나는 매번 작품을 쓸 때마다 가슴이 뛴다. 이 작품이 얼마나 독자들에게 사랑을 받을까. 어떻게 많이 알려져 세상에 선한 영향력을 미칠까……. 이런 생각을 하면 두뇌가 활성화하면서 자다가도 벌떡 일어나게 되고, 없던 아이디어도 마구 샘솟는다. 이런 것들이 다른 요소들과 결합되어서 창의적인 작품과 아이디어로 나온다는 생각은 꿈에도 하지 못했다.

앞의 국민교육헌장으로 돌아가 보면 '저마다의 처지'라는 것은 무엇인가. 자기가 경험하고 자기가 생각한 새로운 무대를 가지고 창의방정식을 적용하면 성공할 수 있다는 의미이다. 그렇게 하면 창조의 힘이 생겨난다고 했으니 국민교육헌장에도 어느새 창의방정식이 적용되고 있었다.

우리시대의 주요 아젠다는 창의인재, 통찰, 창조경제다. 그런데 정작 창조적 사고력의 의미가 무엇인지 아는 사람은 아무도 없다. 창의방정식($Xy^n=ab$)을 알지 못한 채 만들어진 개념이기 때문이다.

지금도 늦지 않았다. 이 땅의 모든 정치, 경제, 문화, 정책 결정자들은 창의방정식을 학습해야 한다. 그리하여 우리 민족이 새로운 무대를 배경으로 두근두근 하는 마음의 떨림으로 힘차게 도약할 수 있도록 이끌어야 한다. 이 방정식에 모든 성공 요소들을 투입한다면 온 국민이 일치단결해 한 번 더 도약할 수 있다.

창의방정식이 이 시점에 우리에게 주어졌다는 것은 크나큰 축복이다. 온 국민의 뇌리에 창의방정식이 장착된다면 가슴 벅찬 미래가 활짝 열릴 것이다.

고 정 욱
소설가, 동화작가

Think Again

PROLOGUE

두근두근 창의성

누구나 하나쯤 가슴이 뛰는 단어를 가지고 있다. 내겐 '창의성'이 그랬다. 이십대 시절부터 이 말은 늘 내 가슴을 두근두근 뛰게 했다. 그렇게 수십 년이 넘도록 창의성이라는 단어를 친구삼아 사귀어 왔다.

창의성은 묘한 매력을 가진 단어다. 창의성과 한 편 먹는 순간 통찰력과 예측력은 물론 남과 다른 지혜와 아이디어가 넘치고, 많은 승부에서 승리의 확률을 높일 수 있다. 그렇다고 창의성이라는 무기를 얻기 위해 굳이 홈쇼핑처럼 주문하고 오래 기다릴 필요는 없다. 어떤 통찰의 문 하나를 열기만 하면 누구나 즉각 가질 수 있는 게 바로 창의성이다. 아이에서 리더까지, 남녀노소나 신분고하를 따지지 않으며 아이큐나 지식의 양을 따져 차별대우 하지도 않는다.

게다가 시간이 지나더라도 변하거나 닳아 없어지는 일도 없다. 아무리 성능 좋은 슈퍼컴퓨터가 나온다 하더라도 인간의 창의성을 대신하긴 힘들며, 남들이 내 생각의 힘을 훔쳐갈 수도 없다. 그저 창의성의 실체를 정확히 이해하기만 하면 그것으로 좋다.

창의성의 매력은 활용하면 할수록 더욱 강력해진다는 것이다. 많은 창조적인 활동과 더 많은 창의적인 생각을 쏟아낼수록 우리 안의 창의성은 점점 역동성을 얻는다.

결국 창의성을 가진다는 건 우리 인생에서 영원불멸의 강력한 생각의 무기를 얻는 것과 같다.

그러나 이 매력적인 창의성을 얻기 위해선 먼저 해결해야 할 한가지 조건이 있다. 바로 우리가 막연히 알고 있는 '창의성'이라는 본질을 정말 제대로 이해할 수 있느냐다.

이미 창의성에 대한 그럴듯한 개념들은 무수히 차고 넘친다. 하지만 알면 알수록 모호해지고 파고들면 들수록 이해할 수 없는 게 바로 창의성이기도 하다.

실제로 사람들에게 '창의성이란 무엇인가?'라고 물어 본다면 대부분, 남과 다르게 생각하기→고정관념 벗어나기→어린이다운 발상→새로운 관점에서 보기→직관적 사고→상상하기→뒤집어 생각하기…하는 식으로 뱅글뱅글 돌다 결국 순환논리에 빠지고 만다.

"어떻게 하면 내가 창의적인 생각을 할 수 있는지 알려 달라"는 질문에 지난 2000년간 인류는 아직 명쾌한 답을 내놓지 못했다고 나는 확신하고 있다. 인간이 창의성에 대한 해답을 찾기가 어려웠던 이유는 과연 어디에 있었을까? '가로등 아래 열쇠 찾기' 이야기에서 힌트를 얻을 수 있다.

어느 날 가로등 아래서만 열심히 잃어버린 열쇠를 찾고 있는 사람이 있었다. 지나가는 사람이 이 광경을 유심히 관찰하다 그에게 다가가 다음과 같이 물었다.

"왜 계속 같은 장소에서만 열쇠를 찾고 있습니까?" 이 질문에 열쇠를 찾던 사람은 이렇게 답했다. "여기가 가장 밝잖아요."

우리는 열쇠 찾는 사람이 참 어리석다는 것을 잘 안다. 사실 창의성이라는 열쇠를 찾고자 하는 인류의 생각 역시 이와 별반 다르지 않다고 생각한다. 가로등이 환히 비치는 곳에서만 창의성을 찾기 위해 발버둥치고 있으며 가로등이 비치는 그 안에서 주워 모은 창의성의 부스러기들을 우린 진짜 창의성인양 철석같이 믿어왔기 때문이다.

그래서 이 책은 지금까지 우리가 알던 가로등 불빛 아래 창의성을 모두 거부하며 다음과 같이 선언하려 한다.

- 창의성은 다르게 생각하기가 아니다.
- 창의성은 고정관념을 타파하는 게 아니다.

- 창의성은 융합하는 게 아니다.
- 창의성은 차별적인 생각이 아니다.
- 창의성은 거꾸로 생각하기가 아니다.
- 창의성은 상상력이 아니다.
- 창의성은 직관력이 아니다.
- 창의성은 노력, 도전정신, 열정이 아니다.
- 창의성은 호기심도 발상의 전환도 아니다.
- 창의성은 좋은 창의, 나쁜 창의가 없다.

우리가 창의적이지 못한 이유는 지금까지 창의성에 대해 엄청난 오해를 해 왔기 때문이다. '다르게 생각하기', '고정관념 타파', '거꾸로 생각하기', '상상력', '직관력', '열정', '긍정', '호기심', '융합', '모순극복' 등 무수한 창의성에 대한 개념들은 모두 가로등 불빛 안에서만 찾아낸 부스러기들일 뿐이다.

그렇다면 진정한 창의성은 어디에 있단 말인가? 의외로 답은 가까운데 있다. 고대 로마의 가장 뛰어난 지도자이면서 인류 역사상 가장 창의적인 사람 중의 하나인 율리우스 카이사르는 "사람은 누구나 모든 현실을 볼 수 있는 것은 아니다. 대부분의 사람은 자기가 보고 싶은 현실밖에 보지 않는다"고 말했다. 여기에 "현실은 아주 끈질기기는 하지만 그저 하나의 환상일 뿐"이라는 아인슈타인의 말도 다시 한번 곱씹어 볼 필요가 있다.

위대한 이 두 통찰자는 전혀 다른 표현을 썼지만 완전히 같은 말을 하고 있다. 나는 이들의 말 속에 창의성의 진짜 비밀이 숨어있음을 발견했다. 창의성이란 바로 자기가 보고 싶은 현실이나 환상을 버리고, 이미 있는 그대로를 보는 눈을 갖는 것이다.

창의로 가는 아주 간단한 방법은 보고 싶은 것만 보는 아집, 드러나는 현상에만 사로잡힌 '나'의 생각을 버리는 것이다. '내 생각은 틀렸다'는, 진실로 거부하고 싶은 이 사실을 받아들이고 거기에서 출발해 진정한 창의의 세계로 한 걸음 더 나아가라는 것이 이 책의 핵심 메시지이며, 창의방정식의 비밀이다.

진정한 창의성은 나만의 창의, 너만의 창의, 좋은 창의, 나쁜 창의, 한국적 창의, 미국적 창의 등과 같은 '인간'의 관점을 완전히 배제해 버리는 것에서 출발한다.

창의성은 인간의 생각 이전에 이미 세상만물, 세상만사의 창조원리에 숨어 있었으며, 인간의 관점과는 상관없이 자연과 세상과 우주의 관점으로 작동된다. 그러니 창의성은 창조의 과정을 원래 그러했던 그대로 추적하는 것이라야 한다.

창의성은 '내 머릿속의 어떤 차별적인 생각'이 아니다. '나'의 몰입, '나'의 다름, '나'의 호기심, '나'의 열정…. 그 모든 '인간의 단어'들이 창의성의 실제 모습일 리 없다. '내 관점'에서 벗어난 객관적인 있는 그대로의 창조의 과정을 들여다보는 것이어야 한다. 진정한 창의성이란 '있는 그대로의 전체 패턴'을 알고 이 패턴을 활용하여 자신도 새로운 것을 창조하는 힘이라고 할 수 있다.

사실 창의성에 대한 연구는 여전히 나에게 현재진행형이다. 요즘엔 의학 분야에서 '병의 창조패턴'을 적용해 치유하는 과정에서 '체질한의학'과 '서양의학'의 새로운 조합이 창조적인 미래의학의 해답이라는 사실을 연구해 나가고 있다.

그럼에도 불구하고 이 책이 세상에 나올 수 있었던 것은 지난 10여 년 동안 전국 대학에서 수만 명의 대학생들을 대상으로 진행해 왔던 창의특강이 그들의 창조적인 사고를 하도록 돕는 데 엄청난 기여를 했다는 확신을 얻었기 때문이다.

학생들로부터 '기존에 진리라고 여겼던 수많은 생각들을 깨부수게 된 계기가 된 강의'라는 평가를 받았으며 어떤 대학생에게는 "창조적으로 사고하는 법에 대한 강의를 들은 후 마치 망치로 뒤통수를 강타당하는 듯한 엄청난 충격을 받았다"는 소감을 듣기도 했다.

취업이나 다양한 아이디어 경쟁에서 승리를 거머쥘 수 있었다는 감사의 편지들도 쏟아졌다. 특히 "강연 내용에 대하여 좀 더 자세하게 가이드해 주는 책이 없느냐?"는 질문을 받은 후 나는 한정된 특강 시간에 미처 다루지 못한 내용을 한 권의 책으로 정리해야겠다고 마음을 먹었다.

대한민국은 이제 창의성이 절실하게 요구되는 나라가 됐다. 앞으로 길게는 100년 이상 사회, 경제, 교육, 문화, 의학, 과학, 자기계

발 등 전 분야에 걸쳐 창의성이 주도하는 세상이 될 것이다.

이 책은 이 시대를 살아가는 모든 이들이 궁금해 하는 '진정한 창의성이란 무엇인가?'에 대해 가장 쉽고 명쾌하게 해답을 제시하는 '창의학개론'이자 창의성에 대한 가장 완벽한 해설서가 될 것이다. 그렇다고 아주 딱딱하거나 공허한 이론서는 아니다. 창의하는 패턴에서 공통적으로 뽑아낸 원리를 간단한 수학공식처럼 정리한 인문학적 개념의 '창의방정식'이 무수한 창조 작업에서 어떻게 적용되어 왔는지 다양한 분야에서 주변 일상의 사례들을 들어 설명해 나갈 것이다. 뿐만 아니라 이 창의방정식 하나로 우리 현실 곳곳에서 부딪치는 다양한 분야의 문제들을 어떻게 해결해 낼 수 있는지 명쾌한 해답을 제시하고 있다.

한 가지 당부해 둘 말이 있다면, 이 책을 읽다 보면 우리가 기존에 알고 있던 무수히 많은 창의성에 대한 개념, 진리라고 확신해 오던 수많은 생각의 패턴을 부정해야 하는 상황에 부딪힌다. 더구나 생각의 공식인 창의방정식을 완전하게 이해해야 하는 다소 까다로운 입문과정도 초반에 포함돼 있다.

그렇더라도 포기하지 말고 끝까지 읽어 나갔으면 한다. 그래서 지금까지의 생각이 아닌, 거대한 사고의 벽 그 너머에 서서 완전히 다른 관점으로 전혀 새로운 세상을 바라볼 수 있는 기회를 얻었으면 한다. 그 순간 당신 역시 뒤통수를 강타당한 느낌을 받을 것이며 진정한 창의성을 이해할 수 있게 된다. 그저 창의성을 다루는 간단한 창의방정식을 머릿속에 넣어두는 것만으로도 독자 여러분들은 생각의 힘을 폭발적으로 키울 수 있게 될 것이다.

끝으로 오랜 세월 강의를 통해 만났던 젊은이들에게 감사한 마음을 기록해 두고 싶다. 결국 그들의 요청, 그들과의 만남, 그들과의 두근거림이 이 책의 창조 근원이다. 또한 이 책의 원고를 꼼꼼히 봐 주고 좋은 조언을 해 준 딸 서정이, 대학생 조카 다은이, 1인1책 김준호 대표와 늘 곁에서 함께 응원해 주는 아들 지우와 아내에게 깊은 감사의 말을 전한다.

북한산 아래에서

이 동 조

차 례

3장 창의방정식에 숨어 있는 비밀

4장 창의적인 생각은 어디에서 오는가?

차 례

5장 진리라고 믿어왔던 것들과의 이별

6장 창의적인 사람이 되는 법

IDEA
solution
?!
Concept
SUCCESS
Plan
Team
solution
process
75%

Think.
Again

1장

창의성이란 무엇인가?

창의성은 '프로세스'다!

'가려우면 긁으면 돼.' 보통 사람의 생각이다. 지극히 당연한 판단이다. 그러나 이 당연한 생각은 틀렸다. 다시 생각해야 한다.

창조적이고 바른 생각은? 엄마가 꽃 축제장에 갔다가 어떤 꽃을 만진 후 가려워졌다면 항히스타민제를 먹고 다음부터는 그 꽃을 주의해야 한다. 아빠가 할아버지 묘에 벌초하러 갔다가 곤충이 피부에 붙은 후 가렵다면 물파스를 바르는 게 상책이다.

'가려우면 긁으면 돼!'라는 생각을 우린 당연하다고 믿고 있지만 실제로는 너무나 어리석은 판단이다. 왜일까? 사실 여기에는 '무엇 때문에 가렵지?'라는 근원적인 전제조건이 빠져있다. 가렵다는 사실은 전체가 아닌 부분이다. 부분만 보고 판단하면 반드시 중대한 오판을 낳는다. 바른 생각은 전체를 봐야 나온다. 그 전체에 꽃이 있고 벌레가 들어있다. 엄마는 꽃 알레르기가 있는데 꽃을 만졌고 아빠는 벌레와 접촉했다는 상황을 알고 판단할 때만이 보다 창의적이고 옳은 결정을 내릴 수 있다.

분명한 건 전체를 알아야 좋은 생각을 할 수 있다는 것이다. 그렇다면 전체란 무엇인가? 창조가 이루어지는 처음부터 끝까지의 프로세스다. 전체 프로세스로 사고하면 저절로 창조적인 사고가 작동된다. 좋은 전략이 그냥 나온다.

엄마는 가급적 꽃 박람회에 가지 말아야 하고 가더라도 꽃에 가까이 가서는 안 되며 가까이 가더라도 꽃을 만지지 않는 것이 좋다. 가려울 때는 즉각 항히스타민제를 써야하고, 독한 약보다는 동의보감에 나오는 꽃 알레르기에 효과가 있는 약초를 쓸 수도 있다. 아빠는 벌초하기 전에 가급적 긴팔 옷을 입는 것이 좋으며 살충제나 물파스 등을 챙겨가는 것이 추천 아이디어다.

그저 '가려우면 긁으면 돼'라는 생각이 일상적인 대화에서 큰 문제가 되는 건 아니다. 살아가는 데 아무런 지장이 없다. 너도 그렇게 생각하고 나도 그렇게 생각하기 때문이다. 시비 거는 사람도 없다. 그러나 그것으로 끝이다. 더 이상 어떤 창의적인 생각으로 발전시킬 수 없다. 문제는 정말 창의적인 판단이 절실히 필요한 순간이 왔을 때다. 엄마가 갑자기 가려움증에 호흡곤란까지 왔을 때다. 아빠의 팔이 퉁퉁 부어 '주먹대장'이 됐을 때다. 이럴 때 그냥 '가려우면 긁어!' 할 순 없다.

기존에 없던 새로운 창조 작업을 해야 하는 순간, 이런 익숙한 생각의 방식은 우리를 철저하게 배신한다. 가렵다고 무작정 긁으면 더 심각해지는 수가 있다. 인간의 생각에는 이렇게 애초부터 별로 달갑지 않은 바이러스가 침투해 있다.

이 사고의 바이러스를 해결해야 한다. 어떤 방법이 있을까? '나'의 생각을 믿지 마라. Think again! 이것이 첫 번째 답이다. 일단 내 머릿속에 떠오른 좋은 생각이 틀렸다고 인정하기다. 그 대신 내 생각 밖에 이미 존재해 온 '창조의 프로세스'에 따라 사고하기다.

방법은 아주 간단하다. 예컨대 보통 사람들은 집을 '집'으로 본다. 당연하다. 집을 집으로 보는 게 뭐가 이상한가? 그렇지만 이렇게 보통사람의 보통 생각은 그것으로 끝이다.

그러나 뭔가 만들어지는 프로세스로 보면 이야기는 완전히 달라진다. 눈으로 드러나는 그냥 집을 '집을 짓는 프로세스'로 보는 순간, 집이 그냥 집이 아니라 대지를 확보한 후 설계도에 따라 벽돌과 인부 등 다양한 요소들이 서로 만나 시간을 타고 완성되는 동영상 방식의 프로세스로 보게 된다. 결국 우리가 눈으로 보는 집은 창조 프로세스를 거쳐 나온 결과물, 즉 한 부분일 뿐이라는 사실을 이해하게 된다.

창조 프로세스로 보면 집이 단순한 '집'이 아닌 거다. 내가 '내'가 아닌 것이고, 이것이 '이것'이 아닌 것이며 결과가 '결과'가 아니다. 프로세스적인 사고를 하면 사람은 순식간에 남과 다른 사고, 다른 관점을 가질 수 있다.

그 단순한 차이의 간극은 천양지차다. 왜일까? 집을 집으로 봐도 사는데 아무 문제없다. 그러나 집을 눈에 보이는 집으로만 본다면 내가 처음으로 직접 새 집을 지어야 하는 순간, 어떻게 해야 하는지 도무지 알 수 없게 된다. 결단코 집을 스스로 창조할 수 없다.

그런데 만약 집을 집짓는 프로세스로 이해하고 있다면? 마음만 먹으면 나도 얼마든지 집 한 채를 창조할 수 있다. 게다가 더 멋진 아이디어들을 적용해 더 창의적인 집을 지을 수도 있다. 가장 먼저 주변 환경을 고려하고 지을 땅을 다지고 설계도를 준비하고 벽돌과 인부가 만나도록 적절히 세팅하면 된다는 사실을 '프로세스 관점'을 통해 이미 알고 있기 때문이다. '집짓는 프로세스' 관점을 갖는다는 건 새로운 것을 창조할 수 있는 힘을 갖는다는 의미다. 바로 창의성이다.

우리가 흔히 창의성이라고 말하는 다르게 생각하기, 뒤집어 보기, 고정관념에서 벗어나기, 상상력, 열정, 몰입, 통찰력 등의 개념으로 집을 창조할 순 없다. 가장 먼저 집을 짓는 프로세스의 관점을 가지고 있어야 한다. 집을 창조할 때 환경과의 조화가 가장 중요하고 대지가 필요하다는 관점을 얻지 못하면 결코 집을 창조할 수 없다. 여러 요소를 하나로 디자인하고 조합해야 한다는 것을 알지 못하면 남의 집을 구경만 할 수 있을 뿐 우리 스스로 집을 지을 순 없다.

그러니 이 순간부터 보이는 집의 관점을 버리고, '집을 짓는 프로세스' 관점을 얻자는 거다. 집을 버리고 '집을 짓는 창조 프로세스' 관점을 얻는 순간, 완전히 다른 세상이 펼쳐진다. 이게 창조하는 능력, 진정한 창의성의 원리이다.

창의성은 '새로운 것이 창조되는 프로세스를 발견하고 이를 적용하는 힘'이라고 딱 꼬집어서 말할 수 있다. 한마디로 창의성이란 '창조 프로세스'를 아는 것이다.

Think Again

'나'는 어떻게 창조되었나?

내 생각 말고, 창조 프로세스를 믿기로 하는 순간 놀라운 세계가 펼쳐진다. 세상을 보는 관점이 즉각 달라지고 남과 다른 창의적인 생각이 쏟아지기 시작한다. 창조 프로세스 중심으로 생각하는 창의적이고 혁신적인 사람들은 신기할 정도로 평범한 사람들과 완전히 다른 사고를 한다. 그들은 눈에 드러나는 부분이 아니라 드러나지 않는 것까지 예민하게 포착해 전체 프로세스와 연동된 모든 요소들을 고려해 가장 완벽한 인과관계를 완성시킬 줄 안다.

창조 프로세스를 이해하는 것은 그리 어려운 일이 아니다. 자연에서 이미 무수히 존재하는 프로세스의 패턴을 '발견'해 내기만 하면 된다. 먼저 인간을 배제한 자연과 세상의 창조과정을 꼼꼼하게 관찰하여 창조가 이루어지는 전체 절차를 포착한다. 그 다음 전체 절차를 압축하여 간단한 패턴을 만들고 그 패턴대로 우리 역시 새로운 것을 창조해 나가면 된다.

우리가 가장 확실하게 믿을 수 있는 창조의 프로세스 하나를 살펴보자. 먼저 이런 질문부터 던져야 할 것 같다.

인류 역사상 가장 위대한 창조는 무엇일까? 컴퓨터, 인터넷, 전기, 비행기, 구글, 민주주의……. 다 맞는 말이지만 그것들보다 더 위대한 창조가 있다. 바로 '나'이다. 우리 자신 말이다. 내가 있어야 그 위대한 창조들이 의미 있기 때문이다. 수학적으로도 '나'의 창조는 무려 500억분의 1이라는 거의 불가능의 확률을 갖는다고 한다. 그렇게 창조되는 '아기의 탄생'을 보면서도 우린 기껏 다음과 같은 감탄을 쏟아낼 뿐이다.

예쁘군, 닮았군, 천사 같아, 사랑스러워. 세상에서 유일한 모습, 넌 특별해…….

단언컨대, 이런 감탄이 우리가 찾으려고 하는 '창조적인 관점'이라고는 할 수 없다. 분명한 건 아무리 우리가 이미 태어나 버린 '아기'에게 마이크로 현미경을 들이대 관찰해 본다 하더라도 창조의 비결을 찾아낼 순 없다는 사실이다. 현미경에 보이는 아기는 창의성을 가진 어떤 신에 의해 창조 프로세스를 거쳐 나온 맨 마지막 단계의 결과물 즉, 어떤 부분의 값이기 때문이다.

그렇다면 아기의 창조 프로세스는? 생물학적으로 아기는 엄마의 뱃속에서 열 달을 컸다. 엄마 배가 서서히 불러오는 것으로 아기 또

한 엄마 안에서 꾸준히 성장해 왔음을 포착할 수 있다. 그런데 이제부터 좀 어려워진다. 그 열 달이 진행되기 시작한 출발점은 뭐냐는 거다. 물론 우리는 교육을 통해 너무나 잘 알고 있다. 엄마의 유전자를 담은 난자와 아빠의 유전자를 담은 정자의 착상과정이다.

그러나 여기에서 생각을 멈출 수 없다. 그 착상의 이전 단계까지 추적해 가야 한다. 물론 엄마 아빠의 유전자를 담은 정자와 난자의 존재와 만남이라는 사실을 잘 안다. 무수한 가능성 속에 정자와 난자의 특별한 만남과 두근두근 반응이 착상을 이루어 낸 것이다. 물론 이 만남이 가능한 이유는 그 둘이 만날 수 있는 아기집인 자궁이 있었기 때문이다.

정리하자면 아기 창조의 프로세스는 가장 먼저 자궁이라는 무대가 있었고, 그 무대 위에서 정자와 난자가 만났고, 둘이 두근두근 반응하여 하나로 착상됐고 착상된 후 열 달 동안 엄마 뱃속에서 안전하게 성장한 것이다. 이 창조 프로세스가 결국 세상에 없던 아기를 완성시킨 전체의 이야기다.

그렇다면 이제 다시 생각해 보자. 우리는 아기 창조의 프로세스 전체를 통찰함으로써 창조가 어떤 패턴과 단계를 거쳐 이루어지는지 완전하게 이해할 수 있게 됐다.

아기 창조에서 찾아낸 창의방정식

① **자궁 :** 창조가 이루어지는 근원이다. 아기집인 자궁과 같은 미지의 시공간과 무대나 배경을 'X' 라고 이름을 붙여 보자.

② **난자와 정자 :** 미지의 'X'라는 무대 공간 안으로 들어 온 미지의 서로 다른 요소들을 'y^1'과 'y^2'… 등으로 표기하고 이들의 만남과정을 'y^n' 이라고 명명하자.

③ **착상 :** 미지의 어떤 다른 종류의 핵심요소인 'y^1'과 'y^2'가 만나 두근두근 반응하여 하나로 결합, 착상한 것 또는 하나의 교집합이나 콘셉트를 '=' 또는 '=1' 이라고 표시하자.

④ **열 달 :** 하나로 착상된 것이 구체적인 형태를 갖추기까지 성장하고 발전하고 변화하는 액션과정에 임의의 'a'라는 이름을 주자.

⑤ **아기 :** 지금까지의 전체 프로세스를 거쳐 최종적으로 창조된 결과를 'b'라고 칭하자.

이것이 창조가 완성되는 프로세스다. 이 '전체 프로세스' 절차와 패턴을 통찰한 후 각 단계마다 특징을 의미하는 미지의 표시값으로 공식화하면 바로 다음과 같은 하나의 심플한 공식이 나온다.

Creativity

“전체를 통찰하게 하는 인문학적 창의방정식”

$$Xy^n = ab$$

이것이 바로 세상에 없던 새로운 모든 것을 만들어내는 창조의 프로세스를 미지의 값으로 표시한 인문학적 개념의 '창의방정식'이다. 이 우주에 모든 생물학적 창조나 사회적 진화와 사건은 모두 이 프로세스 하나를 공유한다. 아이디어도, 문제도, 사건도, 병도, 발명도, 사회도, 경제도, 역사도 그 무엇도 모두 이 하나의 패턴에 따라 창조가 이루어지는 것이다.

따라서 이 '$Xy^n=ab$'라는 공식을 대입하면 어떤 창조물이 창조되기까지의 근원을 추적할 수 있고, 이 패턴의 방정식을 적용해 창조의 밑그림을 디자인하면 우리 역시 보다 쉽게 기존과 다른 새로운 무수한 것들을 창조할 수 있게 된다. 이제 남은 건 이 공식이 정말 모든 창조의 원리를 담아내고 있다는 사실을 의심 없이 받아들이는 일뿐이다.

Think Again

창조적인 생각이 쏟아져 나오는 비밀

지금 옳다고 믿고 확신하고 있는 나의 생각을 거부하라. 대신 우주 만사가 작동되는 있는 그대로의 창조 프로세스를 믿어라. 창조의 전체 프로세스 관점을 얻는 순간, 누구나 현재보다 훨씬 창의적인 사고를 할 수 있다. 이건 분명한 진실이다.

만약 원하는 아기 창조가 일어나지 않는다면 그 이유는 무엇일까? 우선 X에 문제가 있다는 사실을 단숨에 알 수 있다. X가 창조의 시작점이기 때문이다. 그러니 뭔가 될 것이 안 되거나 기존과 다른 새로운 것이 창조되지 않는다면 남 탓하거나 자기 머리를 쥐어뜯을 게 아니라 우선은 자궁에 문제가 있는 건 아닌지 의심해 보면 된다.

자궁에 아무런 문제가 없다면, 그 다음은 y^n의 문제일 것이다. 무대 위에서 만남이 제대로 이루어졌는지, 난자나 정자 기능에 문제는 없는지 검사해야 한다. 이런 식으로 =이라는 착상의 문제, 그것도 아니라면 a라는 열 달 사이에 무슨 탈이 난 것이다.

창의방정식은 명쾌하고도 구체적으로 문제를 발견하게 하고 창의적인 해결방법도 제시한다. 한마디로 창의방정식을 통해 창의성을 갖게 되는 것이다.

창의방정식은 보이는 것을 중심으로 판단하는 보통 사고방식의 '결과' 중심의 관점과는 달리 '시간의 흐름'을 반영하고 있다는 점에서도 창의적인 사고를 하는데 도움이 된다. 사실 창의 프로세스에 내포돼 있는 시간은 시각적으로 드러나지 않는다. 그래서 인간은 흘러간 시간과 앞으로 다가올 미래의 시간에 대해서는 너무나 쉽게 무시해 버린다.

그러나 창의성은 '전체 시간의 지배'라는 토대 위에 작동한다. 전체의 시간에서 고려하지 않는 과거나 미래 때문에 우리는 늘 창의의 실패를 몰고 다닌다. 창의방정식에는 $Xy^n=ab$라는 시간적 프로세스를 거치기 때문에 과거, 현재, 미래의 모든 시간적 요소가 반영돼 있다.

창의방정식으로 생각하면 과거, 현재, 미래로 이어지는 전체 시간을 한꺼번에 고려할 수 있고, 각각의 단계별 문제 지점을 포착해 낼 수 있으며, 그 지점에 맞는 맞춤형 해결책을 찾아낼 수 있다.

하나의 창조에는 필연적으로 X의 사정이 있고, y^1의 사정이 있고, y^2의 사정이 있으며, =의 사정이 있고, a나 b의 사정이 공존한다. 그러니 하나의 창조에는 X의 관점이 있고 y^1의 관점이 있고, y^2의 관점이 있으며 =의 관점이 있고 a의 관점이 있고 b의 관점이 있다. 이를 통해 즉각 관점 디자이너가 될 수 있다.

'눈에 보이는 집'은 한 개의 관점에 불과하다. 하지만 창의방정식으로 보면 주변 환경과의 조화, 토지, 설계도, 벽돌, 인부, 작업, 인테리어, 시간 등의 다양한 관점을 동시에 얻을 수 있다. 이런 다양한 관점으로 생각이 확대되는 순간, 남과 다른 시각, 남과 다른 예측, 남과 다른 해석, 남과 다른 아이디어 등 무수히 많은 창의적인 생각들이 저절로 쏟아지게 된다.

만약 새로운 것을 창조하지 못했다면 막연하게 머리가 나빠서, 남과 다른 생각을 못해서, 고정관념에 빠져서 그렇다고 한탄할 일이 아니다. 물론 하늘이 노해서, 조상 탓, 그 누구 탓은 더군다나 아니다.

딱 꼬집어 우선은 X라는 무대에 진짜 원인이 있고 그 다음엔 y^1과 y^2에 원인이 있으며 그 둘이 두근두근 조합되지 못한 =에 원인이 있고 그도 아니면 a나 b에 문제가 있었기 때문이다. 순서대로 답을 찾아 해결해나가면 실패나 문제를 극복하고 새롭게 창조할 수 있다.

1단계 —— 유무형의 무대가 반드시 있어야 한다.
: X 라운드 검토

2단계 —— 무대 위에 서로 다른 요소가 새롭게 조합된다.
: y^n 서로 다른 핵심요소 검토

3단계 —— 하나의 핵이 형성된다.
: = 두근두근 새로운 조합 검토

4단계 —— 발전하여 점점 더 효율적으로 변한다.
: a 움직여 발전하고 성장하여 형태를 갖추는 것에 대한 검토

5단계 —— 이미지, 디자인적으로 완성되어 하나의 창조물이 탄생한다.
: b 창조 완성

창의방정식인 X, y^n, =, a, b가 완전하게 하나로 세팅될 때 비로소 창조가 이루어진다. 창의방정식으로 창조과정의 전모를 보는 눈을 가지고 있다면 누구나 쉽게 창의적인 사고를 할 수 있다. 새로운 것, 다른 것을 생각해내는 능력, 새로운 것을 창조하는 성질 등의 따위로 창의성을 정의할 것이 아니라 그냥 있는 그대로의 전모를 보고 그 속에서 창조의 프로세스를 발견하여 이를 활용하는 능력의 관점에서 창의성을 이해해야 한다.

결국 창의성의 문을 여는 것은 인류가 지금까지 관심을 기울였던 '나 중심의 관점', '보이는 시각중심의 관점', '결과론적 관점'을 거부하는 것에서 출발한다.

Think again!

캠퍼스 커플의 탄생

여기 한 쌍의 캠퍼스 커플이 탄생했다. 이른바 'C.C.의 창조'다. 창조라고 하면 무조건 창의방정식을 거친다. 이는 불변의 진리다.

실제로 캠퍼스 커플이 창조되기 위해서는 멋진 남자 대학생과 멋진 여자 대학생이 연애를 하면 된다고 쉽게 생각한다. 이 생각은 틀렸다. 다시 생각해야 한다. 연인이 되기 전에 두 사람이 처음으로 프러포즈를 통해 사귀기로 하며 팔짱을 끼거나 손을 잡았을 것이다. 물론 그 전에 둘은 두근두근 서로의 마음이 반응했을 터이다. 그러나 그보다 더 전에 전제조건이 있다. 가장 먼저 그들은 반드시 같은 대학에 다니고 있어야 한다.

모든 창조는 지켜야 할 절차를 거쳐 이루어진다. 창조가 이루어지는 프로세스가 반드시 있다. 기존에 없던 새로운 것이 창조된다는 것은 애초에 우리 눈에 보이지 않는 수많은 전제들이 깔려있었고 그 전제들이 사전에 하나씩 충족되었다는 뜻이다. 모든 캠퍼스 커플은 단 한 쌍의 예외 없이 이 창조 프로세스를 거쳤을 것이다.

캠퍼스커플의 창조에서 찾아낸 창의방정식

① 같은 대학에 재학(X)
② 멋진 남자 대학생(y^1)과 매력적인 여자 대학생(y^2)의 두근두근 만남(y^n)
③ 팔짱, 혹은 손잡기(=)
④ 연애(a)
⑤ 캠퍼스커플 창조(b)

이런 전체 창조과정을 간단하게 표시하면 결국 $Xy^n=ab$라는 창의방정식이 된다. 이것은 기존에 없던 한 쌍의 캠퍼스커플이 새로 창조되기 위해서는 반드시 이 창의방정식을 만족시켜야 한다는 사실을 보여준다.

반대로 만약 캠퍼스커플이 창조되지 못했다면 그 이유는 무엇일까? 내 얼굴 탓도, 부모님 탓도, 공부 못한 탓도 아니다. b값에 이르는 a가 없었기 때문이다. a가 있었다면? 그 전 =1이 없었기 때문이다. =1이 있었다면? 하나로 연동시키는 y^n의 두근두근이 없었던 탓이다. 그런데 두근두근 반응까지 했다면? 그들은 같은 대학의 학생이 아니기 때문이다. 그러니 엉뚱한 데서 문제를 찾을 필요가 없다.

반드시 캠퍼스커플이 되고 싶다는 목표를 정했다면? 많은 사람들은 '매력적인 사람이 될거야' 하는 생각을 먼저 떠올릴지 모른다. 그러나 이건 내 머릿속의 생각일 뿐이다. 그러니 틀렸다. 실제로는 지금 멋진 근육질의 몸매를 가꿀 것이 아니라 가장 먼저 대학부터 들어가고 보아야 한다. 공부부터 해야 하는 것이다. 창조프로세스가 제시하는 대로 가야, 가장 창의적인 답이 나온다. 대학이라는 무대 위에 들어가 상대를 만나고 두근두근 마음을 조합하여 팔짱을 낀 후 캠퍼스를 누비는 창의방정식의 절차를 밟아야 한다.

이 창조 프로세스를 따르지 않거나 창의방정식을 거부하고서는 결단코 우리가 바라는 창조를 이룰 수 없다.

하늘과 지표사이 기압이 팽팽하게 형성된 '무대' 위에서 양전자의 구름과 음전자의 구름이 만나 '두근두근' 반응을 거치면 강렬한 전기로 조합되어 번개와 천둥이 창조되듯 세상의 모든 창조는 같은 원리와 패턴을 공유한다.

시장이라는 무대 위에서 높은 가격을 받고 싶은 물건 판매자와 최대한 싸게 사려하는 소비자가 만나 두근두근 반응하는 착상지점에서 '가격'이 결정된다. 그 가격에 맞춰 물건과 돈을 교환하는 과정을 거치면 '매매'가 창조된다.

세상에 나온 모든 아이디어는 뇌라는 무대에서 기존의 정보와 방금 들어온 정보 등 다양한 정보들이 만나고 섞이어 두근두근 새로운 조합으로 착상되어 튀어나오는 것이며, 비즈니스 무대 위에서 이 아이디어는 자본과 기술을 만나 두근두근 조합되어 기존에 없던 사업으로 세상에 생겨나는 것이다.

마음의 창조도 예외는 아니다. 성베네딕토 수녀원이라는 무대 위에서 힐링을 주는 우리시대 멘토 혜민 스님과 암 투병 중인 시인 이해인 수녀님이 만나는 순간, 그들의 평온하고 멋진 미소가 두근두근 조합을 이뤄 세상에 둘도 없는 멋진 감동을 뿜어낸다.

우주에 창조된 모든 것들이 겉으로는 다른 모습을 하고 있지만 창조된 과정은 완전히 똑같은 구조를 갖는다. 세상만사, 세상만물의 창조에는 창의방정식이 들어있다. 창조가 이루어지는 이렇게 완전히 똑같은 프로세스는 우리에게 창의성에 대한 무수한 통찰력과 메시지를 던져 준다.

이 창조 프로세스에 적절한 값을 대입하기만 하면 우리도 인공실험실에서 번개를 창조할 수 있고, 새로운 부부를 탄생시킬 수 있고 시장의 매매나 아이디어, 신제품, 감동은 물론, 그 어떤 것도 뚝딱 창조해 낼 수 있다. 아주 쉽게 창의적인 사고를 할 수 있게 되는 것이다.

Think Again

인간은 왜 창의로 가는 길을 버렸나?

인간은 누구나 창의적이다? 참 달콤한 말이지만 그리 신뢰할 만한 주장은 아닌 것 같다. 우리 주변에 정말 창의적이라고 박수칠 만한 사람들이 그리 많지 않다는 사실만 봐도 쉽게 알 수 있다. 인간은 오히려 원래부터 창의적이지 않고, 더구나 쉽게 창의적인 사람이 되기도 힘들다는 게 더 진실에 가깝다.

그렇게 생각하는 분명한 이유가 있다. 사실 인간은 태초부터 창의적이지 않도록 진화해 왔다는 게 내 판단이다. 실제로 인간은 생존을 위해 늘 정보의 인식과 처리 과정에서 '딜레마'에 빠질 수밖에 없었고, 그 갈등의 순간에 무조건 더 빠른 판단의 사고를 하도록 진화해 왔다.

무슨 말인가 하면, 일단 인류가 창조된 이후 인간은 변화무쌍한 환경에 대응해 오감이든 육감이든 신체기관을 총동원해 끊임없이 주변의 정보를 인식하여 빠르게 처리해야만 생존할 수 있었다. 당연히 원시 사바나시대부터 인간은 자신을 보호하기 위해 다양한 위험요소를 감지하는 데 뇌의 역량을 집중시키는 방향으로 생존해 왔을 것이다.

그 시절 인간에게는 빠른 정보처리 능력이 생존능력과 매우 밀접한 연관성을 가지고 있었다. 주변 정보를 빨리 빨리 파악해 처리하지 않으면 언제라도 자신의 생명이 위협을 당할 수 있었기 때문이다.

이런 측면에서 인간은 근원적으로 누구나 '불안증 환자'라고 할 수 있다. 단지 직접적인 생명의 위험을 덜 받으며 살아도 되는 요즘 같은 세상을 맞이하여 불안증을 어느 정도 통제하며 살아갈 뿐이다. 그러나 내재된 불안증이 완전히 사라진 것은 아니다. 어느 순간 새롭게 인식할 정보가 없거나 수신되는 데이터가 부족해지면 인간은 누구라도 금세 불안감에 휩싸인다. 눈만 가려봐도 바로 안다. 한 발자국조차 앞으로 내딛기 힘들다.

불확실성은 인간에게 강한 스트레스를 유발시킨다. 사람들은 이 스트레스를 극복하기 위해 본능적으로 다양한 정보를 가장 신속하게 입수하여 다시 가장 빠른 속도로 결과값을 도출하도록 진화해 왔다. 그러다 보니 자연스럽게 인간은 창의적인 사고보다 빠른 결론적 사고방식을 필요로 하게 됐다.

인간은 이런 본능 이외에도 또 하나의 중요한 특징을 가지고 있다. 그것은 철저하게 합리적인 사고를 하려고 노력하는 '합리성 지향의 동물'이라는 점이다. 아무리 신속성을 추구하더라도 가급적 '합리적인 이성적 사고'를 포기하진 않겠다는 자존심 같은 것이다.

그렇게 인간은 최대한 '인과관계 법칙'에 따르는 사고방식을 발전시켜왔다. 인과법칙이란 어떤 결과에 꼭 맞는 원인을 찾아 대입해 내려는 사고방식이다. 인간은 가능한 인과관계의 의미를 명확하게 정리한 후에야 머릿속에서 정보처리 절차를 최종적으로 완료하려는 경향을 가지고 태어났다.

우리 뇌는 나름대로 그런 합리적인 절차를 거치려고 애쓴다. 그러면 왜 그런 절차를 지키려 애쓸까? 이 또한 뇌의 생존본능이라고 할 수 있다. 주변의 사건을 인과관계로 처리해야만 뇌가 생각업무를 마무리 짓고, 심리적인 안정감을 얻을 수 있기 때문이다.

이를테면 "이건(결과) 이것(원인) 때문이야!"라고 뇌가 뭔가 딱 떨어지는 인과관계를 조합하는 순간, 그것이 맞든 맞지 않든 정서적 안정화 모드로 신체기능을 바꾸는 것이다. 생존 위험경계의 불안증을 해소하고 빠르게 심신의 안정감을 얻을 수 있는 가장 합리적인 의사결정인 셈이다.

결국 우리 뇌는 정보처리에 있어서 언제나 두 가지 상반된 생존미션을 동시에 수행 중이라고 보면 틀림없다.

첫째는 정보를 최대한 빨리 처리해야 한다는 미션이고, 둘째는 인과관계를 조합하여 합리적으로 처리해야 한다는 미션이다. 이런 딜레마 상황에서 우리 뇌가 매분 매초 매순간 쏟아지는 너무 많은 정보를 너무 빨리 '합리적인 인과관계'로 처리하다 보니, 필연적으로 '생각의 오류'를 동반하게 됐다.

그도 그럴 것이 만약 인간의 뇌가 매순간마다 목숨을 걸어야 할 정도의 진지한 판단만 내려야 한다면 인간의 머리는 언제 '폭주'하게 될지 모르게 된다. 엄청난 양의 에너지를 소비해야 하는 뇌는 쉽게 지쳐버리고 미쳐버릴 수 있기 때문이다. 정말 인간의 뇌가 창의성을 추구하는 방식으로 진화해 왔다면, 인간은 어쩌면 한순간도 편안히 안정을 취할 수 없게 되었을 지도 모른다.

이런 이유로 뇌는 어쩔 수 없이 무수하게 쏟아져 들어오는 정보들 속에 일부만 취사선택하는 전략을 썼다. 이런 전략적 진화에 따라 겉으로 드러나고 시각적으로 쉽게 포착되는 데이터정보나 요소들을 어떤 결과의 원인으로 간단히 지목해 버리는 뇌의 전략적인 습관이 만들어졌다. 이른바 습관적 사고다. 우리가 흔히 말하는 이런 '고정관념'이 결국 창의성을 가로막는 결정적인 주범이 되는 셈이다.

실제로 인지심리학 교수 조던 피터슨의 말은 이런 인간 사고의 오류 작동방식을 하나의 '방'에 비유해 다음과 같이 명쾌하게 설명하고 있다.

"이 방에는 무수히 많은 정보가 있다. 하지만 방에 들어와 그것을 처리하기 시작할 때 우리는 자신의 목적과 직접 관계가 있는 정보에만 관심을 둘 뿐이다. 우리가 미처 모르는 것들, 그리고 어떻게 행동해야 할지 모르는 미지의 영역들이 어디에나 존재한다."

조던 교수의 말은, 있는 그대로의 '전체의 정보'가 아니라 인간이 자신에게 필요한 '부분의 정보' 위주로 인지한다는 의미다. 그 역시 이런 인간의 사고가 오히려 대단히 합리적인 진화의 산물이라고 말한다.

왜냐하면 매일 매일 우리에게 엄청난 양의 정보가 봇물처럼 쏟아져 들어오는데 그것을 모두 다 받아들일 경우, 분명 '정신분열증' 같은 병이 생길 가능성이 높아지는 등 결코 좋은 일만은 아니라는 이유를 든다.

아예 '초기설정값'이 모든 정보를 받아들이도록 뇌가 설계된 일부 천재들은 실제로 쏟아져 들어오는 정보들을 다 감당할 수 없게 되고 탐색체계가 탈진하고 개념 체계는 분열되기 시작하면서 쉽게 정신분열증에 걸릴 확률이 높다는 게 조던 교수의 설명이다.

『통찰의 기술』 저자 신병철 박사 역시 자신의 책을 통해 "본래 사람은 외부 정보를 대할 때 공정치 못하고 한쪽으로 치우치게 되어 있다. 모든 정보를 똑같이 처리하지 않고, 어떤 정보에 더 많은 주의를 기울이고 어떤 정보에는 아예 눈길조차 주지 않는 경향이 크다. 이것을 보통 선택적 정보처리라고 한다"고 설명하고 있다.

조던 피터슨 교수나 신병철 박사의 설명에 따르면 인간이 창의적이지 않고 습관적이고 고정관념대로 사고하며, 특히 자신의 목적과 직접 관계있는 일부 정보 위주로 신속하게 받아들이고 처리하도록 설정된 이른바 초기설정값을 뇌에 세팅해 두는 것은 어쩌면 지극히 당연하다는 것이다.

이런 초기에 설정된 뇌의 인식처리 절차에 의해 인간은 자신의 목적과 직접 관계가 있거나, 관계가 있다고 믿는 일부의 정보나 자신의 입장과 보이는 시각에서 포착한 정보를 그냥 완전한 정보라고 믿기로 '작정'하는 것이다. '나' 중심적 사고가 생각의 오류에 빠지고 창의적인 사고를 할 수 없게 만드는 결정적인 이유이다.

인간이 잘못된 판단을 내리는 것은 "우리는 자신이 본 것이 진짜 현실이라고 생각하기 때문이다"라고 MIT의 시스템사고 전문가 존 스터먼 박사는 주장한다. 인간이 오판하거나 창의적으로 생각하지 못하는 이유는 결국 자신이 본 일부를 전체라고 판단하기 때문이라는 것이다.

이제 인간이 창의적일 수 없는 이유에 대해 근원적으로 분석을 해보았다. 문제를 정확하게 알았다면 해결할 답도 있다. 우선적으로 내가 창의적이지 않도록 나의 뇌가 초기설정값으로 사전에 세팅돼 있다는 사실을 스스로 인정하고 받아들이는 일이다.

세계적인 기업 '아마존'의 포스투에어 책임자 스캇 루스필드는 『심플렉서티』라는 책에서 다음과 같은 말을 했는데, 여기에서 우리는 하나의 중요한 통찰을 얻을 수 있다.

"우리는 프로그램 방정식에서 인간적인 요소들을 배제하려 애씁니다. 사람들은 자신들이 전문가라 생각하고 어떤 유형이나 경향들을 추정해 내려 애씁니다. 하지만 그 사람들이 내리는 판단은 대개 틀립니다."

이를테면, 어떤 중요한 의사결정을 할 때 '인간의 관점'을 일단 배제해 놓고 보자는 것이다. 우리가 쉽게 '이건 이것 때문이야'라고 해왔던 인과관계의 판단들을 '이건 이것 때문이 아닐 수도 있어. 이미 생각 바이러스가 있잖아'라며 첫 번째 떠오르는 좋은 생각을 무조건 거부해 보는 방법을 사용해 볼 수 있다.

나의 '멋진' 생각은 보나마나 일단 틀렸으니 다시 생각하라는 이야기다. 누구라도 예외는 없다. '인간인 나의 생각 메커니즘(mechanism) 안에는 이미 오류를 일으키는 나쁜 '바이러스'가 침투해 있다고 치면 어떨까?' 이렇게 가정해 놓고 생각해 보자는 것이다.

창의성은 인간의 시각과 생각을 버리고 방의 관점에서 바라보는 것이다. 창의적인 사고는 자신의 목적 여부와 관계없이 방에 있는 그대로의 모든 전체 데이터를 객관적으로 보는 것에서 출발한다.

Think. Again

생각의 적, 태그사고와 모션사고

왜 인간에게 창의는 어려운 문제일까? 상식과 고정관념이 늘 나쁜 것이 아니고, 나름 합리적이고 심지어 유용한 구석까지 있기 때문이다. '이 좋은 걸 왜 버려?' 우리 의지와 상관없이 우리 뇌는 그렇게 생각한다. 이미 앞서 밝힌 대로 상식과 고정관념이 뇌 효율성이라는 관점에서 본다면 인간이 살아가기에 훨씬 더 편하고 좋은 점도 많다.

문제는, 좋긴 좋은데 그렇게 만들어낸 고정관념으로 사고하면 결정적인 순간에, 혹은 새로운 문제에 부딪칠 때, 아주 중요한 의사결정의 순간에, 기존에 없던 새로운 창조 작업을 해야 할 때 중대한 오판을 하게 된다는 사실이다. 논리적으로 풀어 보면 이렇다.

- 인간이 고정관념에 빠지는 이유는 나름 합리적인 전략 때문이다.
- 효율적으로 에너지를 절약해 뇌를 사용할 수 있다.
- 의사판단을 쉽게 할 수 있다.
- 빨리 판단한다. 그만큼 효과적이다. 즉각적인 위험을 피할 수 있게 된다.
- 반복적인 일이라면 훌륭한 매뉴얼이 된다.

그러나,

- 새로운 문제에 부딪칠 때, 아주 중요한 의사결정을 해야할 때 오판하게 만든다.

인간이 창의성 대신 고정관념을 발전시켜온 것은 나름 이유가 있다. 뇌신경과학자들에 따르면 인간은 하루에도 2만여 가지의 판단을 내려야 한다. 인간의 뇌는 이 문제를 해결하기 위해 나름의 합리적인 전략을 선택했다. 뇌에게 가급적 에너지를 덜 소비하는 방법으로 신속히 인과관계의 값을 찾아 뇌 도서관에 정리정돈하라고 명령한다. 뇌는 이를 해결하기 위해 보다 신속하게 인과관계를 결합시킬 수 있는 결국 '쉽게 드러나는 부분만의 정보(모션사고)' 혹은 '외부의 비이성적 요소(태그사고)'에 가장 먼저 주목한다.

1단계 : 나름 합리적인 판단을 위한 인간 뇌의 명령

- 모든 정보는 인과관계를 정립하여 뇌 도서관에 저장하라.
- 생존과 불투명한 미래를 위해 새로운 정보는 가능한 신속하게 입력하라.
- 합리적으로 세팅하여 뇌가 인정할 수 있도록 입력하라.

2단계 : 그 뇌의 명령에 따라 인과관계를 세팅

- 보이지 않는 $Xy^n=ab$의 인과관계가 아니라 눈에 보이는 a의 현상을 원인으로 지목하게 됨 : 모션사고의 탄생

- 아무것도 보이지 않거나 정말 모호하다면 인간은 외부의 비이성적인 제3의 요소를 통해 인과관계를 연결시킴 : 태그사고의 탄생

이런 모션사고나 태그사고를 선택하는 방식으로 가짜 원인을 끌어와 인과관계를 세팅시킴으로써 생각을 재빠르게 종료시킨다. 인간의 뇌는 막대한 에너지를 필요로 하는 창의성보다는 에너지가 많이 투여되지 않는 고정관념을 더 선호한다. 자신은 절대 아니라고 생각하지만 인간이라면 누구라도 이런 식의 모션사고나 태그사고에 쉽게 빠져 무수히 잘못된 판단을 내린다. 이런 고정관념의 사례는 우리 주변에 부지기수다.

★ 모션사고의 오류들

- 스펙이 많으니까 취업에 성공했다. (실제는 직무에 딱 맞는 스펙이 있었기 때문)
- 성실한 모습으로 정말 열심히 알바생활 하더니 사장이 될 줄 알았어. (실제는 창업을 목표로 실습을 위해 열심히 알바 일을 했기 때문)
- 밤새서 공부하더니 1등 했네. (실제는 공부하는 것이 너무 재미있었기 때문)
- 튀어나온 디스크를 제거하면 모든 허리디스크가 낫는다. (실제는 근육과 인대가 약해져서 허리디스크가 생겼기 때문에 금새 재발할 수 있음)
- 어느 지역, 어느 나라 사람들은 신뢰하거나 신뢰할 수 없다. 내가 경험했거든. (실제로 통계나 객관적인 자료는 전혀 그렇지 않을 수도 있음)

★ 태그사고의 오류들

- 저 마술은 인간은 절대 할 수 없다. 저 사람은 마술사가 아니라 초능력자임에 틀림없다.
- 저 사람이 나에게 돈을 빌려줬다. 저 사람은 매우 착하다.
- 손을 비비고 돌을 들었더니 돌이 들리지 않는다. 저 돌에 귀신이 붙었다.
- 몸이 시름시름 아프다. 제사를 지내지 않아서다.

– 내가 실패한 이유는 하늘이 날 시험에 들게 했기 때문이다.

이런 생각의 오류는 '전체'가 아니라 '부분'의 데이터에서 나온 '나' 중심의 판단에서 비롯된다. 인간은 너무나 쉽게 보이는 것에 현혹되고 혹은 도저히 해석할 수 없는 것에는 쉽게 엉뚱한 꼬리표를 단다. 그래서 오류를 동반할 가능성을 높인다.

이런 오판을 피할 수 있는 방법은? 더 근원을 추적해 들어가야 한다. 창의방정식을 활용해서 원초적인 원인이 있는 무대 X까지 치고 올라서야 한다. 눈에 보이는 것에 현혹되지 말고, 모호하다고 밖에서 뭔가 꼬리표를 끌어와 붙이지 말고, 끈질기게 창의방정식의 X를 찾아 바른 인과관계를 세팅시켜야 한다. 그리하여 드러나지 않는 전제조건을 찾아내 판단에 포함시키는, 있는 그대로의 전체 프로세스를 보고 판정된 값이라야 항상 참이다.

엉뚱한 데 가서 답을 찾지 않도록 사전에 진짜 원인이 있는 자리에 번지수를 명확히 새겨놓자는 게 바로 창의방정식이다. b라는 결과의 원인으로 끝까지 X주소를 찾아가야 한다. $Xy^n=ab$에서 b가 결과물이라면 현혹되기 쉬운 가짜원인으로 a나 =이나 y^n의 번지수에 멈추지 말고 진짜 원인이 있는 곳, X라는 주소를 사전에 머릿속에 새겨놓자는 것이다. 이렇게 해두면 X의 주소까지 간단하게 추적하여 누구나 쉽게 진짜 인과관계를 찾아낼 수 있게 된다.

고정관념을 탈피하여 창의적인 사고를 하는 법

- 모션사고의 오류를 극복하라. 눈앞에 보이고 움직이는 것(a)에 현혹되지 말라. 드러나지 않고 보이지 않는 곳(X)에 진짜 원인이 숨어있다.
- 태그사고의 오류를 극복하라. 창조프로세스와 전혀 상관없는 외부의 비이성적인 요소를 끌어들이지 마라.
- 내 머릿속에 떠오른 좋은 생각은 대부분 틀리다고 스스로 주문을 걸어라
- 보이지 않는 X를 주목하여 다시 통찰하고 다시 추론하여 다시 생각하라.
- 드러나지 않는 의도, 목적, 배경, 배후조정자를 끝까지 추적하라.
- 창의방정식의 X와 y^n과 =과 a와 b를 하나의 인과관계로 연동하여 세팅한 후 판단하라.

창의방정식은 부분이 아닌 전체로 인도하는 나침반과 같은 도구다. '모션오류'와 '태그오류'라는 고정관념을 탈피하도록 도와주는 내비게이션이기도 하다. 그러니 진짜 원인을 얻을 수 있다. 진짜 원인을 얻어 전체 프로세스를 통찰하면 우리는 고정관념이 아닌 창의적인 결정을 내릴 수 있다. 비로소 모션사고와 태그사고의 오류를 탈피하고 바른 판단과 창의적인 의사결정을 할 수 있게 되는 것이다.

Think Again

창의방정식을 완성시키는 구성요소

내 생각, 내 관점을 일단 거부하는 것. 여기에서부터 진정한 창의성이 꿈틀댄다. 인간이 창의성을 얻는 방법은 오류를 포함할 가능성이 높은 나의 좋은 생각을 과감히 버리고 대신 창조과정의 패턴을 담은 우주만물의 창의방정식으로 세상을 보고 판단하는 것이다. 그러기 위해서는 세상만물과 세상만사가 창조되는 원리를 포착한 창의방정식에 대해 좀 더 자세하게 그리고 완벽하게 이해해 둘 필요가 있다.

창의방정식은 한마디로 정의하자면 우주와 자연의 공통된 창조패턴이다. 어떤 것이 새로 창조될 때 나타나는 처음과 끝의 전체 프로세스를 압축·반복하여 반드시 거치는 패턴을 뽑아낸 것이다. 즉, 수많은 창조물과 사건들이 만들어지는 패턴만 이해한다면 누구나 쉽게 이 생각의 도구를 이용할 수 있다.

단, 창의방정식을 알기 위해서는 방정식을 이루고 있는 단계별 구성요소를 명확하게 이해해야 한다. 먼저 창의방정식의 $Xy^n=ab$가 의미하는 '값'들의 특징을 자세히 살펴보자.

① 창의방정식에 가장 먼저 오며 창조의 근원이 되는 미지의 수 X는 창조가 처음 시작되는 무대, 판, 영역, 경계, 교집합, 공통점, 사이, 관계, 시공간적 환경과 배경, 연관된 범위, 숨은 의도나 목적, 공통의 비전, 인류의 근원적인 가치를 의미하는 표시값이다. X는 함께 연동되고 공유되는 같은 편이자, 진정성의 영역이다. X는 시각적으로 드러나거나 고정된 것이 아니라 대부분 감춰져 있고 배후에 숨어 창조의 전체 과정을 세팅한다.

② y^n에서 y는 미지의 구성요소값이며 n은 서로 다른 구성요소들의 개수를 의미한다. $y^n(y^1, y^2, y^3, y^4\cdots\cdots)$은 무대 X 위에 올라가는 핵심요소, 고려사항, 데이터, 연관된 문제 등의 개수를 나타내며 이 핵심요소에는 다양한 정보(불편, 문제점, 결핍, 격차 등), 시공간의 요소, 다양한 기억, 사례, 경험, 기존 아이디어 등 이미 창조된 모든 것들이 될 수 있다.

③ =은 서로 다른 핵심요소가 만나 두근두근 반응하여 새롭게 하나로 조합됨으로써 1로 착상되는 현상을 나타내는 표시값이다. =1로 표시할 수 있다. X 안에 서로 다른 혹은 모순되는 미지의 핵심

요소 y^n값이 입력되어 두근두근 반응하면 1(핵심 전략, 콘셉트, 영감, 씨앗, 비전, 스타일)로 수렴되어 착상이 이루어진 상태이다.

④ a는 착상된 콘셉트나 핵심 전략이 구체적인 형태로 만들어지는 변화과정을 나타내는 표시값이다. 움직이고 형성되어 시각적으로 드러나는 것을 의미한다. 구체적인 형태를 만들며 변화, 속도가 부여되어 확장, 뻗어나감, 연습, 노력, 세부 계획 등을 의미한다.

⑤ b는 a의 과정을 통해 나온 창조의 최종 결과물을 나타내는 표시값이다. 성공, 부, 성취, 행복, 목표달성, 사건의 결과, 창조물, 아이디어 등 우주에 존재하는, 앞으로 창조될 세상만물과 세상만사 모두를 포함한다.

창의방정식을 구성하는 표시값의 의미를 반드시 알고 있어야 앞으로 이 책에 소개되는 수많은 창조적인 사례들과 창조 프로세스의 원리를 터득할 수 있다.

진정한 창의성이란 무엇인가?

진정한 창의성(Creativity)이란 무엇인가? 드디어 창의성에 대한 새로운 정의를 내려야 할 시간이 왔다. 그동안 우리는 정말 창의성에 대해 정확하게 이해하고 활용했을까? 우선 인류가 지금까지 생각해 낸 창의성을 사전에서는 다음과 같이 설명하고 있다.

창의성 [명사] 새로운 것을 생각해 내는 특성.

새롭고, 독창적이고, 유용한 것을 만들어 내는 능력 또는 전통적인 사고방식을 벗어나서 새로운 관계를 창출하거나, 비일상적인 아이디어를 산출하는 능력.

이 정의를 통해 우리는 창의성을 얻을 수 있을까? 불가능하다. 이 사전적 정의는 그저 창의성에 대한 '표면적 정의' 혹은 '창의성을 거쳐 나온 결과'에 대한 설명에 지나지 않기 때문이다. 이런 불완전한 정의로는 창의성을 진정으로 이해할 수 없고, 이해할 수 없으니 통제할 수도 없고 통제할 수 없으니 창의적인 사고를 할 수 없다.

진정한 창의성을 이해하기 위해서는 이젠 창조 프로세스의 사고가 필요하다. 창조는 반드시 창조의 절차인 프로세스 즉, 창의방정식을 거치기 때문이다. 이 창의방정식의 작동원리를 포착해야만 진정한 창의성을 이해할 수 있고 우리는 즉각 창의적인 사람이 될 수 있다. 이 책이 제시하고자 하는 창의성의 정의는 이렇다.

창의성 [명사] 새로운 것이 창조되는 '창조 프로세스(Creation Process)'를 발견하여 이를 활용하는 능력.

창조 프로세스는 'X(무대) → y^n(두근두근 새 조합) → =(반응된 하나) → a(전개) → b(결과)'로 구성되어 있다. 이런 요소들을 구성하여 기존과 다른 새로운 것을 창조해 내거나 이런 구성요소들의 자리값을 관찰하여 어떤 사건이나 결과에 대한 본질의 이해, 해석, 통합, 새롭고 다양한 관점 발견, 우선순위 판단, 창의적인 아이디어 선택과 의사결정, 예측 등을 할 수 있는 능력.

이것이 바로 창의방정식을 통한 진정한 창의성의 새로운 해석이며 이렇게 정의된 창의성은 즉각 우리에게 다가와 강력한 창조의 도구가 된다. 이 도구는 즉각 실용적인 생각의 힘으로 작용한다. 특히 창의성에 대한 구체적인 관점까지 제시한다.

창의성이란 한마디로 '전체 프로세스'를 디자인하는 능력이다. 그 전체라는 것이 바로 [X : 무대] + [y^n : 두근두근 새로운 조합] + [= : 반응된 하나] + [a : 전개] + [b : 결과]이며, 이 전체의 절차는 시간을 타고 전개되어 완성된다.

창의방정식은 이 전체의 프로세스를 안내하는 내비게이션이자, 인간이 가지고 있는 잘못된 초기설정값을 극복할 수 있도록 돕는 생각의 도구다. 우리 눈에 보이는 정보 중심의 오류를 줄이고 '드러나지 않는 정보 + 보이는 정보'로 둘을 모두 합쳐 전체를 보는 시각을 갖도록 해 준다.

창의성은 한 번도 경험하지 못한 새로운 것에 대한 의사결정을 내려야 할 때 위력적이다. 이미 세상만사 모든 절차는 창의방정식으로 세팅돼 있다는 사실을 발견했기 때문이다.

결국 창의방정식은 자연과 삶에서 창조가 이루어지는 절차를 세밀하게 관찰하여 찾아낸 발견을 하나의 '방정식'으로 사전에 세팅해 놓음으로써 많은 경험과 노력에 들어가는 비용이나 시간낭비를 줄이고 간단하게 창의성을 발휘할 수 있도록 도와준다. 이 창의방정식을 활용하면 '창조의 전체 프로세스'를 포착하는 능력을 키울 수 있으며 이 창의방정식을 통해 우리도 창조할 수 있다.

더 단순하게 말하자면, 창의성이란 그저 '창의방정식을 아는 것'이다. 아이디어를 창조하고 싶다면 [X : 무대] + [y^n : 두근두근 새로운 조합] + [= : 반응된 하나] + [a : 전개] + [b : 아이디어]로 세팅해 놓고 생각을 이어나가면 된다. 어느 순간 다양한 아이디어들이 저절로 쏟아져 나온다.

한 강의실에서도 인생의 엄청난 변화를 창조할 수 있다. 강의실은 무대 X다. 그 X 위에 창의방정식을 전하는 강의자 y^1과 강의를 듣는 이들 y^2가 두근두근 반응한다면, 학생들의 마음속에 커다란 변화의 '씨앗(=)'이 싹튼다. 이것을 구체적인 비전으로 펼쳐(a) 운명(b)을 바꿀 수 있다.

인생은 독서를 통해서도 크게 변한다. 독서는 나와 시공간을 뛰어넘은 경험과 지식이 하나의 무대 X를 공유한다. 그 무대 위에는 작가인 y^1과 독자인 y^2가 마주 서 있다. 만약 무대 위에서 두근두근 강렬하게 반응한다면 그 순간, 독자의 마음 속에는 커다란 '운명의 방향(=1)'이 결정된다.

창의방정식 모형도

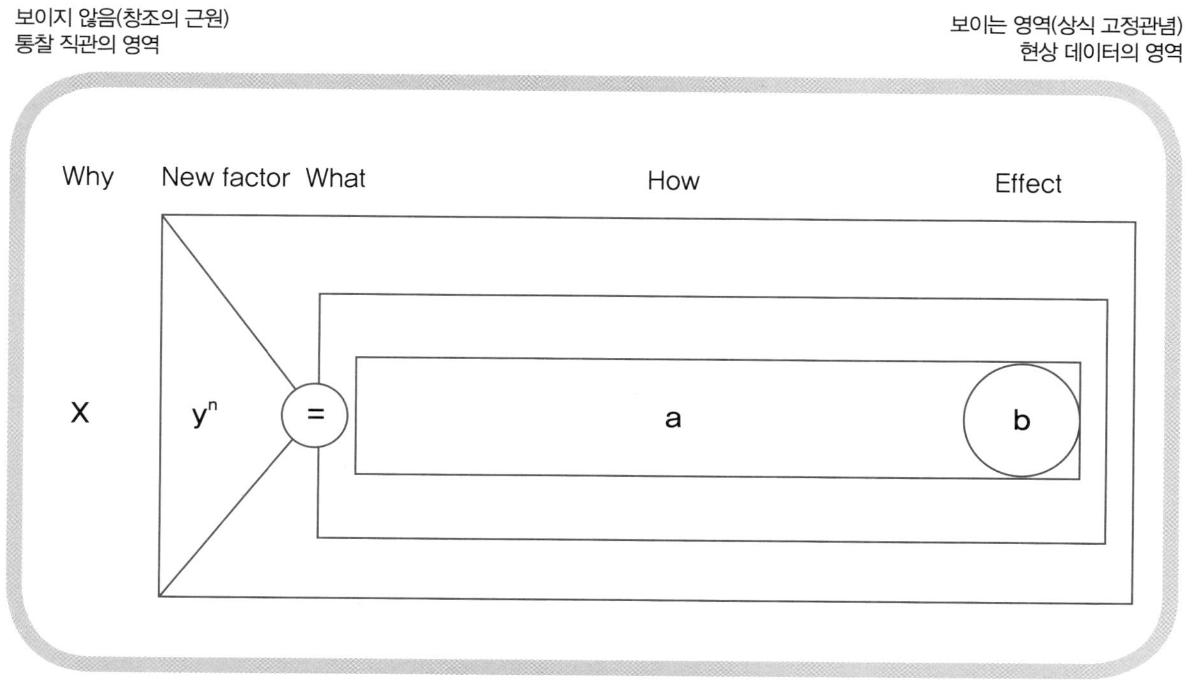
보이지 않음(창조의 근원)
통찰 직관의 영역
보이는 영역(상식 고정관념)
현상 데이터의 영역
Why
New factor
What
How
Effect
X
yⁿ
=
a
b

Think.
Again

2장

새로운 것을 창조하기 위한 전제조건

창의성에 대한 다양한 개념들의 오류

창의성이란 무엇인가? 고정관념을 깨는 것이다. 고정관념을 깨는 것이란 무엇인가? 남과 다른 시각을 갖는 것이다. 남과 다른 시각을 갖는 건 무엇인가? 관계를 보는 것이다. 관계를 보는 것이 무엇인가? 통찰하는 것이다. 통찰하는 것이란 무엇인가? 호기심을 갖는 것이다. 호기심이란? 어린이다움이다. 어린이다움이란? 사랑이다. 사랑이란? 도전이다! 도전이란? 포기하지 않는 것이다…….

창의성을 설명하는 키워드를 나열하면 끝이 없다. 그럼에도 불구하고 계속 파고들면 대개 진리에 조금도 접근하지 못하고 '순환 논리'에 빠지고 만다.

전 세계 창의성 연구자들이 제시한 창의성에 대한 개념이 무려 170여 가지도 넘는다고 한다. 그런 정의들이 아주 의미 없는 것은 아니지만 결코 진정한 창의성의 본질을 꿰뚫지 못하고 있다는 게 내 생각이다.

창의성을 하나의 키워드로 설명하려는 모든 시도는 무조건 실패다. 창의성의 진짜 본질은 창조 프로세스이기 때문이다.

사실 지금껏 소개돼 온 수많은 정의와 개념들은 창조 프로세스 과정에서 떨어져 나온 '부스러기'라고 할 수 있다. 부스러기들을 아무리 파고들어 봐야 거기에 창의성에 대한 진짜 답이 나올 리 없다. 부스러기는 '전체'가 아니라 '부분'이기 때문이다. 창의성은 무조건 전체를 보는 눈에서 나온다.

우리가 알던 창의성에 대한 개념들

창의성을 연구하기 위해 설립됐다는 미국의 한 유명 대학의 연구센터가 제시하고 있는 '창의성 계발을 위한 행동강령'을 한 번 살펴보자.

① 뭔가에 빠지기를 두려워 말라.
② 너만의 장점을 발견하라, 그것을 키우고 즐겨라.
③ 네 자신이 원하는 것을 하라, 타인의 기대로부터 자유로워져라.
④ 네 잠재력을 키워 줄 스승을 찾아라.
⑤ 다재다능해지려 노력하지 말라.
⑥ 네가 좋아하는 일이야 말로 네가 잘할 수 있는 일이다.

우리가 늘 들어왔던 창의성에 대한 일반적인 상식들과 비슷하다. 이렇게 하면 정말 창의성이 저절로 생길까? 창조적인 사고가 즉각 가능하고 분석력과 예측력이 커지며 남과 다른 아이디어나 관점을 보다 쉽게 얻을 수 있을까? 회의적이다. 일단 이 조언들에는 창조 프로세스의 원리가 들어있지 않기 때문이다. 창조가 이루어지는 전체가 아니라 창조과정에서 발견되는 어떤 현상이나 일부분을 다룬다면 창조 작업은 무조건 실패다. 아무리 훌륭한 '부스러기'라도 전체를 대신할 순 없다.

코끼리 다리가 코끼리일 순 없는 것이다. 공의 실밥이 공은 아니다. 머리나 뇌가 인간일 순 없다. 사람을 정의하는데 팔 또는 가슴, 손가락, 배, 엉덩이, 발, 간, 위장, 뼈, 피 같은 것이라고 말해선 안

된다. 그건 그저 사람의 일부분이다.

창의적인 사람들에게는 물론 '호기심'이나 '열정'이 있고, '독창적인 사고능력'이 있다. 언제나 도전하고 쉽게 포기하지 않는 습관도 있다. 기존과 다른 생각을 하고 다른 것을 만들어 내기도 한다.

그렇다고 창의성을 열정이니, 순수함이니, 직관이니, 기존과 다른 사고라고 정의할 순 없다. 어떤 창의적인 인간이 창조 프로세스를 통해 창의성을 발휘했더라도 그가 '창의성은 이거다'라고 정의하는 순간, 그 말은 창의성의 부스러기나 부분으로 전락하고 만다. 언어로 표현되는 순간 전체는 곧 부분으로 전락한다. 이 순간 창의성에 대해 알고자 하는 상대는 결코 창의성의 진실을 이해할 수 없게 되는 것이다.

공이나 코끼리를 창조하기 위해 우리는 실밥이 아닌 공 전체를 봐야 하고 다리가 아닌 코끼리를 보아야 한다. 실밥이나 코끼리 다리 같이 생긴 것을 보고 판단하면 잘못된 결정을 내리기 쉽다.

창의성에 대한 정의도 마찬가지다. 지금까지 창의성에 대해 인류의 뛰어난 연구자들이 제시해 온 수많은 정의와 개념들은 창의성의 일부분에 대한 설명에 지나지 않는다. 부스러기일 뿐이다. 그 무수한 부스러기 개념, 흩어져 있던 정의들을 $Xy^n=ab$의 작동과정으로 보면 한 줄에 꿰어져 완전한 그림이 된다.

창의방정식($Xy^n=ab$)에서 떨어진 창의성에 대한 부스러기 개념의 이해

① 창의성은 호기심이다. (틀림)
창의성의 X를 파악하기 위해서는 '호기심'을 가지면 도움이 된다. (맞음)

② 창의성은 관심이다. (틀림)
창의성의 y^n이 조합되기 위해서는 y^1과 y^2의 만남과 두근두근 '관심'이 필요하다. (맞음)

③ 창의성은 새로운 조합이다. (틀림)
창의성의 y^n(y^1, y^2…)은 정보, 사례, 기존업적, 학습, 공부, 기억, 실체, 기존의 창조물 등의 새로운 데이터 요소들이 '새로운 조합'으로 창의의 싹을 틔울 수 있게 돕는다. (맞음)

④ 창의성은 집중과 몰입이다. (틀림)
창의성의 =이라는 하나의 착상이 이루어지는 데 '집중'과 '몰입'이 큰 도움이 된다. (맞음)

⑤ 창의성은 통찰력과 직관력이다. (틀림)
창의성의 X는 사전에 깔려있는 판이자 무대다. 그 판을 읽어내기 위해서는 보이지 않는 것을 볼 수 있는 '통찰력'과 '직관력'이 필요하다. (맞음)

⑥ 창의성은 다르게 생각하기다. (틀림)
'다르게 생각하라'는 새로운 $Xy^n=ab$를 만들라는 의미이다. (맞음)

⑦ 창의성은 남과 다른 생각이다. (틀림)
창의성을 위해서는 ab를 벗어나 '남과 다른' Xy^n을 포착해야 한다. (맞음)

⑧ 창의성은 거꾸로 생각하기다. (틀림)
창의성을 위해서는 보이는 ab가 아니라 '거꾸로' 이미 사라져 보이지 않는 Xy^n을 보아야 한다. (맞음)

⑨ 창의성은 차별적인 생각, 다른 생각, 톡톡 튀는 생각이다. (틀림)
창의성을 통해 기존의 b와 다른 창조물을 만들 수 있다. 즉, 창의성이 작동된 후의 결과값으로 '차별적인 생각, 기존과 다른 생각, 톡톡 튀는 생각' 등이 발현되는 것이다. (맞음)

⑩ 창의성은 다양성이다. (틀림)
창의성의 y^n은 '다양성'을 추구한다. (맞음)

⑪ 창의성은 콘셉트다. (틀림)
창의성의 y^n은 모순을 극복하여 하나의 핵심 전략인 '콘셉트'(=1)를 만든다. (맞음)

창조적인 사람이 되고 싶다면 창의방정식의 작동과정에서 떨어져 나오는 부스러기 개념을 늘 경계해야 한다. 부스러기 개념은 늘 틀리다. 오류를 몰고 온다. 끝내는 배신한다. 부스러기 개념들을 창의성이라고 받아들이는 순간, 우리는 전체가 아닌 부분을 선택하게 되어 창의성으로 가는 진짜 문을 열 수 없다. 창의성을 진정으로 이해할 수 없게 되면 지배할 수 없게 되고, 따라서 활용할 수 없게 된다.

그렇다면 어떻게 우리는 창조적인 인간이 될 수 있을까? 간단하다. 우선 우리가 그동안 알고 있던 창의성에 대한 무수한 정의와 개념들을 과감하게 거부하고 대신 그 자리에 창의방정식을 넣어두면 된다. 그러면 다양한 분야에서 다양한 문제들에 대해 보다 쉽게 창의할 수 있다. 즉각 창조적인 인간이 될 수 있다.

Think Again

우리가 창의에 실패하는 이유?

“처음 일을 시작할 때부터 전체를 내다보고 부분을 하나씩 메워가야 한다. 일시적, 순간적 만족을 위해 전체를 헤아리지 못하는 잘못은 결코 범하지 말아야 한다.” 중국의 지도자 덩샤오핑의 말이다. 병법가 울료는 “싸워 이기는 것은 전투에서 이기는 데 불과하다”고 말했다.

작은 성공이 큰 성공은 아니며 현재의 성공이 미래의 성공은 아니며 여기에서의 성공이 저기에서의 성공은 아니다. 작은 성공, 현재의 성공, 이곳에서의 성공은 부분의 데이터이기 때문이다.

우리가 쉽게 오판하고 창의성을 발휘하지 못하는 이유는 무엇일까? 대개 완전한 시공간 전체가 아니라 드러나는 결과값의 일부분을 바라보기 때문이다.

보통의 사람들은 너무나 당연하게 창의방정식의 b, 즉 전체 중 일부분에 속하는 '결과'에 주목한다. 창조물이자 보이는 결과값인 그 b에 대한 평가에 사람들은 관심을 기울인다.

그러나 b는 전체가 아니라 부분이다. b는 현재일 뿐 과거나 미래가 아니다. 전부가 아니다. 그러다 보니 열심히 b를 분석하긴 하지만 인간이 통제할 수 있는 사고의 폭은 그리 넓지 않다.

- 옳다 / 그르다
- 맞다 / 틀리다
- 좋다 / 나쁘다
- 창의적이다 / 평범하다
- 새롭다 / 새롭지 않다

이 정도가 고작이다. 이런 평가 속에는 사실 그 어떤 창의적인 생각도 끼어들 틈은 없다. 이미 게임이 끝난, 남이 해놓은 결과값 b를 아무리 관찰해도 우리는 더 이상 그 어떤 새로운 사실도 발견할 수 없게 되는 것이다. 기껏해야 "이것 참 새롭네. 이것 참 기발한 생각이지? 이거 정말 멋지네. 이런 창의적인 생각을 너희도 해!"라고 충고하는 정도다. "그러니까 어떻게 하면 창의적인 생각을 할 수 있느냐?"는 질문에는 말문을 닫는다.

결과값인 창조물 b에 눈길을 주는 순간, 우리의 사고는 이미 정해진 '틀'에 갇힌다. 스스로 고정관념 안에 기어이 들어가겠다는 것이다. 창의성의 실패다.

우리는 흔히 창의적이지 못한 상황을 '다람쥐 쳇바퀴'에 빗댄다. 왜 다람쥐 쳇바퀴인가? 다람쥐 쳇바퀴는 $Xy^n=ab$로 돼 있다. 둥근 쳇바퀴는 전체 X, 다람쥐가 보는 눈은 길로 보이는 부분 b다. y^1인 다람쥐가 부분인 b에 눈을 돌리면 고정관념이 되는 것이고, 눈을 돌려 X를 보는 순간 둥글다는 사실을 파악하고 쳇바퀴에서 내리게 된다.

창의하는 사람도 마찬가지다. 눈길을 전혀 '다른 곳'으로 돌린다. 그렇다고 땅이나 허황된 먼 산을 바라보자는 그런 '다른 곳'이 아니다. 창의방정식이 딱 찍어준 b값 대신 X값으로 눈을 돌리고 창의방정식인 $Xy^n=ab$의 전체 프로세스에 주목하자는 것이다.

- 보통사람의 사고패턴 : 눈에 드러나는 결과물인 b에 주목한다. [b(결과) → a(결과를 만드는 움직임) → =(씨앗)]

- 창의적인 생각천재의 사고패턴 : 시각적으로 드러나지 않는 X 무대로 눈을 돌리고 창조패턴인 $Xy^n=ab$의 전체프로세스에 주목한다. [X(무대) → y^n(조합) → =(씨앗) → a(움직임) → b(결과)]

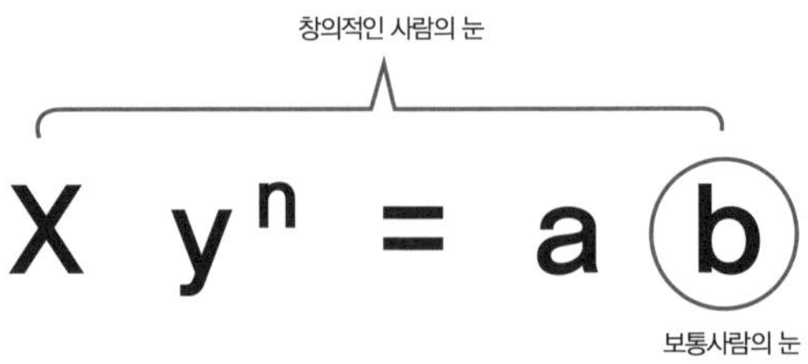

단지 눈을 돌려 창의방정식에 주목하는 순간, 신기한 일들이 벌어진다. 우리 머릿속에는 훨씬 다양한 관점과 시공간을 뛰어넘는 방대한 사고, 기존 시각으로 볼 수 없는 새로운 조합, 창의적인 판단, 무수한 아이디어와 창조적인 해결책이 마구 쏟아진다.

1) $Xy^n=ab$라는 시간적 프로세스 때문에 미래 예측력이 생긴다.
2) 어떤 결과에 대한 그 원인과 본질을 추적하여 해석할 수 있게 된다.
3) 문제를 통제할 수 있게 된다. b문제는 a로 통제하고 y^n의 문제는 X로 통제하는 식이다.
4) 창조절차를 알 수 있어 무엇을 가장 먼저 해야 하는지 무엇이 지금 현재 더 중요하고 시급한 일인지 우선순위를 알 수 있게 된다. 앞선 순서가 뒤를 통제하니 우선순위가 결정되기 때문이다.
5) 보이지 않는 것(X)도 통찰할 수 있어 정확하게 문제를 정의할 수 있게 된다.
6) 창조물이 창조되기 위해서는 서로 다른 요소들의 두근두근 조합과 융합(Xy^n)이 반드시 필요하다는 점을 포착할 수 있다.
7) 어떤 목표를 이루고자 한다면 가장 먼저 무대(X)를 세팅하거나 무대를 확장, 축소, 구분해야 한다는 사실을 알 수 있다.
8) 창조물을 창조할 수 있는 절차를 이해할 수 있다.
9) b 하나를 보면 동시에 X의 관점, y^n개의 관점, =의 관점, a관점 등 남과 다른 관점들이 무수히 생겨난다.
10) 세상만물의 창조의 본질을 이해하고 창의적인 판단을 내릴 수 있다.

대부분 평범한 사고를 가진 사람들이 b에 눈길을 줄 때 창의적인 사람들은 의도적으로 X를 향해 눈길을 돌려 끝내 창의방정식을 완성시키는 방법으로 사고한다. 우리가 창의에 실패하는 이유는 당연하게 보이는 결과값 b에 의심 없이 눈길을 보내고 거기에 만족하고 머물기 때문이다.

창의에 성공하고 싶다면, 남과 다른 사고를 하고 싶다면, 매순간 창조적인 의사결정을 하고 싶다면 그저 눈길을 X로 돌리면 된다. 그러면 저절로 다양한 관점이 생기며 무수한 생각들이 쏟아져 나와 창의적인 사람이 될 수 있다.

Think Again

단 하나뿐인 창의적인 아이디어 발상법

아이디어를 얻는 방법은 무엇일까? 유명한 아이디어 발상법으로 우리에게 익숙한 브레인스토밍에서 오스본의 체크리스트, 만다라트, 스캠퍼(SCAMPER), 모순극복의 트리즈(TRIZ) 등 무수히 많은 방법들이 제시돼 있지만 창의적인 아이디어 발상법은 오직 딱 하나 창의방정식 뿐이다.

먼저 무대 X를 세팅해 놓고 그 무대 위에 y^1이라는, 우리가 이미 확보하고 있는 핵심정보들을 배치해 놓는다. 그러면 무대 위에 또 다른 핵심요소 y^2도 반드시 존재한다. 서로 다른 요소를 섞어 새롭게 조합해 보는 것이다. 우리 주변의 정보, 깊숙이 저장된 뇌 도서관의 기억, 책이나 신문을 통해 접한 새로운 데이터, 전혀 다른 분야의 아이디어나 사례들을 합쳐 새롭게 조합하면 된다.

실제로 우리 뇌 속에서는 우리도 모르는 사이 이런 활동을 계속하고 있다. 특별한 아이디어를 찾으라고 주문하면 우리 뇌는 밤낮없이, 심지어 꿈을 꾸면서도 y^n의 새로운 조합 활동을 수행한다.

그러다 문득, 무대 X위에 서로 다른 y^1과 y^2가 두근두근 새로운 조합을 이루어 하나(=1)가 된다. 어떤 요소와 다른 요소가 딱 맞아떨어지는 순간 착상이 이루어진다. 이때 비슷한 정보의 조합보다는 서로 모순되고 대립되고 유전적 정보가 멀며, 양자택일의 상황처럼 전혀 연동될 것 같지 않았던 조합일수록 착상된 아이디어의 가치와 수준은 급격히 높아진다.

무대 X는 반드시 y^n을 =1로 조합시켜낸다. 잠재의식 속에서 이루어진 이 새로운 정보의 조합이 뇌의 전두엽에서 의식수준으로 끌어당겨져 인식될 때, 바로 그 순간 '영감'이라고 부르는 아이디어가 번쩍 하고 떠오른다.

미지의 생각영역 → 기존데이터 + 전혀 새로운 데이터 투입 → 아이디어 조합 → 인식 → 번쩍 영감 떠오름
X y^n = a b

아이디어나 영감은 단 하나의 예외도 없이 필연적으로 창의방정식의 Xy^n(생각의 무대 안에 들어온 서로 다른 요소들의 새로운 조합)을 거쳐 ab(드러나는 영감 인식)로 떠오른다. 이는 뇌 과학 연구에서 밝혀진 보편화된 진실이다. 실제로 직접 경험한 몇 가지 사소한 '아이디어'의 발상과정만 들춰 봐도 알 수 있다.

어느 일요일, 아침부터 아내가 방안에 있던 무거운 책장을 거실 건너편으로 이동시키고 싶다고 성화였다. 두꺼운 원목으로 만들어진 책장은 무게가 만만치 않았다. 아내와 함께 책장을 들더라도 그리 쉽지 않을 것이라는 생각이 들었고 평소에 좋지 않았던 허리를 다칠지도 모른다는 생각이 들었다.

무슨 좋은 방법이 없을까? 뭔가 새로운 아이디어를 생각하던 중 어릴 때 동네 뒷산에서 눈이 오면 비료포대로 미끄럼을 타던 기억이 떠올랐다. 무거운 가구 옮기기와 어릴 적 하얀 눈이 내린 뒷산 묘지에서 비료포대를 타고 놀던 기억이 오버랩 됐다. 그 추억을 활용해 책장을 미끄러지게 끌고 가면 어떨까 하는 생각이 떠올랐다. 즉시 베개 두 개를 가지고 와서 책장 양 쪽 바닥에 집어넣었다. 육중한 무게의 원목 책장이 마치 비료포대를 탄 아이처럼 너무나 가볍게 미끄러졌다. 단 20여 초 만에 힘 하나 안 들이고 책장을 원하는 위치로 이동시켰다. 환호성을 질렀다.

간단한 아이디어지만 탄생 과정을 돌아보면 창의방정식 그대로다. 이 무거운 원목가구를 무작정 이동시키려는 시도를 거부하고, 우선 '생각의 영역' X를 넓게 잡았다. 약한 허리를 다치지 않으면서 힘들이지 않고도 쉽게 또 편하게 무거운 책장을 옮길 수 있는 방법 등 다양한 요소를 고려했고, 나의 뇌 도서관에 있을 만한 오래된 기억과 정보들을 포함할 수 있도록 넉넉하게 생각의 무대를 구획했다.

그렇게 빵빵해진 미지의 생각주머니 X 안에 '무거운 책장의 편한 이동'이라는 기존의 y^1값이 자리를 잡자 자동으로 y^2값에 다양한 기억과 경험과 주변의 요소들이 하나씩 조합되기 시작했다. 그러다 우연히 y^2값에 어릴 적 경험이었던 '비료포대로 눈썰매 타기 놀이'가 떠올랐고 두근두근 새로운 조합(=1)이 이루어졌음을 포착했다.

결국 두근두근 $y^n=1$에서 '책장 밑에 베개를 깔아서 미끄러지게 하면 되겠다'는 아이디어가 튀어나왔다.

아이디어를 떠올린 또다른 상황을 보자.

홈페이지 메인에 표출되는 이미지가 깨져 보기 싫었다. 등록된 사진과 표출되는 사진 사이에 가로세로 비율이 맞지 않았기 때문이다. 좋은 수가 없을까? 이 문제를 해결해야겠다는 생각을 계속 물고 늘어졌다. 그렇게 고민하다 보니 갑자기 '썸네일 사진이란 게 있잖아!'하고 아이디어가 번쩍 떠올랐다. 썸네일은 외부에 표출용으로만 사용되는 전용 규격 사진을 말한다.

이 아이디어를 떠올린 과정을 추적해 보면, 가장 먼저 '생각의 영역'이 세팅돼 있었다. 문제가 분명했고 문제를 해결할 방법을 찾아야 했다. 그러다 며칠 전 친구가 운영하는 사이트에 글을 올리다가 '표출용 이미지' 기능이 있다는 것을 알게 됐다. 물론 그때는 그 기능이 아무런 의미가 없었기 때문에 기억에서 지워버렸다.

그렇게 며칠이 지났는데 아이디어를 찾던 그 순간 머릿속에 '번쩍' 하고 '표출용 이미지' 기능이 생각나서 문제를 해결할 수 있었다.

창의방정식으로 해석하면 문제정의 X가 세팅돼 있는 그 순간에, 표출되는 이미지가 유난히 깨져 보인 y^1의 핵심요소가 순식간에 다른 y^2의 핵심요소인 기억들을 불러들여 새롭게 조합시켰다. 결국

$Xy^n=1$에서 '우리 표출 이미지도 썸네일 사진 기능을 추가하면 된다'는 아이디어가 번쩍하고 떠올랐다.

얼핏 보면 세상의 모든 아이디어는 우연히 떠오르거나 마치 신이 선물로 던져준 것처럼 보이지만 실제로는 하나같이 창의방정식의 패턴에 따른 공통된 절차를 거쳐 나온다는 사실을 알 수 있다.

아이디어 창조의 창의방정식

X : 어떤 생각의 영역이 설정된다.

y^n : 이 생각의 무대 위에 내가 가진 다양한 정보들이 뭉쳐 핵을 이룬다. 이때 다른 요소들(과거 정보, 현재 정보, 미래 정보)이 접목되어 끊임없이 새로운 조합을 이뤄본다.

= : 서로 다른 것이 두근두근 하나로 새로운 조합을 이룬다.

a : 조합된 아이디어를 즉각, 혹은 잠재된 아이디어라면 어느 순간 갑자기 뇌가 인지한다.

b : 번쩍하고 머릿속에 영감이 떠오른다.

창의방정식이 던지는 무수한 질문에 하나씩 대답하기만 하면 무궁무진한 아이디어들이 즉각 쏟아져 나온다. 예를 들어 여기 '소화기'가 하나 있다. 우리는 소화기를 소화기로 보지 않는다. 소화기가 만들어진 창조 프로세스로 본다. 소화기의 창의방정식은 X(불 끄는 것) → y^n(주목성+공공장소)→=(빨간색 공통디자인)→a(천편일률적인 디자인)→b(소화기)이다. 이렇게 창조 프로세스 전체를 생각하는 순간 아이디어는 바로 쏟아진다. X(불 끄는 것) → y^n(주목성 필요 없음+우리 집 부엌에 어울림)에 다른 값을 얼마든지 대입시킬 수 있음을 단숨에 통찰할 수 있기 때문이다. 그럼, 우리 집 부엌 가스레인지를 노려보고 있는 예쁜 디자인의 부엉이캐릭터 소화기를 만들어 보면 어떨까? 용 모양의 캐릭터 입에서 불이 아닌 소화액이 나오도록 디자인해 보면? 그냥 아이디어가 쏟아진다.

축구로봇 개발 에피소드를 들은 적이 있다. 로봇이 축구공을 지나쳤다면 어떻게 이 문제를 해결할 것인가? 얼마나 빨리 안정적으로 왼쪽 혹은 오른쪽으로 턴을 하도록 설계해야 할까? 이를 두고 의견이 팽팽하게 맞섰다. 이 때 창의방정식으로 문제를 정의해 보자. X(공에 빨리 접근)→y^n(좌회전 기능+우회전 기능)→=(안정)→a(신속)→b(우수 로봇)이다. 창의방정식의 X에 따르면 가장 중요한 것은 그냥 공에 빨리 접근하면 된다는 사실을 알려준다. 그러니 좌회전, 우회전을 두고 고민할 필요 없이 그저 후진하여 신속하게 볼에 접근하도록 프로그래밍하면 간단하다.

내가 데이터를 끌어오며 아이디어를 발전시킨다는 건 대단한 착각이다. 나와 상관없는 무대 안에 이미 아이디어가 잠재해 있다. 그래서 창의적인 아이디어 발상법은 무조건 '탑다운(TOP-DOWN) 방식'이다. X(아이디어 창고)→y^n(아이디어 트럭)→=(아이디어 수레)→a(아이디어 가방)→b(아이디어 지갑)로 내려가는 형태의 창의방정식이 제시하는 아이디어 발상법, 단 하나뿐이다.

걸어가는 내 앞을 보면 오직 한 방향의 정답만이 있다고 생각하겠지만 실제로 무대 X에 접속하면 360°의 360개 방향과 360개 아이디어의 정답이 이미 존재하고 있다. 이미 무대는 360개의 정답을 품고 있다. 결국 내가 하는 일은 부스러기 데이터(b)에서 근원인 a, =을 거쳐 모순과 양자택일이 갖는 y^n을 추적하여 무대 X라는 아이디어 창고를 찾아내면 되는 것이다.

이때 창의방정식은 내 '손'의 아이디어를 거부하여 아이디어 '창고'를 찾도록 도와주는 나침반이자 내비게이션이다. 창의방정식만 알면 창고에 접속할 수 있고 접속하는 순간 거기에 쌓여있는 창의적인 아이디어들은 저절로 쏟아져 나온다.

생각천재를 만들어 주는 창의방정식

좀 더 편하게 계산을 하기 위해 '구구단'이 있다. 좀 더 쉽게 수학을 하기 위해 1차방정식, 2차방정식이 있다. 그처럼 좀 더 쉽게 창의하기 위해 인문학적 개념의 창의방정식이 있다. 창의방정식은 창의를 잘하기 위한 생각의 공식이다. 아이디어가 나오지 않는다고 머리 탓을 할 게 아니다. 바로 창의방정식을 활용함으로써 간단하게 생각의 힘을 키우고 창의할 수 있게 하자는 것이다. 창의방정식은 실시간으로 '변화'하는 상황 속에서 시간의 흐름이라는 관점을 반영하여 현재 가장 창의적인 생각이 무엇인지 명쾌하게 알려 준다.

인류가 탄생하여 '생각의 힘'이 발전해 온 역사를 추적해 보면, 처음 인간은 창의방정식의 b에 주로 집중했다. 만들어진 것을 더 많이 가지려 하거나 있는 것을 변형하여 활용하는 방식으로 사고했다. 약

육강식의 생존방식이다.

어느 순간 인간이 더 합리적으로 사고하게 됐다. 좀 더 현명한 사람들이 등장했다. 이들은 b라는 결과를 좀 더 과학적인 원인에서 찾으려고 노력했다. 그래서 주목하기 시작한 것이 바로 b의 원인값인 a다. 말하자면 a라는 노력, 성실, 땀, 도전이 b라는 최종 결과를 만든다는, 이른바 a→b가 된다는 원리를 찾았다. 남들보다 더 빨리 더 앞서서 움직이고 더 많이 노력하면 더 많은 b를 가질 수 있다는 사실을 발견했다.

어느새 점점 더 많은 사람들이 이런 진실을 알게 됐다. 이런 가치를 알아챈 사람들이 늘어날수록 다시 경쟁은 점점 치열해졌다. 인간은 현실에 머무르길 원치 않았다. 한 발 더 나아가길 원했다. 그 중 어떤 사람들은 조금씩 태그사고의 오류를 거부하는 현명한 선택을 할 수 있다는 사실을 알게 됐다. 시도하고 노력하고 도전한다고 해서 더 많은 b를 얻을 수 있는 것은 아니라는 사실을 발견했다. 이때 일부 연구자들은 단순히 a→b를 추구하는 이들보다 더 높은 성과를 내는 이들이 있다는 것을 포착했다. 연구 결과, 같은 노력을 기울여도 a에 앞서 먼저 구체적인 설정값 =1이 있었던 이들이 더 높은 성취를 한다는 답을 얻었다. 연구자들은 그것을 '목표'라고 이름 붙였다. 성공하는 사람들은 자신의 목표를 분명히 설정한 후 구체적인 계획을 세워 실행시키는 공통점이 있다는 것을 발견했다. 이로써 '개인적인 목표(y^1=1)→a(노력)→b(성취)'라는 어느 정도 뚜렷한 형태가 갖춰진 생각의 프로세스가 세상에 등장하게 됐다.

이렇게 $y^1 \rightarrow = \rightarrow a \rightarrow b$라는 목표형 사고가 $a \rightarrow b$라는 단순반복의 노력형 인간들을 제압하는 시대가 됐다. 이런 생각의 프로세스를 발견한 후 인류의 사고는 기존과 비교해 크게 진보했다.

이내 사람들은 다양한 매체와 매스미디어와 인터넷의 빠른 정보교류 시대를 맞아 $y^1 \rightarrow = \rightarrow a \rightarrow b$라는 목표설정형 사고를 급속도로 전파하고 공유하게 되었다. 그러나 이런 목표형 사고 역시 이내 한계에 부딪쳤다. 어떤 이들은 확실히 쉽게 목표에 다가섰지만, 더 많은 사람들은 여전히 그러지 못했다.

실패한 사람들은 그 원인을 대부분 자신의 탓이라고 여겼다. 실패의 이유는 늘 목표를 정하지 않았다거나 더 많은 노력을 하지 않은 탓으로 돌렸다. 그런 자괴심이 확산되면서 등장한 것이 바로 '긍정'이라는 메시지였다. 긍정적인 생각을 가지고 현실에 만족하며 고통을 인내하다 보면 언젠가는 인생역전을 이룰 수 있다는 믿음이 필요하다는 이야기였다. 어느새 위로의 도구였던 긍정론마저 '긍정적인 정신의 부족이 실패의 원인'이라는 또 하나의 낙인이 되는 시대가 됐다.

사람들은 새로운 희망의 답을 찾고자 했다. 이때 어떤 통찰력 있는 사람들이 새로운 프로세스를 제시하고 나섰다. 실패의 원인이 꿈이나 목표, 도전정신이나 노력이 부족하거나 긍정적인 정신이 부족해서가 아니라 $y^1 \rightarrow = \rightarrow a \rightarrow b$라는 목표설정형 사고 자체에 오류가 있기 때문이라는 것이다.

이들 통찰자들은 목표이나 콘셉트인 =1이 막연히 '자기중심(y^1)'의 꿈이나 목표가 아니어야 한다며 새로운 대안을 제시했다. 그것은 자신의 능력과 재능 외에도 그 목표와 연동돼 있는 다양한 요소들을 두루두루 고려하여 내놓은 특별한 목표(y^n=1)여야 한다는 것이다. 이렇게 자신이 진정으로 원하면서도 상대가 요구하는 y^n→=→a→b라는 새로운 창조 프로세스가 새로 세상에 소개됐다. 이로써 인류는 y^n=1이 진짜 꿈이고 목표에 대한 의미를 통찰함으로써 한 단계 더 높은 수준의 사고로 도약할 수 있었다.

세일즈 중심 시대에서 전략적 마케팅 시대로 점프하는 계기가 됐고 고객중심의 비즈니스, 배려 등이 사회의 중심 화두가 됐다. 이제 많은 분야에서 보다 전략적인 'y^n→=→a→b'의 생각 프로세스가 적용됐고, 일부 개인적 목표형 사고(y^1→=→a→b)와 대다수의 노력형 사고(a→b)와는 점점 더 성과의 격차를 벌렸다. 이후에도 인류의 생각 전쟁은 점점 더 치열해졌다. 인간은 더 높은 차원의 새로운 해답을 원했다. 최근까지 일부 뛰어난 연구자들이 드디어 통찰을 통해 또 다른 답을 찾았다. 그것이 바로 '융합(convergence)'이라는 개념이었다.

융합은 y^n의 값이 서로 다른 것, 서로 분야가 먼 것, 서로 모순적인 것들이 두근두근 새롭게 조합될 때 더 창의적이라는 사실을 포착한 위대한 발견이다. 즉, y^1과 y^2의 관계와 조합에 따라 전략적인 지점(y^n=1)의 가치가 결정된다는 사실을 포착한 것이다.

y^1과 y^2가 '양자택일의 관계', '전혀 다른 영역의 관계', '전혀 다른 학문적인 관계', '절대 화합될 수 없는 적대적 모순관계' 일수록 더욱 위대한 영감(=1)이 튀어나온다.

이런 영감을 만드는 y^n의 두근두근 조합이 바로 융합이라는 개념 속에 들어있는 의미다. 이를테면 스티브 잡스가 말한 '인문학'과 '기술'의 조합 같은 것 말이다. 이런 발견에 대해 다시 한 번 세상은 환호했다. 완전히 서로 다른 영역의 핵심요소들이 두근두근 새로운 조합을 이룬다면, 더 위대한 창조의 가치를 만든다는 메시지에 주목했다.

그동안 자기 분야에만 갇혀 꽉 막혔던 장벽을 허물어야 더 위대하고 혁신적인 창조를 할 수 있다고 믿는 통섭의 시대, 융합의 시대가 열렸다.

현재까지 인류가 발견한 창의성의 주소지는 여기 어디쯤이라고 생각한다. 융합과 통섭이 창의성에 결정적인 역할을 한다고 믿는 지점이다. 그래서 최근 창의성의 핵심 슬로건이 '창의를 위해 서로 다른 관계를 융합하고 통섭하라!'가 된 이유이기도 할 것이다.

그런데 인류의 지성이 찾아낸 창의성의 비밀, 사고의 프로세스는 과연 여기가 끝일까? 여기서 멈춰야 할까? 인류는 더 높은 수준의 창의가 서로 다른 것들의 융합과 통섭에서 나온다는 소중한 통찰을 얻었지만, 사실 여전히 우리에게 질문은 남아있다. 먼 것, 다른 것을 넘어 양자택일이면서 모순적으로 대립하는 관계, 딜레마에 빠진 관계인 y^1과 y^2의 융합을 어떻게 해야 하는가? 이 질문에 대한 명쾌한 답을 찾지 못했기 때문이다.

그 답을 인류는 과연 찾을 수 있을 것인가? 찾는다면 그것이 무엇인가? 과연 그 답이 있기는 할 것일까? 나는 그 답이 분명 있으며 바로 창의방정식이라고 확신한다. 창의방정식에서 X의 발견을 통해 $Xy^n=ab$를 세팅시킨 사고의 프로세스가 인류가 공유할 다음의 생각이며, 마지막 종착역이라고 믿는다.

융합하고 통섭하면 창의가 된다. 문제는 무엇을 어떻게 융합하고 통섭하느냐다. 융합이 안 되고 통섭이 안 되는 것은 y^1이나 y^2의 사정도, 잘못도, 그렇다고 당신의 잘못도 아니라는 사실이다. 단지 인류는 아직 융합과 통섭이 받아 안을 X라는 무대를 아직 포착하지 못했고 발견하지 못했을 뿐이다.

보지 못한다면 창조의 무대를 세팅할 수 없다. 무대를 발견하지 못하고 제대로 세팅하지 못했기에 융합시키기 힘든 것이다. 무대의 관점을 배제한 채 '$y^n=ab$'에 매달렸기에 융합시키기 힘들었던 것이다.

그러니 무대 X를 발견하고 그 위에 올라서기만 하면 된다. 무대의 관점을 가지면 한걸음 더 나아간 창의적인 사고 메커니즘에 도달할 수 있다. 이를 전개도로 표현해 보면 다음과 같다.

인간 사고메커니즘의 진화과정

- 수렵채취시대 사고메커니즘 : b
- 농경시대 사고메커니즘 : a→b
- 정보시대 사고메커니즘 : y^1→=→a→b
- 융합시대 사고메커니즘 : y^n→=→a→b
- 창의시대 사고메커니즘 : X→y^n→=→a→b

우리는 창의성시대를 맞아 드디어 새로운 창조 메커니즘을 찾아냈다. 그것은 바로 $X \rightarrow y^n \rightarrow = \rightarrow a \rightarrow b$이고, 바로 창의방정식이다.

창의방정식($Xy^n=ab$)의 y^n에서 X로 올라서기만 하면 서로 경쟁하고 모순관계였던 핵심요소들이 저절로 융합되고 통섭된다. 완전한 세팅이 이루어지니, 소통되고 창조된다. 창의는 저절로 이루어진다.

Think Again

어떻게 융합시킬 것인가?

융합은 위대한 창조로 가는 핵심 관문이다. 이건 부정할 수 없는 확실한 진리다. 그렇다고 융합이 인류가 찾던 해답이란 건 아니다. 한걸음 더 근원으로 나아가야 한다. 상호관계에서 서로 대립되고 모순되는 양자택일의 요소들을 도대체 어떻게 융합시킬 것인가? 그 문제가 여전히 해결되지 않은 채 남아있기 때문이다. 인간이 나서서 억지로 융합시키려 하면 무조건 실패다. 대신 창의방정식이 제시하는 대로 융합의 무대를 발견하는 것으로 진짜 답을 찾을 수 있다.

기술 바람이 불면 기술, 인문학 바람이 불면 인문학으로 '와~'하고 달려드는 시대다. 당연히 둘 중 하나의 유행이 창의로 가는 길일 순 없다. 인문이라는 y^1과 기술이라는 y^2에 답을 찾거나 그 둘을 억지로 갖다 붙여서 조합하려 드는 것은 창의방정식의 방향이 아니다. 그저 인문과 기술을 함께 담을 제대로 된 그릇(X)을 밖에 나가서 구해 오면 간단히 문제가 해결된다. 그 그릇 안에 집어넣기만 하면 아무리 서로 멀고 대립되고 모순되고 양자택일의 요소들이라 할지라도 하나로 자동 융합(=)된다.

인문학과 기술은 대립적이고 양자택일의 관계지만 창의를 위해서는 둘 다 반드시 필요하다. 인문학이 창의를 일으키고 기술이 창의를 완성시키기 때문이다. 문제는 그들을 한 곳에 담을 무대를 발견할 수 있느냐다. 인문과 기술을 하나에 담아낼 이야기라면 가능하다. 기술의 앞길이 막히면 인문이 뚫어 주고, 인문이 현재 기술을 부정하며 새 영토를 넓히면 기술이 그 위에 건물을 세우는 이야기다.

인문과 기술은 모순의 관계다. 인문이 더 중요하다거나 기술이 더 중요하다거나 하며 끊임없이 논쟁해야 하는 모순 관계이다. 어제는 인문학이 중요하고 오늘은 기술이 중요하고 내일은 다시 인문학이 중요하고 모레는 다시 기술이 중요해진다. 창의성은 그 고정된 관계를 해체하여 하나의 무대 안에 집어넣어 두근두근 착상시켜 완성시키는 능력이다. 그런 화학적 반응이 저절로 가능하게 만들자면 창의방정식을 알고 있어야 한다.

창의방정식으로 보면 어떤 대립과 모순적 요소도 X라는 무대에서 이야기를 함께 만들어 가는 파트너로 공존할 수 있다. 한국과 미국은 아무리 멀어도 동맹국이라는 무대 위에서는 두근두근 하나요, 지구와 달은 태양계라는 무대 안에서는 하나다.

치열한 승부를 멈추지 않는 경쟁회사가 시장의 파이를 넓히는 무대에서 즉각 동맹 파트너가 된다. 어떤 대립관계라도 어떤 특정한 무대에 올라가면 공동운명체가 된다. 무대를 잘 골라 주기만 하면 창의는 가능하다. 융합이란 결국 모순관계를 창의방정식을 통해 풀어내 끝내 한 무대에 세우는 것을 의미한다.

이런 측면에서 볼 때 우리는 스티브 잡스의 창의성을 명쾌하게 이해할 수 있게 된다. 스티브 잡스는 결코 조합되지 않는 전혀 다른 것들을 억지로 융합시키지 않았다.

그는 미래 휴대폰 시장이라는 무대(X)에 올라섰고 그 무대는 서로 대립적인 관계였던 아이팟(y^1)과 휴대폰의 다양한 신기술들(y^2)을 융합시켜 '스마트폰'의 창조를 이뤄냈다. 스티브 잡스가 한 가장 위대한 점은 그 무대를 발견했고 그 무대에 가장 먼저 올라섰다는 사실이다.

LG전자 최동원 시너지상품기획 전무는 애플의 상품과정을 옆에서 지켜보면서 특별한 차이점을 발견했다고 한 특강에서 다음과 같이 소개한 적이 있다.

> "애플은 인간의 감정에 기준을 맞춰 제품화를 결정했다. 센세이션을 불러일으켰고 많은 사람들에게 사랑받았다. 애플의 일 방식은 달랐다. 애플 이전의 기업들의 제품개발방식은 세상에 나와 있는 기술을 쫙 조사하고 그 중 가치 있는 기술들을 뽑아내어 조립해서 만드는 것이었다. 그런데 애플의 잡스는 아이폰이나 아이팟을 제작할 때, 일단 기준을 사람의 감성에 맞춰 제품의 콘셉트를 정했다. 부품이나 기술의 가치에 대한 지식은 있었지만, 감성을 자극시킬 수 있는 제품과 디자인을 먼저 정했다. 그래서 부품이 있고 없고를 떠나서 가장 인간이 사용하기에 적합

한 기준(아이폰의 경우 3.5인치를 고집하고 있다. 그 이유는 당시 한 손으로 잡기에 가장 좋다고 생각한 사이즈)을 먼저 정해놓고 그 후에 최첨단 기술을 적용하도록 했다. 즉, 제품의 독특한 기준이나 콘셉트를 정한 뒤 그 속에 넣을 부품이나 기술을 개발하는 식이었다. 사실 애플이 가진 기술은 거의 없었다. 조나단 아이브의 디자인과 스티브 잡스의 통찰력이 전부였다고 볼 수 있다. 아이폰은 다양한 기업으로 제공받은 기술과 노동력을 조합했을 뿐이다. 아이패드도 먼저 제품 콘셉트를 만들어놓고 부품이 없어서 그 때부터 기술과 부품을 개발했다.

반대로 당시 삼성은 스마트폰을 만들 다양한 기술을 가지고 있었다. 최첨단 반도체 기술, 배터리, 카메라 등을 가지고 스스로 뭔가를 만들겠다는 생각보다는 부품을 팔아 돈을 벌겠다는 데 초점이 맞춰져 있었다. 당시 삼성에게 부족했던 것은 그 자신이 기술들을 합쳐서 아이폰과 같은 멋진 제품을 만들 통찰력이 없었던 것이다."

긴 설명을 딱 한 문장으로 설명하면 스티브 잡스는 y^n의 요소들에 머물지 않고 X의 무대를 포착하고 그 무대 위로 한 단계 올라서서 $Xy^n=1$로 융합시켰다는 것이다. 잡스는 어떤 요소가 융합과 통섭이 되도록 애써야 하는 것이 아니라 어떤 무대에 그 요소를 세우는 것으로 융합이 자연스럽게 이루어진다는 사실을 알았다. 애플과 삼성의 전략을 분석해 보면 차이는 분명하다.

- 애플의 X 관점 : "애플이 가진 기술은 거의 없었다. 조나단 아이브의 디자인과 스티브 잡스의 통찰력이 전부였다고 볼 수 있다. 아이폰은 다양한 기업에서 제공받은 기술과 노동력을 조합했을 뿐이다. 제품의 독특한 기준이나 콘셉트를 정한 뒤 그 속에 넣을 부품이나 기술을 개발하는 식이었다."

- 삼성의 y^n 관점 : "당시 삼성은 스마트폰을 만들 다양한 기술을 가지고 있었다. 최첨단 반도체 기술, 배터리, 카메라 등을 가지고 스스로 뭔가를 만들겠다는 생각보다는 부품을 팔아 돈을 벌겠다는 데 초점이 맞춰져 있었다. 당시 삼성에게 부족했던 것은 그 자신이 기술들을 합쳐서 아이폰과 같은 멋진 제품을 만들 통찰력이 없었던 것이다."

애플은 무대 X를 보는 통찰력이 있었기에 그 무대 위에 올라서서 y^n의 요소를 혁신으로 융합할 수 있었고, 다른 세계적인 전자 기업들은 y^n의 단계에 머무르며 무대 X의 관점이 없었기 때문에 y^n의 서로 다른 요소들을 하나로 조합할 수 없었다.

인문 작가와 기술자의 영역은 절대 융합하기 힘든 분야다. 하지만 영화 제작현장이라는 무대에 이 둘을 데려다 놓으면서 환상적인 조합으로 인류 최고의 영화로 손꼽히는 '아바타'가 창조됐다. 선한 사람과 악한 사람은 절대 융합할 수 없지만 '이야기'라는 무대를 발견하면 주연과 악역이 되어 가장 완성도 높은 드라마가 창조된다. '좌뇌의 역할이 중요하냐? 우뇌의 역할이 중요하냐?'의 관점을 버리고 좌우 뇌와 변연계(Limbic System) 등 전뇌의 무대라야 창의적인 의사결정을 하는 뇌의 신비를 진정으로 이해할 수 있다.

영원한 맞수인 프로 축구팀 서포터즈들을 결코 융합시킬 수 없다. 양 팀 서포터즈를 데리고 어떻게 해보겠다는 생각은 실패다. 하지만 이들을 융합시킬 방법은 너무나 간단하다. 무대를 발견하면 된다. 축구 대표 팀 경기장(X) 무대로 두 팀의 서포터즈를 옮겨놓으면 즉각

'붉은 악마' 하나로 융합되며 대형 국기를 펼치는 퍼포먼스 아이디어가 나온다. 무대 X를 발견하고 그 안에 집어넣는 순간 저절로 착상되어 융합된다. 융합시키려는 무수한 행위는 실패지만 저절로 융합되게 하는 것은 성공이다. 그렇다면 나의 무대는? 대한민국의 무대는? 언제라도 거기에 우리가 찾고자 하는 답이 있다.

Think Again

창조의 무대를 발견하는 능력

상대방에게 '네 탓이다!'하고 따지면 상대는 '문제는 너한테 더 있지!'라는 답으로 맞선다. '돈 100만 원 주면 더 이상 스토커 안 할게' 하는 사람에게 진짜 돈 100만원을 주면, 그 다음엔 돈 '1000만원!' 이란 요구가 들어오고 본격적인 핑퐁게임에 돌입하게 된다. 그러다 살인나고 자살까지 간다. 문제 그 자체에 '핑퐁'으로 반응하면 점점 더 큰 문제에 휘말리고, 해당 문제에서 벗어나 시공간으로 넓게 잡고 두루 판을 키워 대응하면 창의적인 답이 나온다.

창의방정식으로 해석하면 $y^1 \rightarrow y^2$나 $y^2 \rightarrow y^1$의 즉각 대응은 문제에 갇히는 것이다. 현재 마주 선 문제를 벗어나 X라는 시공간의 관점을 갖고 y^n으로 포위하는 방법($X \rightarrow y^n$)이 근본적인 창의적 문제해결의 방법이다.

해당 문제를 해결하는 가장 창의적인 방법은 내 안에 없다. 기업의 운명 역시 회사 안보다 밖에 있는 요소에 달려 있다. 지구의 운명은 안의 지구인이 아니라 지구 밖 태양이 더 큰 결정권을 가지고 있다. 점점 뜨거워지는 냄비 안에 있는 개구리가 아무리 변화와 대응, 혹은 적응을 해봐야 소용없다. 오직 냄비 밖에 있는 불에 대응하여 냄비를 뛰쳐나와야 한다.

토암사 석굴암에 서 있다. 거의 모든 인간의 시선은 석굴암 본존불을 향한다. 석굴암이나 본존불이 지닌 다양한 지식을 배운다. 그러나 정말 그게 다일까? 우리가 본존불에 시선을 고정시키고 있을 때 부처님은 과연 무엇을 보고 깨달음을 얻고 있는가? 동해 바다 위로 찬란히 떠오르는 태양 속에 더 중요한 진리가 있다는 걸 우리는 잊고 만다. 우리는 우리가 당연한 듯 바라보는 시선을 바꿔 반대로 돌아서 볼 용기가 필요하다. 창의는 바로 본존불이 바라보는 시선으로 떠오르는 동해의 태양을 바라보는 것이다. 눈앞에 있는 지식과 우리 뒤에 있는 진리가 함께 있는 무대 전체를 알아채는 것이 진정한 창의다.

서로 다른 것, 모순과 양자택일의 상황에서 융합의 무대를 찾는 것도 마찬가지다. 우리 손 안에 있는 핵심요소들을 주물럭대어 억지로 갖다 붙이려 한다. 그러나 거기에 답이 있지 않다. 밖으로 나가서 서로 다른 이 핵심요소들을 한 곳에 담을 양동이를 가져와야 한다. 현재 우리가 가지고 있는 가치 있는 기술에서 답을 찾을 것이 아니라 우리 밖에 어떤 무대를 세팅할 것인가에서 답을 찾아야 한다. 그러자면 무대를 발견해 내는 것이 우선이다. 일단은 무대의 관점을 얻어야 한다. 그곳에 가장 창의적인 해결책이 있기 때문이다.

세상엔 생각의 천재들이 많다. 어떻게 저런 생각을 해 낼 수 있었을까? 어떻게 저런 결단이나 의사결정을 내릴 수 있었을까? 어떻게 저런 창조적인 생각을 할 수 있었을까? 참으로 위대해 보이지만 사실은 아주 간단하다. y^n=ab의 좋은 생각을 버리고 한 단계 위인 X로 올라서서 Xy^n=ab라는 창조 전체의 완벽한 세계를 보았기 때문이다.

반대로 당신이 창의적이지 않은, 완벽한 생각이 아닌, 고정관념에 빠진, 늘 잘못된 결정을 내리는 이유는 전체가 아니라 b만 보고, 혹은 ab만 보고, 혹은 =ab만 보고, 혹은 y^n=ab만 보고 답을 내거나 의사결정을 했기 때문이다. 창의방정식은 모든 정보를 모든 관점에서 통합적으로 해석할 수 있고, 전체를 보고 판단하여 창의적인 결정을 내릴 수 있도록 도와준다.

결국 창의성이란 창의방정식에서 X라는 무대를 찾는 게임이라고 할 수 있다. X → y^n → = → a → b로 세팅한 새로운 생각방식으로 기존의 평범한 인간사고 메커니즘을 대체하는 일이다.

무대에 올라서려면 반드시 무대가 거기 있다는 사실을 알고 있어야 한다. 무대는 배후세력이고 겉으로 드러나지 않는다. 그러니 무대 X를 발견하기 위해서는 어느 정도 통찰력이 필요하다. 무대인 X를 보는 눈을 가져야 한다.

그렇다고 무대 발견이 그리 어려운 건 아니다. 우리가 손에 쥔 다양한 핵심요소들의 공통점을 찾아보면 된다. 만약 콜라, 물, 녹차가 있다면 그것들은 제각기 다르게 드러나지만 공통의 교집합 무대는 모두 '마시는 것'이다. 마시는 것의 관점에서 보면 마실 수 있는 수많은 새로운 아이디어들이 튀어나온다. 사이다도 있고 보리차도 있기 때문이다.

만약 나무 의자, 양철 의자, 알루미늄 의자, 높낮이 조절 의자, 듀오백 의자가 있다면 그것들의 드러나지 않는 공통적인 무대는 '앉는 것'이다. 무대의 관점, 앉는 것의 관점에서 다시 무대를 들여다보면 앉은 것에도 수많은 모양, 수많은 재질, 수많은 기능의 아이디어들이 폭풍처럼 몰려들 것이다. 돌에 앉을 수도 있고 새끼줄에 앉을 수도 있고, 개나 고양이가 앉을 의자를 생각할 수도 있다.

만약 소설책, 수필집, 시집, 칼럼 집 등이 있다면 무대는 '읽을 것'이다. 읽을 것이라는 관점에서 무대를 바라보면 스마트폰이나 컴퓨터 화면, 전자북도 무대 위에 올라온다. 완전히 이전과 다른 차별적인 생각이 쏟아져 나온다.

창의방정식을 이해하면 우리는 즉시 뉴턴이 사과나무 아래에서 했던 생각을 똑같이 우리 머릿속에서도 재현할 수 있다. 23살의 젊은 뉴턴은 우연히 사과가 떨어지는 것을 보았다. 이때 뉴턴의 머릿속에는 우리가 이해하고 있는 바로 이 창의방정식이 세팅됐다.

사과가 떨어졌다.
배도 떨어진다.
복숭아도 떨어진다.
비도 떨어진다.
눈도 떨어진다.

공도 떨어진다.
폭포수도 떨어진다.
돌멩이도 떨어진다.
…….

그렇다면 '왜' 모든 것이 떨어지는 거지? 떨어지는 모든 것들(y^n)이 함께 발 딛고 있는 무대(X)는? '땅이 당기니까'라는 생각이 뇌를 스쳤다. 그 순간 뉴턴의 머릿속에서는 창의방정식의 각 값이 하나로 완벽하게 세팅됐고, 번쩍하고 위대한 영감이 떠오른 것이다.

	사과가 떨어졌다.
	배도 떨어진다.
	복숭아도 떨어진다.
	비도 떨어진다.
땅이 당기니까	눈도 떨어진다.
X	공도 떨어진다.
	폭포수도 떨어진다.
	돌멩이도 떨어진다.
	· · ·
	y^n

'땅이 당긴다'는 X값은 떨어지는 모든 y^n이 함께 발 딛고 있는 무대이자 판, 영역, 경계, 교집합, 사이, 관계, 시공간적 환경과 배경, 연관된 범위, 공유하는 진리, 공감, 숨은 의도다. 드러나지 않는 근원을 통찰하는 순간 전체를 발견했고 전체의 퍼즐이 맞춰진 창의방

정식은 하나의 진리요, 법칙이다. 이런 창의방정식에 멋진 브랜드를 붙였다. 바로 '만유인력'이다.

뉴턴은 세상을 떠날 때 "나는 바닷가에서 색다른 조개 따위를 주운 철부지 어린애일 뿐이야"라는 유언을 남겼다. 나는 뉴턴이 진심으로 그렇게 믿고 있었다고 확신한다.

창의적인 사람은 드러나는 것들의 밑에 깔린 무대를 잘 포착하는 사람이다. 창의적인 사람은 무대를 발견하고 내재된 사전 의도를 잘 포착하고 사전에 연동된 것들의 범위를 읽어내는 사람이다. 창의적인 사람은 드러나지 않는 세상의 무대를 발견하고 정의하는 사람이다. 창의적인 사람은 문제를 발견하고 정의하는 사람이다. 창의적인 사람은 시간이라는 무대에서 미래를 발견하고 미래의 관점에서 현재를 정의하는 사람이다. 창의적인 사람은 우주와 역사와 진리의 무대를 발견하고 정의하는 사람이다.

이런 창의적인 인간이 되길 원한다면 우리가 지금 하는 일들의 무대로 올라서야 한다. 지금 나의 관점과 관심사, 내가 해결해야 할 문제를 벗어던지고 드러나지 않는 무대와 관계의 장으로 나아가야 한다.

누가 시켜서 해야 하는 일에서 스스로 일을 만들어야 하며 문제를 해결하는 능력에서 문제를 내는 이전 단계로 올라서야 하며 처음부터 문제를 새롭게 정의하는 브레인 집단으로 나아가야 한다.

Think.
Again

3장

창의방정식에 숨어 있는 비밀

Think Again

'두근두근' 창조의 법칙

우주에서 일어나는 모든 일은 '창조'다. 모든 창조는 공통의 프로세스를 거친다. 먼저 무대가 세팅되고 그 위에서 만나야 한다. 그래서 창의성의 핵은 언제나 그 만남이 이루어지는 두근두근 지점에서 만들어진다. 핵은 성장하여 구체적인 형태를 갖추고 우주만물과 그 안에 수많은 사건을 창조한다. 끊임없이 이 과정을 거치며 우주가 유지되고 있다.

창의성은 어떻게 창조가 이루어지는지 이해하는 능력이다. 그러니 창조되는 프로세스를 이해하는 것이 바로 창의성이다. 그러므로 창조가 이루어지는 프로세스 중심의 사고를 하면 누구나 새로운 것을 뚝딱하고 만들 수 있다. 즉시 창의적인 사람이 되는 것이다. 광고학을 배우지 않아도 참신한 광고를 만들 수 있고 좋다는 아이디어 발상법들에 대해 굳이 공부하지 않아도 멋진 아이디어를 창조할 수 있다.

한 블로거가 만든 특이한 모양의 '빵'이 인터넷과 방송에서 화제가 된 적이 있었다. 기존에 본적이 없었던 독특한 모양의 이 빵은 보기에는 영락없는 통닭요리였다. 그러나 실제로는 그냥 빵이다. 이 통닭 모양의 빵을 보았을 때 사람들은 기발하고 재미있고 창의적이라고 생각했다. 대부분은 '이런 독특하고 기발한 빵을 어떻게 만들 생각을 했을까?'라고 부러워하거나 혹은 "참 재미있고 독창적인 사고죠? 여러분도 이런 창의적인 사고를 해야 성공할 수 있어요"라고 막연하게 권한다. 하지만 그것으로 끝. 창의성을 이야기하는 강연, 교육, 책에서는 늘 여기까지다. 더 이상 생각의 진도를 나가지 못한다. '나의 창의성'은 없다. 그래서 어쩌라는 말인가? 남과 다른 창의적인 사고를 하라고 하면 창의적인 사고를 뚝딱 하게 되는가? 전혀 그렇지 않다.

한 블로거의 통닭빵(빵 +수건 닭의 두근두근 조합)

이 독특한 빵에 현미경을 들이대고 아무리 탐구해 봐야 거기에 창의성이 있을 리 있겠는가. 창의성에 대한 해답이 결과물 b인 빵에는 절대 없다. 익히 알고 있듯 거의 모든 사람들이 쳐다보는 이 통닭빵이라는 결과물은 전체가 아닌 부분, 즉 결과인 부스러기이기 때문이다. 그러니 통닭빵 자체로 창의성을 연구할 것이 아니라 '통닭빵의 창조 프로세스'를 살펴보아야 한다. 남과 다른 곳을 바라보면 답이 나온다.

그렇다면 어떤 프로세스를 거쳐 이 통닭빵이 만들어졌을까? 평소 이색적인 빵을 만들어 왔던 그 블로거의 이야기에 따르면 '통닭 모양으로 말아 접은 수건'을 본 것이 이 빵을 만들게 된 계기였다. 찜질방에 가면 흔히 볼 수 있는 양머리수건처럼 통닭 모양으로 접은 수건을 누구나 한번쯤 본 적이 있을 것이다. 그것이 블로거의 가슴에 팍 꽂힌 순간 가슴이 두근두근 뛰었던 것이다. 그는 집으로 돌아와 밀가루를 반죽해 평평하고 얇게 수건처럼 편 후, 밀가루 반죽을 수건처럼 말아 접어 통닭모양을 만들었다. 오븐에 구운 후 간장으로 칼라감도 내고 데코레이션도 추가하여 이 통닭빵을 창조한 것이다.

통닭빵의 창조 프로세스는 창의방정식을 그대로 따른다. 블로거의 관심무대에서 수건으로 접은 닭과의 만남을 거쳐 통닭빵이라는 결과에 이르는 창조 프로세스가 완성된다. 이 프로세스가 통닭 빵이라는 창조물의 진정한 전모이다. 이렇게 부분의 결과가 아닌 전체 창조 프로세스로 보는 순간 우리 머릿속에 '펑'하고 모든 창조의 답이 쏟아져 나온다. "아, 이제야 창의적인 생각의 비밀을 알겠군." 그저 "참 창의적인 작품이군, 부럽네"라고 한마디 하고 마는 대신, 통닭빵을 '통닭빵이 창조되는 프로세스'로 이해하는 순간, 누구나 단숨에 '양머리빵'을 창조할 수도 있고 '꽃빵'도 만들 수 있으며 '코끼리빵'이나 더 재미나고 기발한 모양의 빵을 세상에 내놓을 수 있다. 수건이나 종이로

접을 수 있는 모든 신기한 것들을 밀가루 빵으로 만들 수 있게 되는 것이다.

이번엔 세계 4대 광고제에서 수상한 농심기획의 '츄파춥스' 광고를 보자. 광고는 아주 단순하다. 몸을 빵빵하게 만든 바다복어 입에 츄파춥스 사탕의 스틱이 나와 있는 게 전부다. 바다복어가 마치 츄파춥스를 빨고 있는 상상을 하게 된다.

츄파춥스 사탕을 보여 주지 않으면서도 츄파춥스 사탕을 곧바로 상상하게 만드는 광고다. '창의적이고 기발한데' 또는 '단순하고 세련된 구도인데!' 등의 평가는 창조물 b 중심의 접근법이다. '4대 광고제를 석권할 만하군' 감탄한 후 또다시 생각은 여기서 멈춘다.

농심기획 4대 국제광고제 수상작(y^1 츄파춥스 모양 + y^2 바다복어의 두근두근 조합)

이 광고 역시 창조 프로세스로 보면 이야기는 달라진다. 아마도 그 광고를 만든 크리에이터는 츄파춥스를 보고 먹고, 다양한 제품 데이터도 살펴보면서 재미있고 차별적이고 창의적으로 만들고 싶었겠지만 좋은 아이디어가 쉽게 나오지 않았을 것이다.

그렇게 고민을 하다가 우연히 그의 눈앞에서 혹은 그 머릿속에서 몸을 빵빵하게 만든 '바다복어'를 만나게 된다. 머리를 식히러 간 63

빌딩 수족관이었을 수도 있고, 바닷고기 도감이었을 수도 있고, 길 가다 우연히 보았던 포스터 속의 이미지였을 수도 있다. 어쨌든 그 순간 두근두근 가슴이 뛰었을 것이다. 사무실로 돌아와 츄파춥스와 바다복어를 동그라미라는 무대 위에 조합시킨 하나의 콘셉트 이미지를 만들어 냈을 것이다. 그렇게 디자인적 완성도를 높여 한 편의 창의적인 광고가 창조됐다.

결국 이 츄파춥스 광고는 크리에이터의 관심무대 위에서 츄파춥스와 바다복어의 만남을 거쳐 광고라는 결과에 이르는 창조 프로세스를 거쳐 세상에 나왔다. 이 프로세스야 말로 이 츄파춥스 광고의 진짜 모습이며 전체이다. "아, 이제야 4대 광고제를 석권한 광고의 창의적인 생각의 비밀을 알겠군."

실제로 거의 모든 창의적인 광고와 디자인 안에는 창조 프로세스가 있다. 물론 그 프로세스 중심에는 필연적으로 y^1과 y^2 사이의 두근두근의 원리가 숨어있다.

공익광고공모전 수상작(y^1 자가용 열쇠꽂이 모양과 y^2 저금통 동전투입구 모양의 두근두근 조합)

공익광고공모전 수상작(y^1 물 절약과 y^2 끊어 쓰는 화장지의 두근두근 조합)

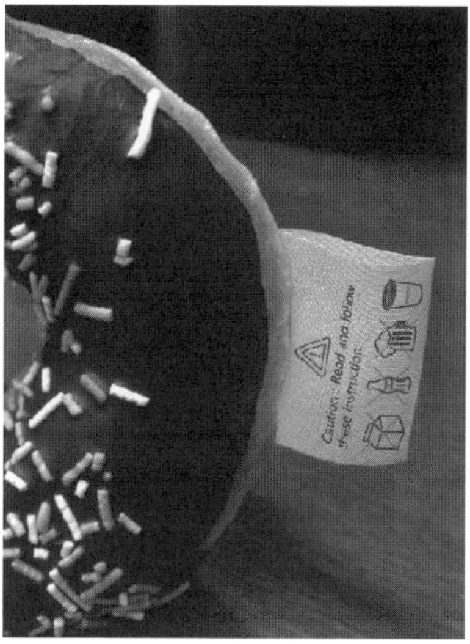

제일기획 광고대상 대상 수상작(y^1 던킨 도넛과 커피의 궁합과 y^2 세탁물과 라벨궁합의 두근두근 조합)

광고천재 이재석 광고(y^1 멀리 자세하게 보는 전망대 망원경과 y^2 구글 글자와 이미지 특징 두근두근 조합)

외국의 한 머리 염색제 옥외 광고물(y^1 머리모양 조형물과 y^2 자연의 변화연출의 실시간 두근두근 조합)

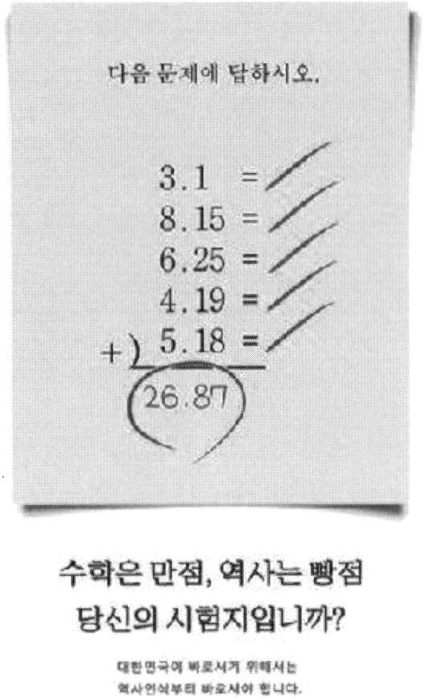

공익광고 공모전 수상작(y^1 역사의 중요한 날의 숫자와 y^2 산수 계산식 숫자의 두근두근 만남)

세계적인 산업디자이너 김영세의 전통주 병디자인(y^1 전통 이미지와 y^2 경주 첨성대의 두근두근 만남)

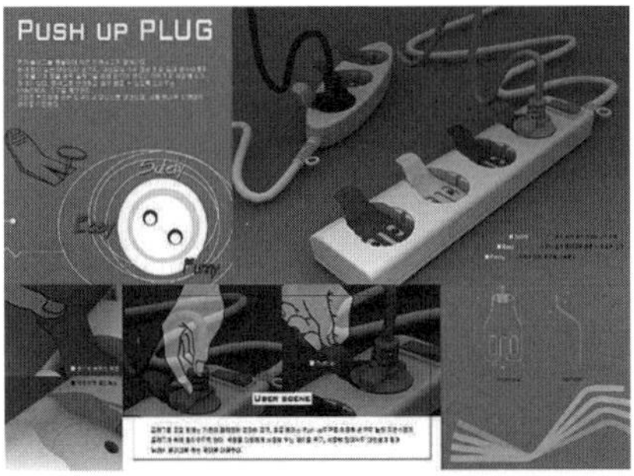

유니버설 디자인 공모전 수상작(y^1 뽑기 편한 콘센트와 y^2 지렛대 원리를 이용한 압정 뽑는 기구의 두근두근 만남)

창의성 안에 숨겨진 신비한 비밀은 바로 '두근두근'이다. 무대 위에 y^n의 두근두근이 창조를 만들기 때문이다. 어떤 둘의 절묘한 만남의 순간을 포착하는 것이 창의성의 문을 여는 열쇠다. 이 사실을 아는 순간, 우리는 훨씬 쉽게 창의적인 작품을 만들 수 있다. 창조 프로세스를 공유하여 그 프로세스에 두근두근 조합을 이루어내면 창의적인 광고도, 창의적인 생명도, 창의적인 아이디어도, 창의적인 비즈니스 모델도 툭하고 저절로 튀어나온다.

우리도 창조적인 결과물을 만들어내기를 바란다면? 두근두근 게임을 즐기면 된다. 매순간 창조할 무대 위에 두근두근을 연출하면 된다. 창의성과 창조성의 비밀은 '사랑'이다.

창의적인 기획의 출발점 : 문제정의

무대는 의도다. 무대는 사전에 연동된 모든 요소다. 무대는 창조의 첫 출발선이다. 무대발견에서 모든 창조는 시작된다. 창의방정식의 핵심 메시지는 '무대를 정의한 후 핵심요소 y^1과 y^2를 두근두근 세팅시키면 자신이 원하는 결과가 창조된다'는 것이다. 무대의 발견은 문제를 정확히 정의하는 일이다. 무대를 발견하지 못하는 것은 문제를 정의하지 못한 상태에서 답부터 찾아 헤매는 어리석음과 같다. 문제를 제대로 정의하기 위해서는 반드시 창의방정식을 알아야 한다.

문제정의란 무엇인가? 드러나지 않는 무대 X를 포착하고 판단의 범위를 정하는 일이다. 외계인 ET가 내민 손가락을 정확하게 발견하는 것이다. X의 관점에서 두루 연동된 모든 핵심요소들을 수렴하는 지점을 정확하게 콕 집어내는 작업이다. 두근두근 지점을 아는 것이다. 창의방정식이라면 문제정의 영역은 Xy^n=이며, 그 문제의 해결 영역은 =ab이다.

아버지가 등이 간지럽다고 한다. 이때 등은 X가 된다. y^n은 등의 무수한 각 지점들이다. 그중 왼쪽 어깨 죽지 아래 5mm 지점이 간지럽다. 그것이 바로 $Xy^n=1$이다. 시간적으로 현재, 공간적으로 등의 왼쪽 어깨 죽지 아래 5mm지점이 간지럽다는 것을 콕 집어내는 것. 이게 문제정의다.

문제를 제대로 정의하는 능력은 문제를 해결하는 것보다 훨씬 근원적이고 중요하다. 세계적인 광고기업인 BBDO 북미지역 회장 겸 최고 창의력 책임자를 역임한 필 듀센베리의 이야기를 들어 보자.

그의 책 『천만불짜리 아이디어』에 따르면, 한 친구가 한 레스토랑에서 와인을 마시고 마음에 들어 다음날 동네 와인가게에 가 그 와인이 있는지 물었다고 한다. 대답은 No. 와인이름을 들어본 적도 없단다. 와인가게를 하면서 근처 레스토랑에서 어떤 와인이 팔리고 있는지 모르고 있다는 게 그 친구는 도무지 이해가 안된다고 말했다.

친구와 나누었던 이런 대화 내용을 언급하며 필이 만약 와인가게 주인이라면 가장 먼저 그 지역에서 많이 팔리는 와인들을 조사해서 순위별로 전시했을 거라고 소개하고 있다. 그 와인가게 주인처럼 보통 사람들이 그러지 못하는 이유를 필은 찾아냈다.

- 자신이 고객에 대해 충분히 안다고 생각한다.
- 와인가게를 멋지게 꾸미고 와인가게에서 일어나는 문제들을 완벽하게 해결하면 된다고 확신한다.

● 마케팅조사를 할 때 자신의 가치관과 설정 목표를 확인하는 정도에 그친다.

필 듀센베리가 꼽은 사람들의 잘못된 판단은 이 책에서 소개했던 인간사고의 바이러스가 이미 초기설정값으로 침투해 있다는 이야기와 거의 일치한다. 실제로 창의적이지 않는 보통의 생각방식과 창의적인 사람들의 의사결정방식에는 아주 큰 차이가 있다. 그것은 바로 창의방정식의 인지 유무다.

창의적이지 않는 생각을 하는 사람들은 대부분 '자신의 시각'을 중심으로 사고한다. 즉, 창의방정식에서 y^1의 시각이다. 창의방정식으로 풀면 y^1=ab로 전개하여 사고하는 것이다. 그렇다면 창의방정식의 사고를 하는 사람이라면? 분명히 차이가 있다. y^1에 자신(와인가게)의 정보가 있다. 그렇다면 y^1의 핵심요소인 자신(와인가게) 외에 필연적으로 y^2의 핵심요소가 존재하며 여기에 '지역의 와인고객들'의 정보 등이 있다는 사실을 안다. 그 y^1과 y^2의 핵심요소들이 함께 딛고 있는 보이지 않는 무대(X)를 발견하려 노력한다. 그리고 우리 지역 와인고객의 선호도가 무대 X라는 사실을 통찰한다.

이제 남들이 보지 못하는 X의 관점을 얻었다. 이 무대의 시각에서 탑다운 방식으로 요소들을 들여다보면 우리지역 와인고객의 선호도라는 무대 X위에는 y^1요소에 우리 와인가게, y^2요소에 우리지역 와인고객, y^3요소에 지역 레스토랑, y^4요소에 와인고객의 구매동선 등 다양한 핵심요소 y^n이 줄줄이 고구마 줄기처럼 뽑혀 올라온다. 단지 무대 X의 관점에서 보는 순간 '우리 지역 와인고객 선호도를 포착하라'는 전혀 새로운 문제가 떠오른다. 이 때 우리지역 레스토랑에서 가장 인기 있는 와인목록이 우리 와인가게에서 매출을 가장 많이 올릴 수 있는 전략상품이 될 것이라는 문제정의가 이루어지게 되는 것이다.

이제 새롭게 정의된, 더 수많은 요소들이 연동된, 더 시공간이 확장된, 더 창의적으로 정의된 이 문제를 해결할 방법을 찾으면 된다. 답은 뻔하다. 그것이 바로 '우리 지역의 레스토랑들의 인기와인 데이터'다. 광고천재 필이 제시한 답 그대로다.

> "내가 주인이라면 한 달에 한번쯤은 동네 레스토랑에 들러 어떤 와인이 많이 팔리고 무엇이 들어오고 무엇이 빠졌는지 꼬치꼬치 캐물을 것이다. 중요한 정보다. 지역주민들의 습관 같은 이처럼 소중한 자료를 어디서 찾을 수 있겠는가?"

우리지역 베스트셀러 와인리스트가 확보되면 가게에 전시하면 된다. 창의적인 생각이란 막연한 것이 아니다. 보다 구체적이다. 창의방정식을 이해하면 통찰력을 갖는 게 그리 어렵지 않다. 필 말을 빌리자면 "박사학위이고 뭐고 중요한 것이 아니라 그저 보이지 않는 통찰력의 세계를 볼 수 있는 눈만 있으면 해결"된다.

그 보이지 않는 세계인 문제정의를 $Xy^n=1$이라는 내비게이션이 방향을 콕 집어 안내한다. 무대를 발견하고 좀 더 근원적이고 수많은 고려사항들이 연동된 문제를 찾아 정의해야 거기에 맞는 콘셉트, 해결책, 핵심 전략, 아이디어가 보다 창의적일 수 있다. 이것이 기존과 다른 새로운 창조를 만드는 씨앗이다. 이렇게 창의방정식으로 사고하는 것이 이 지구상에 유일한 창의적인 사고의 방법이다. 다양한 승부에서 이기는 전략이 되는 것이다.

창의방정식을 통한 창의적인 사고는 의외로 쉽다. 창의방정식에서 내비게이션이 제시하는 검토 지점을 하나씩 확인하면 가장 창의적인 답을 얻을 수 있다. 공식대로 하면 된다. 가령 누가 "물을 좀 갖다 줘"라고 부탁했다고 치자. 목이 마를 것이라는 생각으로 결론짓고 최대한 빨리 물을 갖다 주어야겠다는 목표를 수립한 후 정수기에서 최대한 신속하게 컵에 물을 받아 갖다 주니 "내가 마실 물이 아니라 화분에 줄 물"이라는 답이 돌아왔다. 신속히 문제를 해결했지만 문제정의의 실패다. 의사소통의 실패요, 창의의 실패다.

이번에는 "물을 좀 갖다 줘"라는 말을 듣고 그 말 이외에 다른 요소인 행동을 살폈다. 물을 달라는 소리 외에 화분을 살피고 있었고 물조리개를 흔들고 있으며 이런 다양한 요소들이 모두 연동된 핵심 전략으로 틀림없이 화분에 줄 물을 갖고 오라는 의미로 포착하여 다른 물 조리개에 물을 갖다 주었다. 더 많은 데이터를 투입하여 더 정확한 의사결정을 집행할 수 있다. 물론 의사결정의 수준을 점점 더 높일 수 있는 방법도 있다. 보이지 않는 무대에 올라선다면 완전히 새로운 문제로 정의할 수 있고, 창의적인 해결책을 찾을 수 있다.

y^1 : 물을 갖다 줘!

y^2 : 물은 마실 물도 있고 마시지 않고 다른 곳에 사용할 물도 있지! 그렇다면 물은 어떤 상황에서 필요한 거지?

X : 집주인이 아끼는 화분이 있고 집주인이 1주일간 출장으로 집을 비워야 할 상황에서 화분에 물을 듬뿍 주고 싶어 한다.

문제정의 : 일주일간 화분에 물을 줄 수 있는 방법은 없을까?

y^1 : 일주일간 화분의 물 관리 문제

y^2 : 새로운 데이터(화분용 물, 물 조리개, 영양제가 섞인 물, 내일부터 장마가 시작된다는 일기예보 등)

$Xy^n=1$: 베란다에 놓아두면 간단히 해결

a : 내일부터 장마가 시작되니 베란다에 내놓으면 물 걱정은 안 해도 된다고 말해줌.

b : 그러면 화분 걱정은 안 해도 되겠군.

이것이 창의적인 사고가 탄생하는 프로세스다. 창의적인 사고는 먼저 자신의 관점과 나의 입장을 버리는 것에서 출발한다. 목표를 설정할 때 y^1에 집착하지 않는 것이다. y^1이 아닌 상대, y^1이 아닌 것들 즉 y^2를 찾는 일이다. 그리고 나의 관심사와 상대의 관심사가 동시에 서 있는 무대로 올라서는 것이다. 무대의 관점에서 바라보는 것이 창조의 시작이다. 이게 '문제정의'다. 철저하게 창의방정식을 따르고 있다.

연애를 잘하려 해도 창의방정식은 필수다. 마음에 드는 이성이 있다면 나의 관심사인 y^1이 있고, 상대방의 관심사인 y^2가 있다. 스포츠를 좋아하는 상대방이라면 함께 할 수 있는 무대로 올라서야 한다.

공동의 관심사인 무대(X) 위에 야구의 지식이 풍부한 나(y^1)와 야구 관람을 좋아하는 상대(y^2)가 서로 가장 두근두근하는 지점($Xy^n=1$)에 '야구장 데이트'를 제안하는 것이다. 이런 문제정의가 내가 정한 꽃다발 프러포즈를 목표로 정해놓고 무조건 밀어붙이는 것보다 훨씬 더 성공확률을 높인다.

창의적인 사고의 핵심은 통찰력. 통찰력은 보이지 않는 세계를 보는 것. 보이지 않는 세계는 $Xy^n=1$의 영역. 그 영역을 명쾌하게 포착하는 것이 문제정의다. 창의성은 문제정의를 다루는 영역이며 문제를 잘 정의하는 해답은 창의방정식 안에 있다.

굿 아이디어 제안서에 숨어있는 비밀

아이디어제안 공모에서 대상을 수상한 기획서들을 분석해 보면 대부분 창의방정식이 하나씩 장착돼 있다. 기획서의 화려한 껍데기와 포장을 모두 벗기고 가장 마지막에 남는 핵심 뼈대는 모두 '$Xy^n=ab$'이다. 실제로 다양한 예들을 소개한다.

'제4회 신한카드 아이디어 공모전'에서 대상을 수상한 전남대 레스투 팀이 인터뷰를 통해 밝힌 아이디어의 핵심 콘셉트는 'S-with point 서비스'다. 카드 결제 고객들이 그룹을 이루도록 만들고 이 그룹이 커지고 결제 실적이 늘어날수록 혜택이 커지는 소셜 기반의 보상 서비스 아이디어다. 이는 고객들이 카드로 결제하는 행동을 하나의 '플래시몹'(단체 퍼포먼스)이라고 상상하면 된다. 플래시몹의 참여자 규모가 점점 커질수록 참여자는 더 큰 혜택을 받게 되는 원리다.

이 기획안이 특별한 이유는 '고객들은 포인트 혜택을 얼마나 받을 수 있을까?' 혹은 '기업은 고객들에게 어떤 혜택을 줘야할까?'라는 평범한 목표를 설정한 것이 아니라는 점이다. 도전자들은 보다 근원적인 무대로 올라갔다. 카드사와 이용자가 모두 발 딛고 있는 상생의 무대 관점에서 카드서비스의 문제를 재정의한 것이다. 그래서 '사용자들이 어떻게 할 때 포인트 혜택을 더 많이 받을 수 있을까?'에 초점을 두고 고민할 수 있었다. 제안자들이 해결책을 찾게 된 아이디어의 조합은 바로 젊은이들이 많이 실행하는 플래시몹에서 따왔다. 흩어져 있던 사람이 어느 순간 하나로 모이면 뭔가 작품이 만들어지는 플래시몹의 원리에서 카드사용과 혜택의 방향에 대한 힌트를 얻었다. 여기에 다양한 소셜네트워크 요소까지 접목하자 실현성 높은 아이디어가 된 것이다.

제4회 신한카드 아이디어 공모전 대상 전남대 레스투 팀

X : 타사와 차별적인 카드사 신서비스 전략 무대 세팅

y^n : [카드 포인트의 혜택]+[플래시몹]+[소셜네트워크]를 두근두근 조합

= : 그룹 결제실적이 늘어날수록 혜택이 커지는 소셜기반의 보상 서비스 아이디어

a : 현장 아이디어 시범적용 검증 제시

b : 실현성, 기대효과를 강조한 기획서 창조

'휘센 아이디어 공모전'에서 휘센 미니 로봇 아이디어로 대상을 받

은 숙명여대 자매 팀의 경우 아이템의 모티브를 '바이센터니얼맨'이라는 영화 속 가사로봇에서 얻었다. 수상소감에서 이들은 가사로봇을 염두에 두고 계속 생각하던 중 이전에 출시된 '휘센 미니'라는 제품이 있다는 것을 알게 됐다고 밝혔다. 특히 그 제품은 큰 인기를 끌진 못했지만 사용자들의 다양한 댓글을 찾아 읽으며 장점도 굉장히 많다는 사실을 알게 되어 휘센 미니의 장점요소와 영화 속 로봇의 요소를 조합한 '휘센 미니 로봇'을 제시했다는 것이다.

휘센 아이디어 공모전 대상 숙명여자대학교 자매 팀

X : 브랜드에 적합한 새로운 가사로봇 제품 개발 무대 세팅

y^n : [휘센 미니의 장점]+[영화 속 가사로봇]을 두근두근 새롭게 조합

= : 휘센 미니 로봇 아이디어

a : 장점 확대, 단점 극복 및 보완을 구체화시킴

b : 실현성 높인 기획서 제안

한국보건산업진흥원이 진행한 '시니어 제품 아이디어 공모전'의 우수상 작품은 '시니어 냉장고'였다. 수상자는 자신의 외할머니가 허리를 다쳐 수술을 받으신 후 불편한 허리로 깊은 냉장고에서 음식을 꺼내는 모습을 보면서 문제의식을 느껴 '할머니를 위한 편리한 냉장고' 아이디어를 낼 수 있었다고 밝혔다.

한국보건산업진흥원 시니어 제품 아이디어 공모전 우수상

X : 불편함을 개선시킬 수 있는 새로운 시니어 제품 개발 무대 세팅

y^n : [허리를 다친 할머니]+[냉장고 사용을 불편해 하시는 모습]+[회전용 구조]를 두근두근 새롭게 조합

= : 시니어 전용 실내 회전처리 냉장고 콘셉트

a : 다양한 데이터 조사, 논문자료, 자문을 통한 아이디어 구체화

b : 실현성 높인 기획서 제안

삼성메디슨이 주최한 '2011 미래 의료기기 아이디어 공모전'에서 대상을 수상한 팀의 아이디어는 '캥거루 인큐베이터'다. 이것은 엄마의 품에서 직접적인 신체접촉을 느끼는 편안함을 그대로 재현한 미숙아 치료와 성장발달을 돕는 인큐베이터 디자인제품이다. 아이디어 발상과정은 의외로 간단했다. 산모가 신생아를 배 위에 올려놓고 돌보는 '캥거루 육아'와 '인큐베이터'를 조합하여 두근두근 하나로 조합했던 것이다.

삼성메디슨 2011 미래 의료기기 아이디어 공모전 대상 팀

X : 현재의 문제점을 극복할 수 있는 새로운 의료기기 무대 세팅

y^n : [인큐베이터]+[캥거루 육아]를 두근두근 새롭게 조합

= : 신체 접촉형 미숙아 성장발달을 돕는 인큐베이터 콘셉트

a : 엄마의 신체접촉을 가미한 감성적이고 단순한 디자인 구성

b : 실현성과 시장성을 갖춘 기획서 제안

삼성SDS가 최고 1등 상금 3000만원과 취업특전을 내걸고 시행했던 'sGen Korea(에스젠 코리아)'에서 최우수상을 거머쥔 팀의 아

이디어는 'Help Traveler'라는 여행자를 위한 지도기반 Q&A서비스였다. 이들의 문제정의는 '관광책자에 나와 있는 뻔한 여행지 정보보다 현지에 있는 사람들에게 실시간으로 생생한 정보를 얻을 수 있다면?'하는 생각에서 출발했다.

가령 여행 책자에 나와 있는 명동, 남대문에 가면 외국 여행객들만 많고 정작 우리나라 젊은이들은 홍대나 강남에 더 많은 것처럼 여행 책자보다는 현지의 사람들에게 직접 듣는 여행 정보가 더 빠르고 정확할 수 있겠다는 생각이 들었던 것이다. 그런데 문제는 '어떻게 해당 지역의 현지인과 효율적인 소통을 할 것인가?'였다. 그러다 우연히 GPS기술을 떠올렸다. 이 요소가 무대 위에 올라오자 그전에 각각 따로 놀던 생각의 퍼즐들이 두근두근 하나로 세팅됐다. 가고 싶은 여행지의 정보를 얻기 위해 해당 지도 위에 질문을 남기면 그 지역에 대해 가장 잘 아는 현지인으로부터 직접 정보를 얻는 서비스를 생각하게 된 것이다.

삼성SDS 'sGen Korea(에스젠 코리아)' 최우수상

X : 여행책자보다 더 생생한 현지 여행정보 제공서비스 무대 세팅

y^n : [여행지도가 갖는 정보한계]+[현지인 실시간 여행정보 제공]+[GPS기반 서비스 기술]을 두근두근 새롭게 조합

= : 지도기반 현장의 여행정보 Q&A서비스

a : 여행자와 현지인의 Q&A 가능 시뮬레이션을 통해 현실화 제시

b : 실현성 높인 비즈니스 모델 제시

'제1회 충청북도 모바일 앱 공모전'에서 최우수상을 수상한 팀의 작품은 'CB PostCard'라는 충북엽서이다. 이 아이디어는 어플리케이션을 통해 충청북도의 대표 관광지들의 정보와 사진들을 볼 수 있는 것은 물론, 이런 사진들을 원하는 사람에게 SNS나 페이스북을 통해 전자엽서 형태로 즉시 보낼 수 있는 앱이다.

충북의 다양한 여행지에 갔다가 좋은 이미지 엽서를 골라 친구나 가족들에게 곧바로 관광지 엽서를 보낼 수 있는 아이디어는 심사위원들의 좋은 평가를 받았다. 그렇다면 이 아이디어는 어떻게 얻을 수 있었을까? 팀원 중 한 명이 프랑스 파리여행 중 에펠탑을 보면서 느꼈던 감동을 엽서에 적어 가족들과 친구들에게 보냈던 경험을 이야기 했다. 이때 엽서의 매력과 모바일의 대중성을 살린 '모바일 엽서'를 떠올렸다. 이것이 'CB PostCard'라는 앱이 나온 모티브였다.

제1회 충청북도 모바일 앱 공모전 최우수상 팀

X : 충북을 잘 알릴 수 있는 참신한 앱 아이디어

y^n : [프랑스 에펠탑 여행에서 엽서를 부쳤던 추억]+[모바일 기능]을 두근두근 새롭게 조합

= : 앱으로 충북관광지의 모바일 엽서를 바로 보낼 수 있는 콘셉트

a : 충북 관광지 정보와 다양한 이미지, 모바일 엽서 시스템 구축 시뮬레이션 제시

b : 실현성과 대중성, 효과성 높인 기획서 제안

인정받은 기획서나 아이디어 속에는 반드시 이런 창의방정식이 작

동하고 있다. 이런 창의방정식이 모든 아이디어와 영감을 떠올리는 과정에서 필연적으로 존재한다는 사실을 알아야 한다. 우리가 이런 창조원리를 알아차리지 못하는 이유는 창의한 사람들조차 대개 자신이 어떤 생각의 과정을 거쳤는지 속속들이 인식하지 못하거나 남들에게 설명하지 않기 때문이다. 그러다 보니 겉으로 드러나는 목표의식이나 노력에만 우리의 눈이 쏠린다. 결국 전체 창조 프로세스를 보지 못하게 되는 것이다.

그러나 창의방정식을 세팅하는 곳에서 아이디어가 나온다는 사실을 발견한 사람들은 훨씬 쉽게 창조 작업에 뛰어들 수 있다. 무대를 세팅한 후 거기에 두근두근 새로운 조합을 만들어가다 보면 누구나 기발한 아이디어의 주인공이 될 수 있다는 사실을 알고 도전할 수 있기 때문이다.

Think. Again

이야기가 스펙을 이기는 이유

요즘 젊은이들의 최대 고민 중 하나가 취업문제다. 어떻게 취업준비를 해야 할지 모르겠다는 상담신청이 취업게시판마다 봇물처럼 넘친다. 명성 있는 멘토를 운 좋게 만났다 하더라도 돌아오는 답은 기껏해야 "아프니까 청춘이지!" 정도다. 답을 달라는데, 달라는 답을 안 주고 위로한다. 위로 말고 답을 달라는 건데 말이다. 들려줄 답이 정말 없는 것일까? 지금 당장 구직자가 원하는 곳에 취업시킬 수 있는 방법은 어디에도 없지만 가장 창의적인 취업전략은 분명히 있다. 그것도 복잡하거나 이것저것 있는 것이 아니라 간단한 딱 하나의 답, 바로 창의방정식이다. 그냥 창의방정식이 제시하는 절차와 방향대로 가면 된다. 그것은 바로 끊임없이 젊은이 자신과 지원할 기업이 두근두근 조합되는 지점을 찾고, 함께 무대를 공유하는 지점들을 포착해서 그 콘셉트를 가지고 상대방이 두근두근 하도록 자신을 소개하는 것이다.

오랫동안 대학생들을 위해 취업컨설팅을 해 오면서 취업을 대하는 젊은이들의 유형이 크게 3가지 정도 있다는 것을 알게 됐다.

먼저 취업 실패자 유형이다. 이들은 대학생활 내내 아무 것도 준비하지 않는다. 그저 시간이 흘러가는 대로 대학생활을 보낸다. 인생진로라는 무대(X)도 없고 그 위에 어떤 스펙요소(y^n)도 없다. 창조의 재료가 없다. 그러다 뒤늦게 쓴맛을 본다.

두 번째 유형은 평범하게 취업을 준비하는 이들. 막연하지만 정말 열심히 노력하는 젊은이들이다. 이들은 미래의 시간을 대비하여 그래도 뭔가를 열심히 준비해야 한다고 생각한다. 영어 학원을 다니면서 토익도 열심히, 학점도 나름대로 열심히, 자격증도 열심히, 각종 대외활동도 열심히, 이것저것 하지만 정작 이것으로 무엇을 어떻게 해야 하는지 자기 자신도 모르는 이들이다. 이런 대학생들 정말 많다. 인생진로라는 무대(X)는 없고, 오로지 스펙요소(y^n)만 다양하다. 이런 막연한 노력중심의 사고 역시 불완전하다. 언제든 노력을 무효화시키는 뭔가가 나타날 수 있다. 뭔가 허전하고 연결이 안 되고 앞뒤가 꽉 막혔다는 느낌에 늘 불안감을 느낀다. 이들은 대개 졸업을 앞두고 취업준비를 하면서 깊은 고민에 빠진다. 각종 취업커뮤니티에 “대학 생활 동안 이런 저런 스펙들을 쌓으면서 나름대로 열심히 살았는데, 이 스펙들이 어떤지 봐 주시고 이걸로 어떻게 취업을 활용해야 할지 막막하니 조언 좀 부탁합니다”라면서 남에게 묻는다. 도

대체 자신이 만들어낸 수많은 스펙에 대해 자신도 평가할 수 없는데, 남이 어떻게 조언해 줄 수 있단 말인가?

이들의 문제는 너무나 분명하다. 그저 수많은 '점들'(y^n)을 찍기만 했다는 사실이다. 정작 그 점들을 엮을 무대(X)를 통찰하지 못했다. 이 점도 찍어 보고 저 점도 찍어 보고, 그렇게 점을 찍어 보면서 '열심히' 살았지만 끝내 밀려오는 것은 막연하고 불안하고 앞이 깜깜한 두려움뿐이다. 그래도 나름 열심히 노력하며 살았다고 남들에게 위로라도 받고 싶은 생각에 커뮤니티에 질문을 올린다. 창의의 실패다.

이들에게 들려줄 조언은 매우 간단하다. 창의방정식에 따라 스펙 요소(y^n)를 한 줄에 꿸 인생진로라는 무대(X)부터 설계하라. 흩어진 스펙들은 아무런 방향성이 없다. 뭔가 열심히 했지만 그 다음 길, 이후 미래가 그려지지 않는 이유는 바로 자신의 무대가 없기 때문이다. 무대가 세팅되지 않으면 자신의 이야기를 시작할 수 없다.

그렇다면 창의적으로 취업을 준비하는 세 번째 부류의 전략은? 창의방정식을 충실하게 따른다. 가장 먼저 자기 진로를 그려보고 인생 전체의 그림(X)을 구획한다. 자신이 잘하는 것, 하고 싶은 것, 타고난 재능과 끼를 두루 살펴 자기 진로에 대한 전체방향과 영역을 정해 놓고 거기에 맞는 이야기를 써 나간다. 그 이야기 구성 위에 어울리는 두근두근거리는 핵심요소(y^n)가 바로 나만의 스펙이 된다. 그 스펙엔 토익이든, 학점이든, 인턴이든, 알바든, 자격증, 경험이든 상관없다. 최적의 퍼즐조각들을 모아 한 줄로 완전히 세팅해서 이야기를 완성해 나가는 것이다. 그리고 마지막 퍼즐 하나로 두근두근 지원

기업을 조합하는 순간, 취업성공이라는 완벽한 그림이 완성되는 것이다. 아무도 내 도전과 노력에 함부로 뒤통수를 치지 못하도록 차근차근 창의방정식의 단계별 공식대로 걸어가면 된다. 창조는 이 과정에서 이루어진다.

창의방정식에서 y^n은 n만큼의 스펙 수다. 창조는 y^n의 많고 적음에 의해 이루어지는 게 아니라 y^n을 하나로 꿰어 전체 $Xy^n=ab$를 세팅시킴으로써 완성된다. 거기서 하나의 완벽한 이야기가 만들어진다. 잘 구성된 이야기가 있어야 감동이 생기고 창조가 이루어진다.

y^n은 스펙이다. 이력서에 나열된 경력사항이다. 빨간색 구슬, 노란색 구슬, 파란색 구슬이다. 화려할지는 몰라도 의미는 없다. 그것이 창조로 연출되진 않는다. 무대 위에 y^n이 하나로 연동돼야 한다. 튼튼한 나만의 실(X)이 빨간색 구슬(y^1), 노란색 구슬(y^2), 파란색 구슬(y^3)을 꿰어 하나로 연동시키고 여기에 굵은 진주알 같은 지원기업(y^4)이 두근두근 조합돼 멋진 목걸이를 창조시키는 작업이다. 거기에는 나만의 굉장한 이야기가 있고 열정이 있고 비전이 있고 감동이 있고 공감이 있으며 매력이 있다. 기업은 학점이나 스펙을 보고 인재를 뽑지 않는다. 지원자가 지금까지 창조해온 전체 $Xy^n=ab$의 이야기를 통해 그 사람의 비전과 열정과 실력과 의지가 기업과 두근두근 반응하는가를 보고 선발여부를 결정한다.

'취업 창조'라는 b를 위해서는 가장 먼저 자신이 발을 디딜 진로의 무대 X를 구획해야 한다. 그리고 그 무대를 꾸밀 핵심요소들인 스펙들을 세팅해야 한다. 무대 위에 최적의 스펙들이 만나 두근두근 하나로 연동될 때 비로소 내 인생의 이야기가 완성되고 내 직업의 생명이 탄생한다.

이런 직업 창조 프로세스가 가동되는 순간 스펙 속에 좌절, 고통, 실패 등의 경험까지 모두 용광로처럼 녹아들어가 강렬한 에너지가 된다. 거기에 길이 있고 열정이 있고 동기가 있고 이야기가 있기 때문에 기업은 강렬하게 반응한다. 이게 결국 가장 창의적인 취업전략이 되는 셈이다. 그러니 창의적인 취업전략은 창의방정식이 제시하는 행동지침을 따르는 것이다.

창의적인 취업전략 방정식

X : 인생과 진로의 다음 무대를 구획하라.

y^n : 그 무대 위에 그간의 삶의 요소와 스펙들, 삶의 미래요소를 세팅하라.

= : 하나로 조합하여 진로의 콘셉트를 도출하라.

a : 콘셉트에 주제, 구성, 현대성을 입혀 이야기를 완성해 나가라.

b : 세세하게 매력을 드러내라.

취업의 성공은 가장 먼저 X라는 무대를 구획하여 그 안에 다양한 요소를 조합해 콘셉트를 도출하는 것이다. 그런 과정을 반복함으로써 인생전체의 기승전결을 완성해 나가는 과정으로 바라보아야 한다. X라는 무대의 구획이 있다면 흩어진 스펙 점들은 스스로 에너지를 얻어 순서와 방향을 정한다. 자기계획이 만들어지게 되는 것이다. 자기 이야기가 만들어지고 자기 방향이 설정되는 것이다. 취업

성공은 이런 방향을 뚜벅뚜벅 걸어갈 때 우리에게 저절로 다가오는 결과물이다.

자신의 무대와 이야기, 그 이야기와 연동되는 기업을 찾아 반응하여 모두 한 줄에 꿰어낼 수 있는 방향으로 도전하는 것이 창의방정식이 제시하는 창의적인 취업전략이다. 이외에 다른 창의적인 취업전략은 결단코 없다. 창의방정식은 취업전략을 묻는 사람들에게 다음과 같이 명쾌한 답을 제시하고 있다.

질문 : ‘입사 합격’(b)을 창조하려면?
답변 : 먼저, 면접무대에서 [자기소개서]+[기업 면접관의 마음]이 두근두근 반응해야 한다.

질문 : ‘창의적인 자기소개서’(b)를 창조하려면?
답변 : 먼저, 지원 무대에서 [자신의 멋진 진로 이야기]+[기업의 인재상]이 두근두근 반응해야 한다.

질문 : ‘자신의 멋진 진로 이야기’(b)를 창조하려면?
답변 : 먼저, [인생 무대에서 꿈꾸는 진로 목표]+[자신만의 특별한 스펙과 경험]이 두근두근 반응해야 한다.

이를 정리하면 취업성공을 창조하기 위해서는 가장 먼저 큰 동그라미에 자신의 인생진로 무대를 세팅한 후 그 안의 작은 동그라미에 꿈꾸는 진로+스펙과 경험이 두근두근 반응하도록 하고, 그 다음 지원 무대에서 자신의 스펙 이야기+기업이 두근두근 반응하도록 세팅하고, 그 다음 면접무대에서 자기소개서+면접자가 두근두근 반응하도록 세팅하는 순서를 계속 밟아 가면 된다.

창의방정식에 따르면 취업준비를 위해 지금 무엇을 해야 할지 우선순위도 분명하게 나온다. 먼저 X를 구축해야 하고 그다음 y^n해야 하고 그 다음 =1을 찾아야 하고 그 다음 a를 해야 하며 그 다음 b로 완성해야 한다. 취업성공으로 가는 길이 명확해지고 그 길목마다 자신이 지금은, 또 다음엔 무엇을 해야 하는지 분명히 알게 된다. 저학년이라면 자신이 하고자 하는 일, 하고 싶은 일, 잘 할 수 있는 일, 세상이 원하는 일, 해야 할 일을 정하여 가장 먼저 큰 무대를 구획해야 한다. 그 무대가 세팅돼 있다면 취업이 조금 늦느냐 좀 더 빠르냐의 차이는 전혀 중요하지 않다. 당장의 실패가 그 로드맵 위에서는 소중한 경험으로 축적되고 경력이 되는 방향으로 흘러간다.

이렇게 창의방정식 전체가 연동되면 한 편의 이야기가 창조된다. 잘 구성된 이야기가 있어야 한 인간으로서 감동을 낳고 공감을 낳고 매력을 낳고 의미를 낳는다. 그리고 드디어 '취업 성공'을 창조한다.

만약 내일이 암울해서 불안하고 무엇을 해야 할지 깜깜하다면 젊으니까 아픈 것이 아니라, 머릿속에 창의방정식이라는 나침반이 없기 때문이다. 창의방정식이 딱 꼬집어서 제시하는 대로 오늘 무엇을 해야 하고 내일 어떤 일을 해야 하는지 아무런 계획도 미래도 준비하고 있지 않기 때문이다. 창의방정식을 통해 취업성공 창조의 프로세스를 정교하게 세팅해 놓으면 오늘 할 일, 내일 할 일이 명확해진다. 이미 취업해 놓고 시작하는 셈이다.

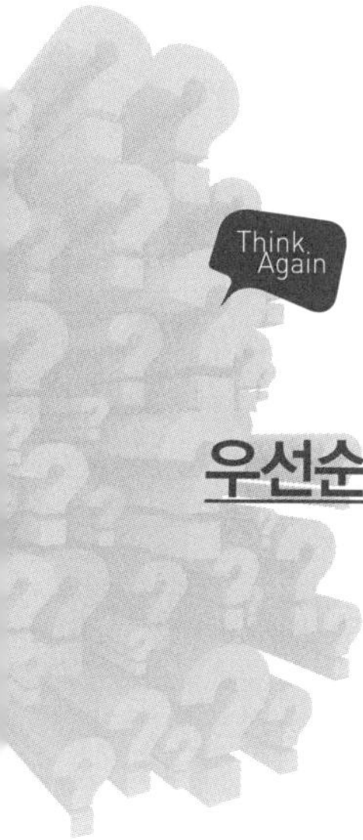

Think Again

우선순위 전략

차를 타고 길을 갈 때 휴게소의 맛집을 검색하고 기름값이 싼 주유소를 찾아내고 과속단속에 걸리지 않도록 하나하나 완벽하게 준비하고 세심하게 신경 써야 한다는 말은 일면 틀리지 않다. 하지만 진짜 중요한 건 따로 있다. 강원도로 갈까, 부산으로 갈까 정하는 일이다. 그걸 결정하지 못했다면 무수한 노력과 준비는 말짱 도루묵이다. 그러니 우선순위는 방향부터 잘 정하는 일이다.

사실 사람들은 매일 일어나는 일들에 우선순위를 결정하는 것을 굉장히 힘들어 한다. 따지고 보면 우리 삶에서 중요하지 않는 것이 없다고 생각하기 때문이다. 실제로 사소한 것 하나하나 따지고 들면 하나같이 모두 중요하다는 게 고민의 핵심이다. 아무리 작은 것이라도 소홀히 다뤄도 되는 일은 결코 없다. 휴게소 맛집도 중요하고 기름값이 싼 주유소를 찾는 것도 중요하고 과속단속에 걸리지 않는 것도 다 중요하다. 그러나 분명한 건 그 많은 중요한 것들 중에 먼저 해야 할 것이 있고 나중에 해야 할 것은 분명 있다는 것이다. 그렇다면 무엇이 더 중요하고 무엇이 덜 중요할까? 이걸 판단하자면 '지금 이 순간 무엇을 하는 것이 가장 좋은가?'에 대한 판정기준을 알아야 한다. 분명한 건 '내 생각에 중요하다고 느끼는 것'이 우선순위는 아니라는 사실이다.

우선순위를 정하는 것은 '한정된 시간'의 문제와 깊은 관련이 있다. 만약 인간에게 무한한 시간이 허락된다면 우선순위의 고민은 불필요하다. 굳이 창의적인 판단을 내릴 필요가 없는 것이다. 단지 열심히 '노력'만 하면 된다. 부산에 갔다가 "여기가 아닌가봐"하고 되돌아와서 다시 강원도로 가면 된다. 시간은 영원하니까.

비즈니스라면 아이디어도 중요하고 기술도 중요하고 디자인도 중요하고 설득도 중요하다. 취업전략이라면 스펙도 중요하고 이력서나 자기소개서도 중요하고 면접요령도 중요하다. 모두 중요하다. 사람에게 무한한 시간과 에너지만 있다면 수십, 수백, 수천 개나 되는 중요한 일들을 우선순위 없이 하나하나 꼼꼼하게 처리해 나가면 된다. 다른 고민을 할 필요가 없다. 모든 일에 완벽주의자가 되면 그만이다.

그러나 문제는 그리 간단치 않다. 시간은 한정돼 있고 투자할 에너지와 비용은 정해져 있다. 지금 당장 처리해야 할 선택이 어제, 오늘, 내일과 여기와 저기, 그 외의 사건과 모두 연동돼 있다. 사소한 모든 것을 완벽하게 처리해야 한다는 논리는 그럴듯하지만 현실적으로 참 속 편한 소리다. 시간과 에너지의 무한성이라는 전제조건을 간과한 약점을 안고 있기 때문이다. 약점은 빗물에 떠내려간 지뢰처럼 언제 어디서 터질지 모른다. 그래서 꼼꼼한 완벽주의와 창의성은 어쩌면 극과 극에 있다고 볼 수도 있다.

창의성은 무수히 많은 일들을 있는 그대로 바라보며 시간과 에너지의 제약을 받아들이고 그 고려사항들 속에서 어떻게 두근두근 최적의 우선순위를 정하는가를 제시한다. 이 때문에 창의방정식은 '내가 지금 당장 무엇을 하는 것이 가장 좋을까?' 이런 고민에 명쾌한 해답을 줄 수 있다. 창의방정식이 우선순위를 정하는 기준은 간단하다. 그것은 바로 X → y^n → = → a → b로 이어지는 창조 프로세스의 순서가 바로 지금 당장 해야 할 우선순위의 기준이기 때문이다.

뭔가 창조를 이뤄내기 위한 1순위는 지금 당장 전체 무대 X를 세팅하는 것이고, 무대가 세팅됐다면 그다음 순서는 무대 위에 배우와 엑스트라를 투입하는 것이며 이어 배우들에게 희곡을 건네주어 두근두근 연동시켜 사건을 만드는 일이며 끝내 사건의 결론을 보여주어 한 편의 공연을 완성시키는 일이다.

사건이 있기 전에 배우가 투입되어야 하고, 배우가 투입되기 전에 무대가 세팅되어 있어야 한다. 그러니 우선순위는 너무나 명확해진다. 내가 배우를 투입하고 싶다는 욕구가 있어도 우선순위에서 밀린다. 무대를 만들어 놓아야 배우를 투입할 차례가 오고, 배우를 투입한 후에야 이야기를 펼쳐야 하는 순서가 된다.

b의 결과물을 얻고자 한다면 먼저 a가 우선순위가 되고 a가 진행

되기 위해서는 반드시 =이 우선순위가 되고 =을 찾기 위해서는 y^n이 우선순위이며, y^n이 투입되려면 X가 우선순위다.

당신이 지금 해야 할 우선순위는 무엇일까? 당신의 생각을 버려라. 그리고 창의방정식이 제시하는 우선순위를 따르면 된다.

주식투자 문외한이 주식투자를 하고자 한다면? 지금 당장 주식투자에 도전할 것이 아니라 주식투자의 무대 X를 세팅해야 하고, 주식투자 가이드 100권쯤은 읽는 게 기본이다. 음식점을 이미 개업했다면? 지금 당신이 할 일은 음식점 메뉴와 인근 손님, 블로그를 보고 찾아온 손님과 두근두근 y^n할 소통꺼리를 투입해야 한다.

캠퍼스커플과 결혼하고 싶다는 인생의 목표를 설정했다면 우선순위는 성형수술을 하거나 멋진 근육을 키우거나 연애박사가 되는 것이 아니라 우선 무대 X가 되는 대학부터 입학해야 하니 공부계획부터 세워야 한다.

경쟁 프레젠테이션에서 승리하기 위해 우리의 장점과 멋진 아이디어를 찾아 해결책을 제시하는 기획서를 만들 것이 아니라 우선 요청한 이가 어떤 고민과 문제의식을 가지고 있고 무엇을 우리에게 가장 간절하게 원하고 있는지 세심하게 파악하여 문제를 정의하는 것이 우선순위이다.

남녀가 키스했다면 그들이 '어떤 무대' X에서 키스했는지에 따라 인기 스타냐? 불륜이냐? 로맨틱하냐? 결과값이 달라진다. 키스라는 결과가 결정하는 게 아니라 우선순위인 무대가 결과의 가치를 결정하기 때문이다. 키스보다 키스를 한 무대가 우선순위다.

동업자를 찾는다면 같은 무대에 한 편, 공감, 감정이입이 되는 이가 1순위다. 그 다음은 y^n의 소통과 커뮤니케이션이 가능해야 한다. 다음 순위는 재능 있고 아이디어 꾼이면 좋고 그 다음은 빠르고 성실하면 좋다. 다음은 결과물을 만들어 낼 수 있으면 된다. 반대로 결과물을 만들어 내지만 10년 뒤 100년 뒤라면 곤란하고, 빠르고 열심이라도 엉뚱한 일을 하면 아무 소용없다. 재능과 아이디어 꾼이더라도 소통할 수 없으면 다 소용없고 커뮤니케이션 능력이 최고라도 내 편이 아니면 적일 뿐이다.

일을 잘 하려면 우선순위를 정하라고 한다. 그리고 더 중요한 일을 먼저 하라고 충고한다. 그런데 사실 우선순위를 정하고 더 중요한 일을 먼저 해야 한다는 사실을 모르는 이는 없다. 문제는 어떤 기준으로 더 중요한 일의 우선순위를 정하느냐다. 지금 이 순간 무엇을 하는 것이 우선순위인지 아무도 명쾌한 기준을 제시해 주지 않는다. 그러나 창의방정식은 다음 단계를 대비하여 지금 무엇을 해야 하는지, 어떤 우선순위로 진행해야 하는지, 지금 하고 있는 일이 끝나면 다음에 무엇을 해야 하는지 간단하고 명쾌하게 알려 준다. 창의방정식의 힘이다.

1초 만에 새로운 관점 갖는 법

남과 다른 새로운 관점을 찾는 힘이 창의성이다. 누구나 다 아는 고정관념이나 단편적인 관점을 가지고 있는 사람보다 다양하면서도 남과 다른 관점을 가지고 있다면 창의적인 생각을 내놓을 가능성이 그만큼 커진다. 실제로 창의적인 사람은 새로운 관점으로 사물을 보는 경우가 많다. 남과 다른 관점에서 기존과 다른 창조물을 쏟아내기도 한다.

그런데 다양한 관점을 얻는 게 그렇게 어려운 일이냐 하면 절대 그렇지 않다. 1초 만에 누구나 쉽게 남과 다른 시각, 남과 다른 관점, 남과 다른 생각을 가질 수 있다. 창의방정식이 있기 때문이다.

창의방정식 안에는 다양한 관점이 동시에 내재돼 있다. 예를 들어 창의방정식에서 드러나지 않는 핵심영역 Xy^n을 '관점'으로 풀어내 보자.

만약에 y^1의 관점이 있다면 이 관점이 있는 동시에 즉각 y^2의 관점도 있고, 그 둘이 함께 발 딛고 있는 무대 X의 관점도 있다는 사실을 우리는 이미 알고 있다. 남들이 보지 못하는 관점들이 동시에 고구마 줄기처럼 막 뽑혀 올라오는 것이다. 예를 들자면 이런 식이다.

- 아날로그적인 관점(y^1)
- 디지털적인 관점(y^2)
- 디지로그적인 관점(X)

- 나의 관점(y^1)
- 상대의 관점(y^2)
- 무대의 관점(X)

- 현재의 관점(y^1)
- 과거의 관점(y^2)
- 미래의 관점(X)

- 처음의 관점(y^1)
- 끝의 관점(y^2)
- 과정의 관점(X)

- 효율의 관점(y^1)
- 비효율의 관점(y^2)
- 균형과 조화의 관점(X)

- 기술의 관점(y^1)
- 인문학의 관점(y^2)
- 인간의 관점(X)

- 부정적인 관점(y^1)
- 긍정적인 관점(y^2)
- 관심의 관점(X)

- 판매자의 관점(y^1)
- 고객의 관점(y^2)
- 시장의 관점(X)

- 시간적 관점(y^1)
- 공간적 관점(y^2)
- 시공간적 관점(X)

- 기술자의 관점(y^1)
- 관리자의 관점(y^2)
- 사장의 관점(X)

- 방패의 관점(y^1)
- 창의 관점(y^2)
- 제작시점의 관점(X)

이런 건 별개가 아니라 함께 창조 프로세스 안에서 하나로 공존한다. Xy^n의 관점은 한마디로 샴쌍둥이라고 할 수 있다. 하나가 존재하면 다른 관점들도 동시에 존재한다. 그러니 눈에 보이는 관점을 발견하면 동시에 남들 눈에 보이지 않는 관점도 드러난다.

창의적인 사람은 이 점을 분명히 알고 있다. 하나 안에 다양한 관점이 존재한다는 사실을 발견한 이들이 바로 창의적인 관점을 제시하기 때문이다. 다양한 관점 중 드러나는, 누구에게나 있는 평범한 관점들을 버리고 드러나지 않는 특별한 관점을 선택하는 순간, 창의적인 생각이 툭하고 튀어나온다. 주로 남들이 보지 못하는 무대 X의 관점이 창의적인 사고의 본질이 된다.

남과 다른 관점을 갖기 위해 거꾸로 생각해 보고 뒤집어 생각해 보고 반대로 생각해 보아야 한다는 이야기는 공허한 말장난에 불과하다. 그냥 창의방정식을 머리에 넣어두면 자동으로 다양한 관점이 동시에 포착된다.

창의방정식을 알면 저절로 6가지 이상의 다양한 관점을 통찰할 수 있게 된다는 말이다. 그것은 어떤 관점들일까?

창의방정식($Xy^n=ab$)이 제시하는 6가지 이상의 관점

X의 관점

y^1과 y^2의 관점(y^n개의 관점)

=의 관점

a의 관점

b의 관점

b의 관점이 발견되면 a의 관점이 동시에 존재하고, =의 관점도 내재돼 있으며 여기에 y^1, y^2의 관점이 동시에 존재하고 또 모든 관점들의 무대인 X의 관점이 존재한다는 사실이다. 보이지 않아도 이미 있거나 앞으로 있을 예정이다. 창의성은 바로 드러나는 b의 관점을 포착하는 순간 a, =, y^n의 관점을 얻고 이런 관점들을 모두 아우르는 최상위의 드러나지 않는 X의 관점을 획득함으로써 가장 고차원적인 판단을 하는 것이다.

만약, 1개의 드러나는 '패'(관점)를 쥔 사람과 최소 6가지 이상의 드러나지 않는 강력한 패들을 가진 사람이 승패를 겨룬다면? 답은 너무나 뻔하다. 6개 이상의 히든카드를 가진 이가 승률이 높은 건 자명하다. 한 개의 드러난 패만 가졌다면 그저 최선을 다하고 열심히 노력할 수밖에 없다. 6개 이상의 강력한 무기를 숨기고 있다면 그때그때 상황에 맞게 효율적으로 최적의 카드를 꺼내 승패를 가르면 된다.

관점을 바꾸는 법?

컵이라는 무대 X에 '물이 반밖에 안 남았네!'라는 y^1의 평범한 관점이 있으면, 반드시 y^2에 '물이 반이나 남았네!'의 반대의 관점도 동시에 있다. 양이 있으면 음이 있다. 불가능의 영역과 가능의 영역은 동시에 존재한다. 이는 필연적이다. 양과 음이 상호 대립적이지만 동시에 서로 의존한다. 동양사상의 음양이론이다. 정반대의 성질이 서로 어울리고 도와서 완전해지는 것이다.

그 어느 것도 다른 한 면과 분리되어 단독으로 존재할 수 없다. 앞이 있으면 반드시 뒤가 있고, 장점이 있으면 반드시 단점도 있고, 강점은 필연적이고 약점이기도 하다. 당장의 승리는 더 중요한 기회의 상실이기도 하며 당장의 실패는 더 큰 성공을 잡을 수 있는 기회를 포함한다. 사소한 것에 목숨 거는 완벽주의는 당장 좋은 결과를 내지만 필연적으로 소심함을 불러들이고, 세밀한 부분에 소홀하면 당장 큰 문제를 만들 수 있다. 효율적인 요소가 있으면 반대로 어떤 측면에서는 비효율적인 요소가 필연적으로 포함돼 있다는 것을 알아차려야 한다. 사랑이 도가 넘치면 집착이 되고, 내가 편하고 좋을수록 남이 힘들어지는 시이소 원리가 인지상정임을 포착해야 하고, '우리끼리'는 동시에 '너희끼리'와 쌍둥이라는 사실을 알아차려야 한다. 쉽게 하나만 선택하는 것이 아니라 둘인 y^1과 y^2의 모순을 기꺼이 인정하고 모두 받아들인 후 그 둘이 동시에 포함된 무대 X를 끈질기게 추적하면 거기에서 가장 창의적인 답을 찾을 수 있고 가장 기발한 창조를 이뤄낼 수 있다. 양립하고 대립된 핵심요소 사이 혹은 경계지점에 창의성이 꼼틀꼼틀 존재한다.

'합격 사과'도 같은 이야기다. 일본의 한 사과 산지에 태풍피해로 사과들이 대부분 떨어졌다. 시름에 빠져 있는 사람들에게 새로운 관점을 제시하는 사람이 하나 있었다. "태풍에도 아직 달려있는 사과들이 있다. 태풍에도 절대 떨어지지 않는 사과잖아." 새로운 관점으로 조명된 사과들은 합격 사과라는 브랜드로 마침 입시철을 맞아 고가에 날개라도 달린 듯 팔려나갔다.

태풍에 망한 사과 산지 X에 y^1의 관점인 태풍에 떨어진 사과가 있다면, y^2의 관점인 태풍에도 떨어지지 않는 사과도 당연히 있다. 사람들은 태풍에도 떨어지지 않는 사과라는 y^2의 관점을 포착하고 $Xy^n=1$에 합격 사과라는 브랜드를 만들어 히트를 시켰다.

제2차 세계대전 후 승전국인 미국은 그때까지 일반적이었던 패전국 약탈정책을 쓰지 않고 국무장관 조지 마셜의 주도하에 경제원조 계획인 마셜플랜을 진행하는 역발상으로 미국의 영향력을 오히려 극대화하는 계기를 만들었다. 세계 국가관리 X영역에 패전국에 대한 조치로 y^1의 관점(약탈정책)이 있다면, 반대편 y^2의 관점(지원책)도 당연히 있다. 마셜은 두 개를 각각 시뮬레이션 하여 지원책이 더 효과적이라고 판단한 것이다. 다양한 관점을 가진 사람이 더 창의적인 결과를 만들어 낸다는 사실은 틀림없다.

발상의 전환을 이야기할 때 빼놓을 수 없는 것이 벤저민 프랭클린의 '양초' 이야기이다. 여러 설이 있기는 하지만 대표적인 것은 이렇다. 1784년 벤저민 프랭클린이 파리에서 미국대사로 근무할 때 파리 상인들은 양초와의 전쟁을 벌이고 있었다. 저녁장사 때 양초를 많이 사용하게 되어 양초값이 너무 많이 지출되었기 때문이다. 이에 대한 아이디어는 주로 양초의 관점에 맞춰져 있었다. 양초의 유통과정을 점검하여 매점매석 등으로 비싸게 받는 사람들을 단속하거나 질 좋은 양초를 만들도록 유도하는 정책을 폈다. 양초를 대신할 다른 것은 없는지 고민도 했다.

- y^1 : 양초의 관점
- y^2 : 밤(어둠)의 관점

양초를 사용하는 시간을 줄이면 어둠의 시간이 늘어나고 어둠의 시간을 줄이면 양초사용 시간이 늘어나고, 이는 동시에 내재된 '모순된 관점'이었다. 이때 프랭클린은 새로운 관점을 제시한다. 그 관점은 우리가 이미 알고 있는 것과 같이 바로 y^1과 y^2를 동시에 두근두근=1로 만들 수 있는 X의 관점이다. 그것은 바로 두 모순의 관점이 동시에 발 딛고 있는 '시간'이라는 관점이었다.

- X : 시간의 관점

즉, 시간이라는 무대의 관점을 조정하여 y^1의 양초를 사용하는 시간을 줄이면서도 y^2의 어둠의 시간을 줄일 수 있는 모순극복의 방법이 있음을 발견했다. 시계를 조정하여 태양이 떠있는 시간에 장사를 하도록 하면 간단하게 해결될 일이었다.

'1년에 두 번 온 나라가 시계를 맞춰놓으면 상점의 영업시간을 해가 떠 있는 시간에 맞출 수 있다. 그렇게 하면 상점 주인들도 양초를 훨씬 적게 쓸 수 있고 시민들도 양초값을 아낄 수 있지 않을까?'

그렇게 나온 것이 바로 '서머타임제'다. 이게 천재적인 창의성으로 보이지만 창의방정식으로 풀어 보면 무수한 창의적인 사고의 패턴과 일치한다.

X라는 연못에 y^1 물고기와 y^2 물이 있다. 물고기를 잡는 방법은, 물고기에 관점을 맞추면 낚시가 있다. 하지만 물의 관점으로 보자. 물이 다 빠져버리면 고기만 남는다. X라는 연못에 물꼬를 내면 되는 것이다. 저절로 고기가 내 그물에 걸려들어 온다.

성공적인 공연을 위해 배우는 열심히 노력하는 수밖에 없다. 10번

100번 1000번 더, 더, 하는 수밖에 없다. 이런 건 창의성과 거리가 멀다. 창의의 첫 번째 과제는 더 높은 차원의 무대 찾기다. 배우가 있다면 관객도 있고 공연장도 있다. 그 모두가 발 딛고 있고 서로 연동된 더 높은 차원의 무대를 추적하다 보면 드러나지 않던 주최측이 모습을 드러낸다. 그게 창의방정식의 X다. 그 X의 관점으로 보면 배우, 공연장의 시설, 관객의 요구, 대본, 홍보와 마케팅 등 수많은 연동된 요소들이 딸려 나온다. 무수한 y^n이 드러난다. 그 y^n에 두근두근을 만들어내는 수많은 조합들을 찾아낼 수 있다. 이 순간 아이디어는 저절로 넘쳐난다.

배우는 연습을 할 수 있고, 관객의 요구를 만족시키기 위해 설문조사를 할 수 있고 공연장을 더 환상적으로 꾸밀 수도 있으며 대본을 좀 더 재미있게 수정할 수도 있고, 홍보와 마케팅에 비용을 더 늘릴 수도 있다. 관점을 바꾸는 것은 무대의 관점을 얻는 것이다. 무대의 관점을 얻는 순간 창의적인 아이디어는 그냥 척척 나와 준다.

Think Again

1타1피 vs 1타2피

창의성은 '1타1피'라는 일대일 대응을 버리고 '1타2피'를 세팅하는 능력이다. 인류 역사는 1타1피의 하나하나 꼼꼼함을 추구하는 신념론자 대 1타2피의 굵직굵직한 흐름을 통제하려는 창의론자의 끝없는 대결로 발전해 왔다.

사람들은 1타1피로 세상이 굴러간다고 믿는다. 그래서 하나하나 신중하고 세세하게 다루어야 한다고 주장한다. 물론 모든 것을 하나하나 완벽하게 통제하는 것이 무조건 가장 좋다. 당연히 시간과 에너지, 비용이 넉넉하게 허용되고 힘의 통제가 가능한 범위와 규모에서는 1타1피의 꼼꼼한 신념론자가 승리의 역사를 쟁취해냈다.

문제는 창조의 무대 X 위에 '시간', '에너지', '비용'이라는 핵심요소가 언제나 무제한 허용되지 않는다는 점이다. 이런 핵심요소는 끊임없이 1타1피 신념론자의 꼼꼼한 노력을 무효화시킨다. 그만큼 절대적 시간과 에너지 소모도 많다. 많은 시간이 소요되고, 비용이 늘고, 누군가의 희생과 고통이 필연적으로 증가하게 돼 있기 때문이다. 봉건, 독재, 공산, 산업사회는 창조와 성취를 위해 꼼꼼한 1타1피를, 민주와 인권, 복지, 지식정보사회는 창의적인 1타2피를 지향하게 되는 이유가 여기에 있다.

100가지, 200가지, 300가지 등으로 문제가 점점 늘어날수록 시간과 에너지 비용이라는 전제가 1타1피의 신념론자의 노력을 무효화시킨다. 이런 무효화가 계속되면 이내 불안증에 시달린다. 시간에 쫓기게 된다. 발전할수록, 더 많은 일들이 주어질수록 희비의 쌍곡선처럼 희생과 고통은 늘고 실수는 점점 더 잦아진다. 뭔가 보이지 않는 것이 자꾸만 다리를 거는 느낌에 시달린다. 결국 처음엔 월등히 잘 나가며 승리하는 듯하다가 나중에 실패로 귀결되고 만다.

반면 창의성은 무조건 1타2피다. 어떤 일을 해도 한 가지만을 목표로 두지 않는 사람이 창의적인 사람이다. 10개의 볼링핀을 무대의 관점에서 잘 세팅해 놓으면 1타에 10개의 핀을 스트라이크시키는 것처럼 하나의 일을 시작할 때 여러 가지 연관된 일을 사전에 치밀하게 세팅해 놓고 시작한다. y^1을 위해 y^2는 물론 X위에 모든 y^n의 창조를 추구한다. 나의 이익을 실현하는 동시에 공동의 이익을 세팅시키고 부를 얻고자 하는 동시에 사회에 필요한 일을 세팅시킨다.

모든 일을 무대 위에 1타2피, 1타10피, 1타100피, 1타1000피…로 세팅함으로써 하나의 열쇠로 전체적인 흐름을 통제한다. 당장 1타1피의 완벽주의가 가져다주는 이익을 포기하고 장기적으로 끝내 크게 이기는 전략을 채택하는 것이다. 장기적 관점에서는 효율화를 추구하는 1타2피의 창의론자가 승!

결국 2피, 10피 혹은 100피 등으로 확대되는 핵심요소들을 한꺼번에 조종하는 숨어있는 1타가 반드시 있다고 믿으며 그것을 발견해내는 통찰력이 바로 창의성이다. 그 1타가 바로 창의방정식의 무대 X다. 그 보이지 않는 무대 X를 장악함으로써 그 위에 올라오는 핵심요소가 2개든 나아가 100개든, 1000개나 혹은 그 이상이든 추세와 흐름을 일거에 통제할 수 있다. 당장 100피를 손아귀에 완벽하게 장악할 수 없을지 몰라도 종국엔 1타100피, 1타1000피, 1타10000피로 그 어떤 많은 값이 와도 이미 사전에 세팅해 놓은 범주 내에서 통제된다. 시간이 지날수록, 성공할수록, 일이 많아질수록 느긋하고 더 큰 성장을 할 수 있게 된다.

1명의 강의자가 100명의 학생에게 1타1피로 한 명씩 강의해야 한다면 당장은 좋은 결과를 얻겠지만 시간이 흐를수록 에너지라는 투입요소는 '건강악화'라는 불행을 창조시켜 그동안의 모든 노력과 성취를 무효화시킨다. 그러나 100명의 학생들을 무대 X위에 동시에 올려놓는다면 1타100피로 세팅이 가능하다. 100번 해야 할 노력을 하나의 열쇠로 통제할 수 있다. 이렇게 1타2피로 무대를 세팅시키는 작업이 창의성의 본질이다.

1타1피론자들이 주목하는 것은 주로 노력과 땀이다. 당연하다. 조금이라도 더 많은 시간, 노력, 땀, 에너지, 비용을 투자해야 성취로 연결되기 때문이다. 반면 1타2피론자들은 끊임없이 창의적인 생각을 요구한다. 노력만 하지 말고 더 많은 시간적 여유를 갖고 충분히 생각하여 1타 할 무대를 발견하라는 주문이다.

100타100피의 비창의

1타1피

1타1피

…

…

…

100번의 반복(노력, 땀, 열심, 더 더 더)

세상은 이제 창의적인 아이디어가 필요하게 됐다. 100사람의 노력보다 한 사람의 뛰어난 1타의 아이디어가 더 중요한 시대다. 수천 명이 열심히 해야 할 일을 한 사람의 간단한 아이디어로 해결하고, 수만 명의 노력보다 한 사람의 창의가 더 세상을 발전시키는 시대다. 창의성은 연동이다. 아이디어 1타를 수백에서 수만의 사건과 연동시켜 한 번에 일괄 타결해버린다.

1타100피의 창의

1가지

100가지

1000가지

…

…

…

무한대의 일을 하나로 통제하는 시스템(창의)

우리에게 주어진 100가지 미션이 있다면 일대일로 완벽하게 100번을 마주서서 단기적인 승리를 잡아야 할 것인가? 아니면 100가지 일을 한 번에 통제할 1타의 무대를 포착하고 하나의 창의적인 핵심 전략을 발견하여 장기적인 승리를 위해 한걸음씩 걸어갈 것인가? 어느 것이 더 옳은지 여건과 상황에 따라 달라질 수 있겠지만 창의방정식이 제시하는 답은 분명히 있다. 우선은 창의성의 1타2피여야 한다. 그러니 1타1피가 반드시 필요하더라도 먼저 1타2피한 다음이어야 한다. 그게 창의방정식이 던지는 충고다.

Think.
Again

4장

창의적인 생각은 어디에서 오는가?

무대를 부르는 주문, Why?

창의성은 생각퍼즐 게임이다. 그 게임의 핵심은 바로 무대 X를 찾는 일이다. 어떻게 완벽한 생각의 퍼즐게임을 즐길 것인가? 'Why(왜)?'라는 질문을 활용하면 된다. 보이지 않아도 거기에 있다는 것을 알고 거기에다 대고 질문하면 보이지 않던 무대 X가 답한다. '왜?'라고 질문을 던지는 이유는 드러나지 않던 무대가 모습을 드러내게 하기 위함이다. 드디어 무대를 발견하는 순간, 거기에서부터 창조는 시작된다. '왜?'는 무대를 정하는 주문이기에 창조의 문을 여는 열쇠요, 출발선이다.

- 고정관념의 세계 : $y^1=ab$
- 창의성의 세계 : $Xy^n=ab$

비창의의 세계에서 창의의 세계로 상승하기 위해서는 반드시 무대 X를 발견해야 한다. 상대방의 목적과 의도, 원하는 지점을 따져봐야 하며 일이나 생각의 범위가 사전에 정해져 있어야 한다. 출발선이 어딘지 합의해 놓고 경주를 시작해야 한다. X를 찾지 못하면? 전체를 볼 수 없다. 모두 자기가 1등이라고 우긴다. 창의방정식이 세팅되지 않으니 창조할 수 없다.

비창의의 세계에서 $y^1=ab$로 사고하는 이유는 잘못 생각한 것이 아니라 X를 미처 발견하지 못했기 때문이다. 발밑에 깔려 있기에 무대는 눈에 드러나지 않는다. 눈에 보이지 않는 것은 말로는 쉽게 표현할 방법이 없다. 오히려 인간은 드러나는 것으로 판정하는 '고정관념'의 세계를 더 쉽게 공감한다. 말로 설명할 수 없는 X를 그냥 없는 셈 치고 넘어가는 것이 새로운 창조로 가는 데 가장 큰 걸림돌이다.

- 비창의의 세계 : $y^1=ab$: 말로 잘 설명이 되고 수긍이 간다. (오류)
- 창의의 세계 : $Xy^n=ab$: 말로 잘 설명이 안 되고 직관과 공감이 필요하다. (진실)

창의성이 어렵고 힘든 이유는 여기에 있다. 보이지 않는 무대를 발견하고 설명해야 하기 때문이다. 보이지 않는 것을 말이나 글로 설명하는 게 힘드니, 창의성을 가르치는 교육은 더욱 힘들다. 결국 인간의 사고는 창의보다는 오판의 길로 들어서기 쉬운 구조다. 그렇게 간 길의 종착역에 도착하면 '이 길이 아니네!'가 된다. 게다가 이 길이 아닌 걸 알면 오직 답은 '신'이나 '무속', '운'의 영역으로 치부해 버린다.

바른 길로 가기 위해서는 어렵더라도 보이지 않는 X를 우리의 창조 이야기에 포함시켜야 한다. 보이지 않더라도, 말이나 글로 설명하는 것이 아무리 힘들더라도, 치열하게 현실을 거부해야 하더라도, 반드시 X라는 무대를 찾아서 출발선이나 영역을 확정한 후 시작해야 한다.

바로 그 X를 보다 쉽게 발견하게 도와주는 주문이 '왜?'인 것이다. '왜?'라고 질문하면 X라는 숨어있던 무대가 대답하며 그 대답을 들으면서 조금씩 무대의 영역을 파악할 수 있다.

- 나 : 왜 그래야 하는데?
- 무대 X : 내 깊은 의도는 바로 이거야!

우리는 '왜?'라고 묻고 가만히 무대의 답을 기다려 비로소 보이지 않는 무대의 실체를 가늠해 보는 것이다.

- 이건 왜 하는 거예요?
- 왜 이 시간에 해야 하는 거죠?
- 왜 동시에 해야 하는 거예요?
- 왜 이걸 먹어야 하는 거죠?
- 왜 이걸 요구하는 거예요?

우리가 '왜?'를 외칠 때마다 수면 아래 잠겨있던 무대는 점점 더 고개를 내밀며 대답한다. 본질을 드러내고 사전에 전제를 드러내고 범위와 배경과 의도한 목적을 밝히고 진리를 드러낸다. 이런 절차를 거쳐 우리는 마침내 "무대 X가 거기 있었군!"하고 통찰할 수 있게 된다.

창의성은 y^1과 y^2가 두근두근거릴 공유의 무대 X찾기에서 나온다. 서로 다른 것의 교집합 무대인 X 찾기는 정주영 회장의 한 일화를 떠올리면 좀 더 쉽게 이해할 수 있다.

1952년 12월 미국의 아이젠하워 대통령이 방한합니다. 그의 일정 중에는 부산 대연동에 있는 유엔군 묘지를 방문하는 것이 들어있었지요. 미군은 묘지를 새롭게 단장하고자 입찰을 했습니다.

묘지 조성 공사는 어려운 공사는 아니었지만, 단 한 가지 문제는 바로 한 겨울에 파란 잔디를 깔아줄 것을 요구했다는 점이지요. 엄동설한에 잔디를 구하는 것은 당시에는 불가능한 일이었습니다.

그 때 현대건설의 정주영 사장은 미군 장교에게 찾아가 "왜 묘지에 잔디를 깔려고 하느냐?"고 물었지요. 장교는 "대통령이 묘지들을 바라볼 때 황량하고 썰렁하게 보이는 것이 좋지 않다고 생각하기 때문이다"라고 대답했습니다.

그러자 정 사장은 "그럼 대통령이 지나가면서 보기에 풀만 파랗게 나 있으면 되는 것 아니냐?"고 물었습니다. "물론 그러면 된다"고 미군 장교가 이야기하자, 정주영 사장은 낙동강변의 보리밭에서 새파랗게 자란 보리를 사들인 후, 30대의 트럭으로 옮겨 심어 묘지를 단 5일 만에 녹색 벌판으로 새롭게 조성했습니다. 유엔사절단은 묘지위의 푸른 식물이 잔디인지, 보리인지 알지 못한 채 헌화한 후 돌아갔고, 미군은 대만족과 함께 놀라움을 금치 못했고, 정주영 사장은 공사비를 당초 입찰금액의 3배를 받았습니다. 이후 미8군 공사는 모두 젊은 정주영의 것이 되었지요.

이 일화의 메시지는 정주영 회장의 '도전정신'도 아니고 '기발한 아이디어'도 아니다. 그렇다고 '발 빠른 대응전략'을 이야기하자는 것도 아니다. 이런 건 창의과정에서 떨어져 나온 부스러기일 뿐이고, 중요한 건 정 회장은 '왜?'를 통해 무대 X를 불러냈고, 이를 통해 무대 X의 관점으로 $Xy^n=ab$ 전체를 세팅할 수 있었다는 점이다.

고정관념 생각법칙

y^1 : 한 겨울에 잔디 깔아 줘!

y^2 : 한 겨울에 잔디가 어디 있습니까? 저희는 못합니다.

y^1 : 그럼 방법 없지, 가봐!

창의의 생각법칙

y^1 : 한 겨울에 잔디 깔아 줘!

y^2 : 왜 한 겨울에 잔디를 깔려고 하나요?

X : 대통령에게 황량하지 않은 푸른 묘지를 보여드리고 싶어서!

y^2 : 그럼 황량하지 않도록 푸른 묘지를 조성하기만 하면 되는 거죠?

y^1 : 어! 그렇지.

= : 겨울에도 푸른 보리 싹으로 잔디를 대신하면 간단하네!

중요한 것은 서로 마주보고 진행되는 핑퐁게임이 아니라 무대 X가 모든 창조여부를 결정한다는 사실이다. '왜?' 하고 질문해야 y^1과 y^2는 치열하던 핑퐁 게임을 멈추고 고개를 숙여 자기 발을 딛고 있는 무대를 내려다보는 것이다.

무대 X가 숨은 의도를 드러내면 그 의도에 딱 맞게 두근두근 최적의 콘셉트가 나온다. 콘셉트는 무수한 아이디어들을 쏟아낸다. 그 중 가장 창의적인 아이디어를 선택하기만 하면 된다. 새로운 무대 발견에서 우리는 새롭고 다른, 더 나은 답을 찾을 수 있다. '왜?'를 통해 무대를 호출하는 것이 문제정의다.

1단계 : y^1=ab (비창의의 영역)

2단계 : 왜?

3단계 : X(문제정의) 발견

4단계 : Xy^n=ab의 전체를 보는 눈 획득(창의의 영역)

5단계 : y^n의 두근두근 요소를 거쳐 핵심 전략을 찾아 해결

우리가 '왜?'를 거쳐 무대 X를 발견하고자 하는 이유는 분명하다. b에 1타1피가 연동돼 있다면, a에는 1타10피가, =에는 1타100피가, y^n은 1타1000피가 연동돼 있고, X는 1타10000피가 연동돼 있다고 할 수 있다. '왜?'를 통해 발견한 무대 관점에서만이 한 번에 10000피를 움직일 수 있는 힘을 가질 수 있기 때문이다. 그 힘에서 창의성이 나온다.

창의성, 관계(&)에서 출발하라

나 & 너. 여기에서 어디에 눈길이 먼저 가는가? '나', '너'에 눈길이 먼저 가는 게 보통이다. 새로운 생각을 원하는 사람이라면 '&'로 관점을 이동시켜야 한다. &이 나와 너의 모든 것을 결정하는 진짜 핵심이기 때문이다.

'&'이 무엇이기에 나, 너를 마주보고 서게 했을까? '&'이 아니라 다른 것이었다면 나와 너는 미소 짓는 사이가 아니라 순식간에 죽고 죽이는 적일 수도 있다. '&'이 결정한다. 바로 무대, 판, 영역, 경계, 사이, 교집합이라는 X이다.

취업준비생이 있다. 나의 스펙 & 지원할 기업. 스펙도 중요하고 지원할 기업도 중요하지만 진짜 중요한 것은 둘이 만나 두근두근 하는 공통분모 '&'이다. '&'이 없으면 전혀 상관없는 관계지만 '&'을 발견하는 순간 한 식구가 된다.

둘을 동시에 붙들어 맬 보이지 않는 '&'를 찾는 사람일수록 바로 취업에 성공할 확률이 높아진다. '나의 엄청난 스펙 리스트'에 창의성이 있는 것이 아니고, '너의 엄청난 기업'이라는 요소에 창의성이 있는 것은 아니다. 나, 너라는 요소 사이, 경계, 교집합, 함께 발 딛고 있는 공감의 무대, '&'에 창의성이 가만히 숨어 있다. 찾아 주길 바라고 있다. 나와 너 사이에, 이것과 저것의 경계지점에 &가 있고, &는 관계이며, 관계는 나, 너가 딛고 있는 무대다. 그러니까 창의방정식으로 '관계'를 풀어 보면, 그 주소값은 다음과 같다.

X : 무대, 판, 영역 경계, 사이, 교집합, 공통점, 가치의 공감, &
y^n : 나(y^1), 너(y^2)의 요소
= : 두근두근 관계 연결 지점
a : 관계 지속
b : 한 식구 창조

이 전체 프로세스를 한 눈에 꿰뚫어보는 것이 창의성이며, 창의성으로 전체를 통찰하면 창의적인 전략이 나온다. 나와 너를 쌍둥이로 만드는 아이디어는 무대 & 대신 무대 =을 집어넣으면 되고 나와 너를 갑과 을의 관계로 만들고 싶으면 무대 & 대신 무대 〉를 집어넣으면 된다. 관계가 더 많은 것을 결정하고 있는 것이다. 그래서 창의는 관계와 연결된 문제다. 창의방정식이라는 관점에서 보면 인간은 우주의 창의방정식으로 창조되었고 인간 역시 태어난 후 끊임없이 창

의방정식으로 창조하려 한다. 인간의 모든 행위는 바로 창조를 위한 관계맺기를 지향하고 있다는 게 그 증거다.

- 사람이 공부하는 이유는 '관계'를 맺기 위함이다.
- 사람이 잘 말하고 잘 경청하려는 이유는 '관계'를 맺기 위함이다.
- 사람이 상대나 사건을 잘 이해하고 잘 해석하려고 하는 이유는 '관계'를 맺기 위함이다.
- 인간이 돈을 많이 벌어 부자가 되고자 하는 것은 '관계'를 맺기 위함이다.
- 사람이 예절을 지키고 인사를 하는 이유는 '관계'를 맺기 위함이다.
- 사람이 예를 지키고 도를 깨달으려 하는 이유는 '관계'를 맺기 위함이다.
- 사람이 교회나 절에 가는 이유는 '관계'를 맺기 위함이다.

따지고 보면 사람이 이 세상에서 살아가는 모든 이유는 더 나은 관계를 맺어 더 좋은 창조를 하기 위함이다. 관계를 통한 만남으로 인간은 새로운 운명을 창조한다. 관계가 운명을 바꾸는 것이다. 무대위에서 만나고 관계를 맺고 창조하면서 세상은 발전하고 진보한다. 모순관계를 해결함으로써 새로운 발명은 시작되고 세상은 더 편리해진다.

모든 창조는 핵심요소 사이의 관계에서 시작된다. 그 관계는 무엇인가? 무대이다. 창의방정식의 X이다. 창의방정식의 X를 통찰함으로써 인간의 운명을 바꿀 수 있고 새로운 발명을 이루어내며 세상을 발전시키고 진보시킬 수 있다.

문제는 창의방정식의 X가 드러나지 않는다는 점이다. &은 아무런 의미가 없다고 생각한다. 눈길이 가지 않는다. 주목하지 않는다. 사람들은 보이지 않는다는 이유로 '웃는 나', '웃는 너'로 판단한다. 나를 보고 너를 보고, 너를 보고 나를 본다. 관계를 발견하지 못하고 무대를 읽지 못하고 &이 나, 너를 마주 보고 웃게 만드는 진정한 본질임을 알아차리지 못하기 때문에 우리는 우리의 운명을 바꿀 수 없고 새로운 발명을 하지 못하며 세상을 발전시키고 진보시킬 수 없는 것이다.

상대가 기분 나쁘게 악을 지르면 나는 더 큰 소리로 위협하며 대응하려는 것이 인간이다. 상대가 소리를 지르는 이유는 방석(&)에 가시가 박혀있기 때문이다. 나는 상대보다 더 큰 목소리로 상대를 제압하려 할 것이 아니라 상대의 무대를 보고 가시방석에서 가시를 함께 빼 주어야 한다. 판매자는 소비자에게 '이 물건이 최고!'라고 설득할 것이 아니라 함께 더 멋진 삶을 살 수 있다는 가치의 공유(&)에서 세일즈의 답을 찾을 수 있어야 한다. 그게 창의적인 판단이다. 그러기 위해서 우리는 상대의 보이는 것에 대응할 것이 아니라 언제라도 먼저 가시 박힌 무대 &를 볼 수 있는 눈을 가져야 한다. &를 볼 수 있는 눈이 있으면 무대의 관점이 생기고 문제를 해결할 아이디어가 나오며 창의적인 결과를 만들어낼 수 있게 된다.

- 창의방정식으로 X를 보라.
- 창의방정식으로 '&'를 보라.
- 창의방정식으로 '무대'를 읽어라.
- 창의방정식으로 '보이지 않는 관계'를 통찰하라.

● 창의방정식으로 y^1이냐 y^2냐, 양자택일의 상황을 무대 X로 돌파하고 해결하라.

a냐? b냐? 두 가지 갈림길에서 이러지도 저러지도 못하는 혹은 둘 중 양자택일해야 하는 선택을 거부하고, 그 둘을 공유하는 보이지 않는 무대 &를 통찰하여 X를 발견하고 양자택일의 상황을 돌파해 창의적인 대안을 제시하면 된다. '역지사지'(易地思之)의 정신으로도 부족하다. 상대의 입장에서 이해해 주는 것에서 답을 찾을 것이 아니라 나와 상대가 믿고 있는 무대(X)를 통찰하고 그 무대 위에서 나와 상대의 길을 함께 걸어갈 수 있는 길을 모색해 내야 한다. 나의 입장도 답이 아니다. 상대의 입장도 답은 아니다. 오직 무대의 입장만이 정답이다.

● 고정관념의 사고 : 나의 입장에서 모든 가치판단하기
● 전략적인 사고 : 역지사지, 상대의 입장에서 가치판단해 보기
● 창의적인 사고 : 나냐? 상대냐? 양자택일의 관점을 버리고 나와 상대가 딛고 있는 무대의 관점에서 나, 상대를 통합하는 관점으로 시뮬레이션하기!

결국 중요한 건 나, 너에서 &으로의 관점이동이다. 눈앞에 보이는 것이 아니라 눈앞에 보이는 것들이 공통적으로 발 딛고 있는 드러나지 않는 무대, 판, 영역, 경계, 사이, 교집합을 발견해야 한다. 창의성이란 아슬아슬하고 말랑말랑하고 위태로운 경계선과 양자택일을 모두 포용해야 하는 그 사이의 지점에서 발현되기 때문이다.

Think. Again

승률을 높이는 제안력의 창의공식

"승률을 높일 수 있는 제안서를 작성하는 방법은 무엇일까?" 수주 제안 전문 컨설팅 기업인 쉬플리의 제안경쟁 프레젠테이션의 실전 경험을 담은『최강 제안경쟁 프레젠테이션』에서 저자 김용기 쉬플리 코리아 회장은 "경쟁전략은 우리의 장점이 아닌 우리 해결책을 통한 고객의 효용과 이슈 해결을 전달하는 것"이라고 밝히고 있다.

이 책이 제시하는 핵심은 이렇다. "좋은 제안 전략은 고객의 요구로부터 나온다. 고객이 무엇을 필요로 하고 이것을 어떻게 제공할지를 결정하는 것이 전략기술서이다. 전략에 기반을 두어 작성된 제안서는 고객 요구도 중심의 제안, 고객의 문제를 해결하는 제안 프레젠테이션이다. 이것이 제안 프레젠테이션이 담아야 할 핵심내용이다. 전략이 없는 제안 프레젠테이션은 어떤 것일까? 그것은 솔루션 중심의 제안이다. '우리의 솔루션이 얼마나 좋은가'만 보여 주는 제안 프레젠테이션은 대체로 상품의 카탈로그와 유사한 수준이다."

이는 나의 장점이 아니라 무대의 두근두근 지점을 포착하라는 창의방정식의 메시지와 정확히 일치한다. 이기는 기획은 창의방정식에 따라 전략을 찾아내고 해답을 찾아 실행하는 것에서 나온다는 이야기다. 결국 나와 고객이 함께 발 딛고 있는 공감의 무대를 발견하고 그 위에서 상대가 원하는 두근두근 지점을 포착하여 제시된 문제를 해결함으로써 이길 확률을 높일 수 있다는 것이다.

만약 창의적인 기획서를 작성해야 한다면? 우선 미끼를 덥석 물지 말아야 한다. 모션오류와 태그오류가 가장 먼저 우리 뇌로 침투한다는 사실을 받아들이면 된다. 첫 번째 떠오르는 것들을 거부해야 한다. 우리의 장점으로 해결책을 찾아내고 목표를 설정하겠다는 욕망을 거부하라. 이거냐? 저거냐? 양자택일을 거부하라. 내 관점의 효율성을 거부하라. 내 시각의 좋은 생각을 거부하라. 고객의 요구에 곧장 대응하는 것을 거부하라. 그러자면 우선은 다음과 같은 냉철한 정신력을 가져야 한다.

냉철한 정신력

- 나의 관점으로 판단하지 말라.
- 드러난 정보(말, 단어, 지시사항 등)나 보이는 데이터에 낚이지 말라.
- 상대의 관점과 드러나지 않는 정보, 보이지 않는 데이터를 포착하라.
- 여러 가지 요소가 딛고 있는 무대로 올라서라.
- 무대의 관점에서 보라.
- 창의의 시작은 무대 X의 발견이다.
- 무대가 내 편을 들도록 의사 결정하라.(그러면 상대와 온 우주가 나를 돕는다.)

이렇게 냉철한 사고를 거쳐 창의방정식의 무대 X까지 치고 올라섰다면 그 다음엔 다음과 같이 창의방정식의 내비게이션이 제시하는 단계를 따라가면서 기획서를 작성해 나가면 된다. 그러면 승률을 높일 수 있는 이기는 기획서는 저절로 만들어진다.

[X 무대 두근두근 점검] Why : "왜 하는데?"

- 시공간적 무대 확인(문제 정의, 배경, 상황분석, 기획의도, 판단의 범위를 정하라!)

- A4용지 등을 활용해 가상의 무대라고 여기고 정보를 정리하여 보이지 않는 무대를 포착하라.
- 범위는? 돌출요소는? 고려사항들은? 문제는? 핵심이슈는? 핵심요소는? 현재와 최선의 차이는? 지식과 경험? 시대 트렌드는? 직접 및 잠재적 경쟁자? 딴지요소? 목적이나 의도는? 상황이나 배경은? 전제조건은? 등을 모두 가상의

무대 위에 빠짐없이 올려라.

- 무대 위에 더 올라올 요소는 없는가?
- 수집 가능한 최대치의 정보를 확보하여 최대한 넓은 영역과 범위를 설정하라.
- 적극적으로 관계를 맺고 교감하고 소통하라.
- 같은 무대 안에 있는 한 편(진정성, 공감)임을 증명해 보여라.
- 상대와 나(우리), 경쟁자, 소비자, 시장, 배후 결정권자, 법률, 트렌드 등 연동된 모든 시공간의 범위를 분석하라.
- 고민의 근원과 문제라고 여기는 데이터를 확보하라.
- 끊임없이 더 큰 무대를 설정하거나 무대를 새롭게 세팅하라.
- 진정성을 가져라.
- 분위기와 전체적인 느낌으로 사로잡아라.

[y^n 두근두근 핵심요소 정리] Factor : "두근두근 조합할 수 있는 모든 요소 혹은 새로운 요소는 무엇인가?"

- 무대 위에 올라온 핵심요소들을 그룹으로 지어 새로운 조합 시도(새로운 요소, 새로운 관점, 새로운 포커스를 확인하라!)

- y^1 문제정의+y^2 새로운 데이터(사례, 주제와 타깃 세분화, 정보, 경험, 재분류, 결합, 지식, 포커스, 현장, 신기술, 신이론)를 두근두근 조합해 보라.
- y^1의 현재 상태+y^2의 미래상태 또는 최선의 상태 사이에 놓인 문제의 원인은 무엇인가?
- 기존 핵심요소에 새로운 데이터(시장영역, 목표 카테고리 조정, 새로운 만남, 새로운 요소, 새로운 지식이나 기억의 요소, 경험)를 접목시켜라.
- 무대에서 모순, 딜레마, 양자택일의 상황을 타개, 융합하라.
- 두근두근 새로운 조합이 가능하도록 몰입하고 미쳐라.

[= 두근두근 핵심 전략 도출] What : "그래서, 무엇을 하자는 것인가?"

● 두근두근 새로운 조합을 통해 나온 콘셉트 제안(해결책, 핵심, 콘셉트, 스타일, 한마디로 표현해 이해시킬 키워드를 찾아라!)

- 모든 요소들이 두근두근 조합되어 1로 연동되는 핵심 전략을 찾아라.
- 명료한 콘셉트를 도출하라.
- 하나로 두 개 요소를 모두 얻을 수 있는 1타 2피, 일거양득이 가능한가?
- 무대 위에 모든 요소들과 연동돼 있으며 두루두루 만족하는가?
- 양자택일을 거부한 둘 다 만족시킬 수 있는 해결책인가?
- 해결책을 명쾌하게 설명할 프로젝트명, 브랜드, 이미지, 슬로건, 카피를 붙여라.

[a 두근두근 세부 계획 구축] How : "구체적으로 어떻게 하자는 것인가?"

● 콘셉트에서 제시된 비전과 목표를 해결해 나가는 절차나 방법(세부전략, 실행계획, 전술 시뮬레이션을 제시하라!)

- 실행계획은? 시뮬레이션해 보면? 서론-본론-결론은? 1,2,3.4……로 순서를 정하면? 카테고리별로 분류하면? 실행가능 단위는? 세부 목표별로 세분화하면? …
- 구체적으로 어떻게 할 것인가?
- 스토리텔링하면?
- 기술을 키우면?
- 남보다 더 빨리 하면?
- 남보다 더 노력하면?
- 남보다 더 연습하면?

- 남보다 더 많은 경험을 쌓으면?
- 남보다 더 많은 도전을 하다 보면?

[b 두근두근 완성도] Result : "결과적으로 뭐가 좋은가?"

- 구체적인 실천과정을 거쳐 나온 완성된 결과, 이미지, 디자인, 기대효과를 보여 주라.

- 멋진 예상 결과를 구체적으로 보여 주라.
- 완성도 높게 표현하라.
- 간결하고 보기 좋고 매력적이게 디자인하라.
- 상대 입장에 서서 이해하기 쉽게 전달하라.
- 기대효과(이익)를 분명하게 전달하라.
- 좋은 이미지로 다가가라.
- 멋진 경험을 기대케 하라.

이기는 제안서에는 형식이든 내용이든 각 페이지 메시지든, 프레젠테이션이든 매순간 두근두근의 조합이 있다. 두근두근 X를 세팅하고 두근두근 y^n을 세팅하고 두근두근 =을 세팅하고 두근두근 a를 세팅하고 두근두근 b를 세팅해 나간다. 이렇게 창의방정식으로 기획서의 목차를 구성하면 공감성, 논리성, 신뢰성, 창의성 등이 고르게 높아지기 때문에 채택확률이 급격히 높아진다.

반대로 대결에서 패했다면 원인은 분명하다. 가장 먼저 눈에 드러나는 것에 집착하여 $X \to y^n \to = \to a \to b$의 전체를 완전하게 세팅하지 못했기 때문이다. 그게 아니라면 그 다음은 상대가 창의방정식을 세팅해놓고 더 두근두근거릴 문제를 찾아냈기 때문이고, 그게 아니면 상대가 좀 더 두근두근거릴 해결책을 제시했을 것이며 그게 아니면 상대가 더 두근두근거릴 구체적인 실행전략을 제시했을 것이고 그것도 비슷하다면 상대가 더 그럴듯하게 포장해 전달했을 것이다. 아예 새로운 자신만의 무대 X_1 X_2 X_3… 등을 발견하여 완전히 다른 규칙을 적용한 제안서를 창조했을 수도 있다.

남의 창의방정식 X를 버리고 자신의 창의방정식 X_1을 새롭게 설계하는 것이 매우 중요하다. 특히 약자의 입장에서는 필수다.

$$X \quad y^n = a$$

$$X_1 \quad y^n = a \quad b$$

학벌과 학점으로 세팅된 기존의 채용 창의방정식(X)이라면 이미 세팅된 무대 안에 들어가 '더, 더, 더'에 답을 찾지 말고 기존 무대를 박차고 나와 직접 발로 뛰며 열정으로 만들어낸 '고객확대를 2배로 높일 수 있는 마케팅기획서'를 함께 접수하여 기존 무대 X와 다른 새로운 자기만의 무대 X_1을 설계해야 한다.

'높은 학벌과 학점' 대 '낮은 학벌과 학점'의 구도를 '평범한 공부파 지원자' 대 '열정적인 창의아이디어 꾼'의 대결구도로 자신의 창의방정식을 새로 세팅하는 것이다. 최고의 실력파나 전문가와 겨뤄야 한다면 우리도 나름대로 실력이 있고 전문적이라고 주장할 것이 아니라, 이젠 누구나 실력과 전문성은 기본이며 이 하나의 일만 맡아 처음부터 끝까지 내 자식처럼 책임지고 관리하는 어머니의 마음이 있느냐 없느냐가 더 중요하다는 새로운 대결구도의 창의방정식을 세팅하면 된다.

23전 23승에 빛나는 이순신 장군의 창의성은 전투 무대를 세팅하는 능력에서 찾아야 한다. 왜군에 압도적으로 불리한 아군전력과 전투상황의 물리적인 시공간을 두근두근 새롭게 조합시켜 단숨에 전력우위를 만들 수 있는 핵심 전략 지점에서 승패를 가르는 방식이었다.

아무리 뛰어난 경쟁자라도 장점은 뒤집어 생각하면 단점의 요소가 된다. 덩치가 크면 동시에 느리다. 학점이 높다는 장점은 학교 안에 갇혔다는 단점을 포함한다. 그들이 장점으로 설계한 창의방정식에 뛰어들지 말고 우리만의 새로운 창의방정식을 세팅하는 것이 약자의 전략이다. 언제라도 창의방정식에는 답이 들어있다. 제안의 성공도, 실패의 교훈도 답은 이 안에 있다.

Think Again

주식투자 고수들의 창의방정식

길에서 우연히 희한한 돌 하나를 발견했는데 그냥 신기한 돌(b)이라고 인식하면 그것으로 끝이다. 하지만 창의방정식에 따라 $Xy^n=ab$를 구성하는 하나의 퍼즐 요소(y^1)로 생각하고 그 돌을 활용해 $Xy^n=ab$ 전체를 세팅했을 경우 새로운 것을 창조할 수 있다.

'어, 저 돌을 접시에 올려 거실에 세팅하면 멋진 수석이 되겠는데!'

이때 y^1인 돌멩이와 y^2인 접시가 두근두근 조합되어 새로운 예술작품 b가 창조된다. 길거리에 굴러다니는 돌과 수천만 원짜리 멋진 수석 사이에는 바로 창의방정식이 있다.

- 일반인 생각 : 돌멩이(b)
- 창의적인 생각 : X(y^1:돌멩이+y^2:접시받침대)=ab(돌 예술품)

일반인의 생각에 돌은 그냥 돌(b)에 지나지 않지만, 창의적인 사람에게 돌은 그냥 돌이 아니라 창의방정식 안에서 예술품(b)을 창조하는 부가가치 창출의 재료인 돌(y^1)이다.

같은 돌이지만 창의방정식이 없는 사람에게 돌의 자리는 b값이 되고, 창의방정식이 있는 사람에게 돌의 자리는 y^1의 값이라는 사실이 핵심이다. 창조의 끝으로 보느냐 새로운 창조를 시작하는 중요한 요소로 보느냐는 하늘과 땅 차이다. 사람들은 저마다 같은 것을 보지만 창의방정식의 유무에 따라 완전히 다른 사고를 하는 것이다. 이런 다른 사고가 바로 창의적인 사고의 본질적 차이를 만든다.

주식투자의 달인들이 들려주는 자신의 투자전략 이야기를 가만히 들어 보면 그들 머릿속에 창의방정식이 하나씩 장착돼 있다는 사실을 발견할 수 있다. 창의방정식을 가진 이들에게는 어찌할 수 없는 결과값인 b가 무한한 잠재성을 가진 퍼즐조각 y^1로 비춰진다. 이른바 통찰력이다.

에셋플러스 자산운용(주) 강방천 회장은 증권회사에 일반 사원으로 입사한 후 주식투자에 천재적인 능력을 보이며 에셋플러스를 세웠다. 그는 회사 이야기를 소개한 책에서 자신이 젊은 시절 투자에 성공한 몇 가지 사례에 대해 소개하고 있다. 그 중 하나를 소개해 보면 이렇다. 그는 우연히 신문을 읽다가 보험협회와 경찰청의 음주운전 예방캠페인 공익광고를 발견했다. 말 그대로 음주운전 예방캠페인 공익광고였다. 이 공익광고를 본 순간 그는 두근두근 가슴이 뛰었다. b에서 y^1을 발견했기 때문이다. 작은 퍼즐조각 하나가 전체 프로세스와 완전하게 세팅되는 순간 머리에 '영감'이 떠올랐다.

- 일반인 생각 : 음주운전 예방캠페인 광고(b)
- 창의적인 생각 : 보험사X(y^1:캠페인 광고+y^2:사고율 급감)=ab(주가 상승주)

이때 그의 머릿속에는 일반적인 생각과 다른 창의적인 생각이 작동을 시작했다. 음주운전 예방캠페인을 대대적으로 진행하면 보험사들이 이익을 볼 것이라는 생각이었다. "보험사 주가가 오르겠군. 보험사들에 투자를 하면 돈을 좀 벌겠는데!"

X : 주식시장과 보험사 무대
y^n : [y^1 : 캠페인 광고] +[y^2 : 사고율 감소]
= : 보험사 재정 건전성 확대
a : 보험사 주가 가치 상승
b : 보험 주가 상승

이렇게 각각의 퍼즐조각이 전체의 창의방정식으로 세팅되어 완성되는 순간 보험사 주가상승이라는 창조(결말)가 예측되고, 그는 미래에 앞서 '보험사 주가 매입'이라는 결정을 내렸다. 물론 예측은 정확하게 맞아떨어졌다. 실제로 그가 보험사들에 투자한 뒤 4개월 만에 모든 보험사 투자처에서 두 배 이상의 투자수익을 올렸다.

그가 자수성가하여 에셋플러스 자산운용(주)을 설립할 수 있었던 건 노력이나 열정, 상상력 등 다양한 키워드를 붙일 수도 있겠지만,

무엇보다 남과 다른 사고를 하는 창조의 프로세스를 가지고 있었기 때문이라고 할 수 있다.

이런 생각은 또 다른 주식고수 이야기에서 더 큰 확신으로 바뀐다. 한 방송에서 대학생 예비투자자들의 멘토로 나선 그는 자신의 투자 성공 일화를 젊은이들에게 들려주었다.

어느 날 그의 아내가 봄에 '제습기' 하나를 홈쇼핑에서 구매했다. 그런데 제습기의 배송이 너무 지연됐다. 택배 직원에게 '왜 이렇게 배달이 늦냐?'고 불만을 이야기하자, 제습기 배달이 너무 많이 밀려 있어 배달이 많이 지연됐다는 답을 들었다. 그는 아내에게 택배직원의 말을 전해 듣고 이때 남과 다른 생각 프로세스를 작동시켰다.

- 일반인 생각 : 제습기 배달이 많아 배송이 지연되어 죄송하다는 말(b)
- 창의적인 생각 : 제습기주식시장X(y^1:제습기 판매급증+y^2:제습기회사들의 수익상승)=ab(제습기 주가 상승주)

제습기 배달이 폭주해 지연이 됐다는 것은 택배사 직원에게는 b의 결과값이지만, 제습기 주식시장의 무대에서는 훌륭한 퍼즐조각 y^1이 되는 것이다.

X : 주식시장의 히트상품과 주가추이
y^n : [y^1:제습기 판매급증]+[y^2: 제습기 회사 수익확대]
= : 제습기 회사 재정 건전성 확대
a : 제습기 회사 가치 상승

b :　제습기 주가 상승주

이렇게 퍼즐조각들이 완전하게 세팅되어 창의방정식이 완성되는 순간 새로운 창조는 작동된다. 제습기주에 투자를 하면 추후 수익을 낼 수 있을 것이라고 예측했다. 물론 예측은 정확하게 맞아떨어졌다. 얼마 지나지 않아 정말 제습기 관련주들이 일제히 오르기 시작했고 봄부터 여름까지 단 몇 달 만에 제습기 주가가 엄청나게 치솟았다.

주식고수들의 공통점은 결과(b)로 보지 않고 창의방정식의 한 퍼즐 요소(y^1)로 보는 사고를 했다는 점이다. 그래서 자신만의 새로운 창의방정식을 세팅했고, 창조 프로세스 전체를 보았다. 창의방정식은 일반적인 사람들이 생각하는 전형적인 인과관계(배달이 밀려있어 → 배달이 늦었네)를 통해 사고를 처리하는 방식을 거부하고, 새로운 무대(제습기 시장의 인기 → 제습기 관련주 상승 예측)를 주목하여 자신의 창의방정식을 세팅하여 창조해내는 생각의 힘을 제공한다.

한 언론에 소개된 6년 째 주식투자를 해온 한 20대 대학생 이야기도 마찬가지다. 인터뷰 기사에 따르면 그는 1억 원에 달하는 고액을 굴리는 어엿한 투자자였다. 고등학교 때 메가스터디에서 인터넷 강의를 수강한 경험을 바탕으로 '이거 너무 좋은데'라는 생각에 메가스터디 주식을 사서 9개월여 만에 2배에 가까운 수익을 거뒀다. 여동생과 롯데백화점에 갔다가 많은 여성들이 쇼핑하는 것을 보고 롯데쇼핑에 투자해 50% 이상의 수익을 내기도 했다.

인터넷 서점 예스24에 투자한 이유는 평소 책을 많이 읽다 보니 값이 저렴하고 배송이 정말 빨라 자주 이용하게 되는 '자신의 만족감' 때문이었다. 그는 주식을 산 후 1년여 뒤에 팔아 3배에 가까운 수익을 올렸다. 그의 주식투자 전략도 결국 창의방정식과 일치한다.

- 일반인 생각 : 예스24에서 도서 구입하니 저렴하고 배송도 빨라 너무 좋다.(b)
- 창의적인 생각 : 주식X(y^1 : 예스24 도서구입 서비스 '좋음'+y^2 : 남들도 점점 많이 이용)=ab(주가 상승주)

이때 그의 머릿속에는 일반적인 생각과 다른 창의적인 생각이 작동을 시작한다. 자신의 구매경험과 만족도가 결과(b)값이라면 그것으로 생각은 끝이다. 더 이상 아무것도 창의할 수 없다. 그러나 새로운 무대로 세팅한 창의방정식 안에 하나의 퍼즐조각(y^1)으로 인식한다면 이야기는 달라진다. 두근두근 새로운 조합을 통해 기존과 다른 새로운 b를 창조할 수 있다.

주식투자로 성공한 이들의 생각 프로세스를 추적해 들어가면 이 같은 공통점이 모두에게 있었다. 자신의 창의방정식을 사전에 세팅해 놓고 남들이 지나쳐버리는 일상의 보고 듣고 느낀 모든 것들을 y^1의 퍼즐조각에 대입하며 매순간 방정식을 완성시키는 작업을 하고 있었다는 사실이다.

Think Again

비즈니스 아이템이 만들어지는 원리

위대한 기업을 만들었던 창의적인 비즈니스 아이디어는 어디에서 시작됐을까? 창의방정식으로 이해하면 매우 쉽게 본질에 다가설 수 있다. 일단 창조 프로세스는 같다. 창의의 핵심원리는 '무대 위에서 관계의 두근두근 새로운 조합'이다. 둘이 한 영역 안에 들어와 우연히 만나서 두근두근 반응하고 새로운 조합이 이루어지면 뭔가 새로운 것이 창조되고 역사가 이루어진다.

남자와 여자가 따로 있을 때는 그저 '남'과 '여'라는 y^1값과 y^2값에 불과하지만 한 공간에 남자와 여자가 만나 두근두근 반응하여 새로운 조합을 이루면 '부부'($Xy^n=1$)가 창조된다. 기존과 다른 창조를 이루는 창조퍼즐이 되는 것이다. 비즈니스 아이디어도 이와 완전히 같은 창의방정식의 프로세스로 창조된다.

포드시스템 창조 : 헨리 포드는 자동차 생산과정의 조립표준화 모델을 만든 주인공이다. 처음 자동차의 생산방식은 기술자가 자리를 옮겨가면서 자동차 부품을 조립하는 방식이었다. 이와 달리 이 모델은 부품이 자동으로 이동하고 기술자는 제자리에서 한 부품을 집중적으로 작업하는 방식이다. 훨씬 효율적인 방식인 '포드주의'는 자동차 분야를 넘어 산업전반으로 확산돼 20세기 산업자본주의를 연 상징적인 말이 됐다. 포드시스템이라고 불리는 이런 혁신적인 아이디어는 어떻게 나왔을까? 놀랍게도 아이디어는 한 가축 도살장에서 탄생했다. 어느 날 도살장을 방문한 포드는 흥미로운 광경을 보게 됐다. 도축사들은 가만히 서 있고 갈고리에 걸려있는 소가 도축사 앞으로 이동해 오는 것이었다. 도축사는 자기 자리에서 자신의 전문 부위만 가장 빠르고 능숙하게 해체한 후 나머지는 옆 동료에게 밀어 주면 되었다. 이 광경을 보고 헨리는 머릿속에 번뜩이는 아이디어를 떠올렸다. "이 원리를 우리 자동차공장에 적용해 보면 어떨까?"

=〉 포드는 자동차에 대한 관심무대(X)에서 우연히 도살장 구경을 하면서 도살장 처리라인(y^1)+기존 자동차조립 방식(y^2)이 두근두근 새로운 조합을 만들어 내는 순간, 포드시스템을 떠올렸다.

페덱스 기업의 창조 : 미국 예일대에서 경제학을 수강하던 프레드 스미스는 자전거 바퀴에서 착안해 새로운 화물수송 시스템에 관한 학기말 보고서를 제출했다. 보고서의 내용은 미국 내 인구분포의 중심지역에 화물 집결지를 만들고, 모든 화물들을 일단 여기에 모은 다음 재분류하여 자전거 바퀴모양으로 미국 전역에 배송하자는 것이었다. 비록 담당교수에게 좋은 점수를 받지는 못했지만, 후에 이 리포트를 토대로 세계적인 화물택배회사인 페덱스를 창업했다.

=〉 세계적인 기업이 된 페덱스를 탄생시킨 아이디어의 근원에는 '자전거 바퀴살'이 있었다. 기존 물류시스템의 문제의식(X) 위에 우연히 자전거 바퀴살(y^1)을 보고, 물류소송(y^2)의 효율성이 두근두근 조합되는 순간 머릿속에 번쩍하고 영감이 떠올라 리포트를 작성했고, 추후 세계적인 물류배송 기업으로 탄생하게 됐다.

산악자전거의 창조 : 세계 최대 자전거 부품업체인 일본의 기업 '시마노' 이야기다. 1981년 창업주의 막내아들이자 해외영업을 총괄하고 있던 시마노 요시조가 미국 서해안에서 일본 본사로 전화를 걸어 아이디어를 설명했다. "샌프란시스코 북쪽에 있는 산에 갔더니 어떤 녀석들이 자전거를 개조해 타고 내려가며 놀고 있던데, 혹시 우리가 이런 자전거를 만들 수 없을까?" 산에서 타는 자전거? 당시 자전거를 산에서 탄다는 건 상식 밖이었다. 회의에서 '한 번 해 보자'는 쪽으로 의견이 모아졌다. 지금은 보편화된 산악자전거인 'MTB'가 탄생하는 순간이었다.

=〉 시마노 요시조는 자전거라는 관심무대(X)에 우연히 '산에서 자전거를 개조해 타고 노는 아이들'(y^1)을 보면서 일반 자전거가 가진 고정관념 탈피(y^2)와 두근두근 새로운 조합을 이루어냈고, 그 순간 번쩍하고 '산악용 전문자전거'라는 콘셉트

를 머리에 떠올렸다.

사실 수많은 비즈니스들이 인간세상을 움직이고 있다. 그 모델은 저마다 다르다. 하지만 하나같이 같은 창조원리에서 나왔다는 건 분명한 사실이다. 모든 창조의 비밀은 자기 관심사의 무대 위에 들어온 우연한 만남과 두근두근 조합을 거쳐 하나의 명확한 콘셉트로 이어지는 창조 프로세스의 패턴을 공유하고 있다. 뭔가를 보고 듣고 느끼는 과정에서 자신의 무대에 세팅된 창의방정식의 퍼즐조각이 완성되는 순간 번쩍하고 영감이 떠오른 것이다.

세상의 모든 창조와 탄생, 아이디어, 작품, 비즈니스, 시스템 등은 모두 창조의 근원을 추적해 들어가다 보면 창의방정식이라는 공통된 프로세스와 만난다. 그 프로세스를 이해하는 순간, 우리 역시 그 패턴을 적용해 기존과 다른 새로운 것을 창조할 수 있다. 창의적인 인간이 되는 것이다.

멋진 아이디어 하나만 있으면, 혹은 많은 아이디어를 가지고 있으면 사업이 창조되는 것이 아니라 시장이라는 무대 위에 그 아이디어와 생산, 유통, 마케팅, 소비자가 한 줄로 두근두근 세팅될 때 사업이 벌떡 일어난다. 스펙유용론이냐? 스펙무용론이냐? 스펙이 많고 적음이 취업당락을 결정짓는 것이 아니라 지원자와 기업 사이의 무대에 스펙이 얼마나 두근두근 세팅되느냐에 달려있다. 조그마한 식당 하나를 운영하더라도 '손맛' 하나가 성공을 창조하는 것이 아니라 기술자, 관리자, 사업가의 기질이 하나로 두근두근 조합되어 세팅되어야 성공적인 창조가 이루어진다는 게 창의방정식의 충고다.

꿈, 끼, 꾀, 끈, 깡, 꼴, 꾼이라는 각각의 매력적인 키워드에 답이 있는 게 아니라, '꿈 → 끼 → 꾀 → 끈 → 깡 → 꼴 → 꾼'이 차별적인 무대(X) 위에 완전한 퍼즐세팅을 이루었을 때 성공을 창조할 수 있다. 언제라도 두근두근을 만드는 생각퍼즐 세팅에 창의적인 답이 있다.

창의적인 생각을 찾는 7단계 공식

다른 사람이 세팅한 무대 위에서 남이 시키는 일을 하느냐, 내가 스스로 세팅한 무대에서 스스로의 일을 하느냐는 엄청나게 큰 차이다. 거기가 창의성으로 가는 갈림길이기 때문이다. 결국 창의성은 보이지 않는 무대를 발견하여 스스로 무대를 세팅할 줄 아는 능력이다. 그런 측면에서 인간의 창의적 사고는 단계별 수준이 있다.

제1인간형(y^1=ab) : 상대방이나 주어진 환경에 의해서만 반응하거나 누군가 이미 세팅해 놓은 무대 위에서 정해진 일을 반복적으로 하거나 지시하는 일을 열심히 하는 보통 사람

제2인간형(y^n=ab) : 현재상황과 자신의 경험, 상대방의 요구를 즉각 조합하여 문제를 해결하는 전문가형 인재

제3인간형($Xy^n=ab$) : 스스로 창조의 영역에 관심을 기울이고 스스로 새로운 무대를 세팅하여 문제를 새롭게 정의하고 기존과 다른 창조를 이루어내는 창의적인 인간

제1형의 평범한 인간이 가지고 있는 생각공식은 y^1인 자기중심 관점 위주로 작동된다. 내 생각으로 아무리 열심히 노력하더라도 그 노력은 어느 순간 헛수고가 되기 십상이다. 마치 노예가 피땀 흘려 열심히 일 해놓았는데, 주인이 나타나 '도로 원위치!', 혹은 '이 결과들은 모두 내 것!'이라고 외치는 상황과 같다.

창의성은 나의 시각, 나의 생각, 나의 관점, 나의 사정, 나의 노력, 나의 문제, 나의 데이터인 y^1의 핵심요소에서 벗어나 먼저 주인과 협상해놓거나 스스로 주인이 될 수 있느냐의 문제다.

'나의 사고'에서 벗어나려면, 내 생각이 창의방정식에서 y^1이라는 부스러기에 불과하다는 사실을 받아들여야 한다. 인간이 '나의 사고'에서 벗어나지 못하는 이유는 나의 사고 외에는 아무것도 없다는 믿음이 크게 작용한다. 즉, 나의 사고 밖의 영역은 암흑이며 눈에 보이지 않으므로 모두 낭떠러지라고 여기기 때문이다. 그러나 이런 생각은 완전히 틀렸다. y^1의 영역 밖에는 필연적으로 y^2가 존재한다. 이런 핵심요소들(y^n)을 받아들이는 순간 그 모두가 발 딛고 있는 무대(X)의 관점을 얻을 수 있다.

드러나지 않는 무대를 발견하는 방법은 y^1, y^2, y^3, y^4…로 계속 정보를 확장해 나가며 그것들이 연동돼 있는 영역을 정하는 것이다.

드러나는 정보는 물론 드러나지 않는 정보, 과거정보는 물론 미래에 따라올 정보 등 연동된 모든 정보를 통해 끝내 'y^n의 극한'까지 밀어붙이면 된다. 극한의 y^n 정보는 곧 무대 X의 영역이 된다. 그 무대에서 출발해 창의방정식이 세팅되고 이 창의방정식으로 그 안의 요소들을 조합하면 기존과 다른 새로운 창조의 결과를 만들어 낼 수 있다. 그렇게 생각을 추적하여 끝내 창의방정식에 도달하는 것이 바로 창의적인 생각을 얻을 수 있는 방법이다. 창의는 궁극적으로 드러나는 이쪽의 정보에서 저쪽의 정보로 나아가 끝내 숨어있는 무대를 발견하는 과정이다. 이 과정을 거쳐 비로소 우리는 창의성을 가질 수 있게 되는 것이다.

창의적인 생각천재가 되는 7단계 공식

1단계 : 시각적으로 잘 드러나는 나의 y^1을 검토한다. 뭔가 간단하다. 뭔가 쉽다. 뭔가 좋다. 나의 사정이니까. 그러나 이 판단은 대부분 초기설정값의 오류가 있다고 치고 일단 거부!

2단계 : y^1의 관점에서 벗어나 외부로 관점을 돌린다. y^1이 있으면 반대편에 반드시 y^2가 있다. 내가 있으면 너 또는 다른 사람도 있다. 장점이 있으면 동시에 반드시 단점이, 편리함이 있으면 비용이 따라다닌다. 무조건 양면성이 있다. 동전의 다른 쪽 면인 y^2를 반드시 검토한다. y^1과 y^2를 동시에 봄으로써 생각의 사고가 진일보했지만 역시 창의방정식으로 세팅되지 않으니 일단 거부!

3단계 : y^1과 y^2가 있으면 둘이 함께 딛고 있는 무대가 반드시 있다. 드디어 X의 발견으로 나아간다. 무대를 보는 순간 드디어 자신이 만들어가는 창조적인 생각 프로세스가 본격적으로 작동하기 시작한다.

4단계 : 드러나는 않았던 X를 발견하면 그 무대 위에 있는 다양한 y^n을 모두 포착한다. 무대 위에 이전단계에서 생각지도 못했던 새로운 수많은 고려사항과 핵심요소(y^1, y^2, y^3, y^4…)들이 즐비하게 등장한다.

5단계 : 그 고려사항들, 핵심요소들, 때론 양자택일과 모순과 대립의 요소에서 그 둘을 공유할 새로운 핵심 전략($Xy^n=1$)을 찾는다. y^n을 모두 엮은 이것은 애초에 y^1, y^2에서 생각했던 것과는 전혀 다른 차원의 창의적인 콘셉트인 경우가 대부분이다.

6단계 : 핵심 전략이자 핵심 콘셉트인 1을 형상화하고 구체화 시킨다.

7단계 : 드러나는 하나의 실체로 완성되고 완전하게 디자인되면 새로운 창조가 완성된다.

이 단계별 공식을 적극적으로 활용할 수 있다면 자신 앞에 주어진 수많은 문제에 적용해 좀 더 창의적인 사고를 할 수 있다. 생각이든, 결정이든, 기획이든, 연애전략이든, 그 어떤 분야라도 상관없다.

구글, MS, Mac, 유튜브의 창조 비밀

사람들은 대부분 성공하기 위해 '목표→계획→실천'의 공식을 믿고 따른다. 바른 판단일까? 분명한 건 목표→계획→실천은 창조의 전체 프로세스가 아니라는 점이다. 그렇다면 신뢰할 수 없는 성공의 공식이라고 판정을 내릴 수 있다. 목표 이전에 자신이 서 있는 무대를 돌아보지 않는 건 늘 오류를 동반하기 마련이다.

그도 그럴 것이 주변을 둘러보면 목표→계획→실천한다고 언제나 성공이 보장되지 않는다는 것을 쉽사리 알아차릴 수 있다.

그렇다면 이 공식이 오류를 포함하는 이유는 무엇일까? 창조에 성공한 사람을 관찰하면 겉으로 대부분 목표→계획→실천의 공식을 따르는 듯 보인다. 하지만 문제는 드러나지 않는 근원적 원인을 쉽게 간과한다는 사실이다. 실제로 목표→계획→실천이라는 신화를 사람들이 믿게 된 건 눈에 보이는 '부분'으로 판단하는 이른바 태그오류나 모션오류 때문이다. 즉 드러나는 부분을 관찰하게 되면 성공하는 사람들이 목표→계획→실천으로 성취한다는 사실을 발견하지만 실제로는 처음 반드시 거쳤을 창조의 무대 세팅과 두근두근 영감의 영역을 놓치게 되는 것이다.

성공의 현상이 드러나는 순간은 성공의 근원이 이미 사라져 버린 후다. 사라진 무대와 두근두근의 영역은 관찰할 수 없다. 눈에 드러나지 않고 인식할 수도 없고 딱 꼬집어서 설명하기 어려운 이 중요한 창조의 근원에 대해서는 그냥 무시하기로 합의한 것이다. 그리하여 분명한 목표를 갖고 실행방안을 체계적으로 계획한 후 하나씩 실천하면 성공한다는 모형만 남게 되었다.

창의성은 단순히 목표설정이나 계획, 노력과 실천, 상상력이나 차별적인 생각의 문제가 아니다. 그보다 창조 프로세스의 전체를 세팅하느냐 못하느냐의 문제로 더 거슬러 올라가야 한다. 무대→두근두근→목표→계획→실천의 전체 창조프로세스를 반드시 거쳐야 원하는 결과에 도달한다.

이런 사실을 증명해 줄 사례들은 얼마든지 있다. 성공한 기업을 창조했던 인물들이 대표적이다. 컬럼비아 경영대학원의 경영학 부교수 윌리엄 더건은 자신의 책 『제7의 감각 : 전략적 직관』에서 매우 통찰력 있는 메시지를 들려주고 있다. 우리가 너무나 잘 알고 있는 스티브 잡스의 맥킨토시, 세르게이 브린과 래리 페이지의 구글, 빌 게이츠의 마이크로소프트사의 창조과정은 우리가 당연히 그렇다고 믿고 있는 '목표→계획→실천'을 통한 것이 아니라고 단언한다.

실제로 스티브 잡스는 그의 존재를 세상에 강렬하게 각인시킨 '맥킨토시(Mac)'를 만들기 위해 구체적인 비전을 가지고 계획을 세워 실천했던 게 아니었다. 오히려 '우연성'이라는 말이 훨씬 더 어울린다. 당시 잡스는 나름 성공을 거둔 애플2 컴퓨터의 후속 모델로 리사 컴퓨터에 대한 구상을 하고 있었다. 제록스 연구센터에 볼거리들이 많다는 이야기를 전해 듣고 제록스 팔로알토연구센터에 견학할 수 있는 기회를 만들었다. 그 곳에서 우연히 한 전자제품에 적용된 그래픽유저 인터페이스를 보게 되고 가슴이 두근두근 뛰었다. 그날 스티브 잡스는 그 인터페이스의 인상이 강렬하게 남아 집에 돌아와서도 온통 그 특별한 인터페이스만 머릿속에 뱅뱅 맴돌았다. 이미 잡스는 '그걸 컴퓨터에다 활용하면 죽이겠는데!'라는 생각으로 가득 차 있었다. 이때부터 이후 세상을 놀라게 할 인터페이스를 장착한 '맥킨토시'의 구체적인 비전이 만들어진다. 재능 있는 팀원들을 모으고 구체적인 계획을 짜고 무수한 실패를 반복하면서 맥킨토시라는 창의적인 창조물을 세상에 내놓게 된다. 맥킨토시의 창조 프로세스는 분명 창의방정식을 따랐다.

이번엔 마이크로소프트의 빌 게이츠 이야기다. 그는 세계적인 기업 MS를 어떻게 세웠을까? 원대한 비전을 갖고 구체적인 계획을 실천해 위대한 기업을 이룩해 냈던 것일까? 물론 진실은 전혀 그렇지 않다. 빌 게이츠 역시 우연성처럼 보이는 필연성의 창조 프로세스를 따르고 있다.

청년시절 대학생이던 빌 게이츠는 친구와 함께 베이직 언어 운영프로그램을 기반으로 성능 좋은 컴퓨터용 소프트웨어를 하나 만들려고 고군분투하고 있었다. 그러나 진도는 그리 만족스럽게 나가지 않았다. 당시 컴퓨터는 기업이나 연구소용 대형 컴퓨터였다. 새로운 소프트웨어의 요구도가 낮았기 때문이다. 기업들에게 그들이 만든 소프트웨어 기획 제안서를 넣어봤지만 별 반응이 없었다. 그렇게 유야무야 시간이 흘러가고 있었다.

그러던 중 친구가 우연히 학교 앞 가판대에 비치된 컴퓨터 잡지의 표지를 보게 됐다. 거기에 조그마한 소형 컴퓨터 단말기인 목업(mock-up)제품의 사진이 실렸는데, 오늘날 책상 위에 놓은 퍼스널컴퓨터(PC)의 이미지였다. 친구는 빌 게이츠를 데리고 다시 그 가판대 앞에 섰다. 둘은 표지에 소개된 소형 컴퓨터를 보면서 이심전심으로 가슴이 두근두근 뛰는 것을 확인했다. 때마침 인텔이 '소형칩 8080'을 개발해 실용화하고 있었다. 빌 게이츠와 친구는 이런 몇 가지 요소로 개인컴퓨터용 소프트웨어에 대한 전체 그림이 완벽하게 세팅됐음을 직감했다.

"저거다." 소형칩8080을 이용해 소형 개인컴퓨터에 맞는 베이직 언어SW를 개발하자는 아이디어가 머리에 떠올랐다. 그들은 그 소형 PC를 생산하겠다는 회사에 전화를 해서 아직 만들어지지도 않았는데 거기에 넣을 소프트웨어를 자신들이 만들어 보겠다고 제안해 허락을 받아냈다. 그렇게 6주 동안 친구와 골방에 처박혀 만든 것이 바로 '마이크로소프트'였다.

이렇게 시작한 MS는 개인용 컴퓨터 시대를 맞아 폭발적으로 수요가 늘면서 세계 최고의 기업으로 성장하게 된다. 그 다음부터 마이크로소프트의 성공신화는 우리가 이미 아는 사실 그대로다. 가장 오랫동안 최고 기업이 되는 성장과정은 우리가 믿고 있는 혹은 믿고 싶어하는 비전, 전략적 계획, 멈추지 않는 도전과 실천 등의 이야기로 이어진다. 그러나 그 이전에 먼저 무대 위의 두근두근 조합이 있었고, 그리고 후에 비전과 구체적인 계획이 이어졌다는 사실이다.

이런 위대한 기업들의 창조과정은 구글도 다르지 않다. 구글의 창업자 세르게이 브린과 래리 페이지 역시 구글 같은 위대한 기업을 만들겠다는 엄청난 비전을 가지고 있었던 건 전혀 아니었다. 오히려 자신들이 위대한 비즈니스 모델을 만든다는 생각도, 세계적인 기업을 만들고 있다는 사실도 알지 못했다.

둘은 73년생 동갑내기 박사과정 친구사이였다. 그들은 컴퓨터를 좋아했고 컴퓨터를 통해 그들에게 주어진 임무와 연구를 수행하고 있었다. 세르게이는 인터넷상거래에 필요한 데이터마이닝 알고리즘을 개발하고 있었고, 래리는 디지털도서관 기술 프로젝트를 진행 중이었다. 그들은 우연히 대화 중 현재 검색엔진의 문제와 자신들의 연구를 조합하면 지금보다 훨씬 뛰어난 '검색엔진'을 만들 수 있겠다는 생각을 하게 됐다.

그들의 머릿속에 들어온 핵심요소들은 이런 것이었다. 먼저 기존의 야후 같은 포털의 검색엔진이 원하는 것을 제대로 검색해 주지 않는다는 점(y^1)이었다. 둘째는 디지털도서관의 데이터기술 프로젝트

과정에서 논문인용의 횟수로 논문의 중요도를 평가하는 방식이 검색 기능의 중요한 기준이 될 수 있다는 사실(y2)이었다. 셋째는 마침 그때 다른 검색 엔진과는 달리 정확도는 떨어지지만 각각의 웹사이트에 연동되어있는 사이트의 수를 보여 주는 방식의 '알타비스타 검색엔진'(y3)이 등장해 시장에서 잘 나가고 있었다.

무대 위(X)에 이 세 가지 핵심요소(y3)가 들어와 조합한 순간 하나의 창조 프로세스가 딱 세팅되었다. 이때 번쩍하고 영감이 창조되었다. 그것은 바로 '논문 인용식 중요도순 검색엔진'이라는 콘셉트였다. 그들은 자신들이 생각한 검색엔진을 개발해 보기로 했다. 여러 페이지가 연동된 웹페이지나 신뢰할 수 있는 웹페이지는 중요도에 높은 값을 매기는 방식으로 밤낮없이 연구하고 보완한 끝에 검색 알고리즘을 완성했다.

그렇게 '페이지랭크'라는 새로운 검색엔진이 세상에 모습을 드러냈다. 이 검색엔진을 실험해 보면서 그들은 거대한 비전을 발견했다. 그들은 비전을 구체화시키기 위해 비즈니스 모델로 '오버추어'를 벤치마킹했고, 투자자 모집 전략을 구체적으로 짰으며 대학을 박차고 나와 구글을 창조했다.

비즈니스 모델 창의방정식

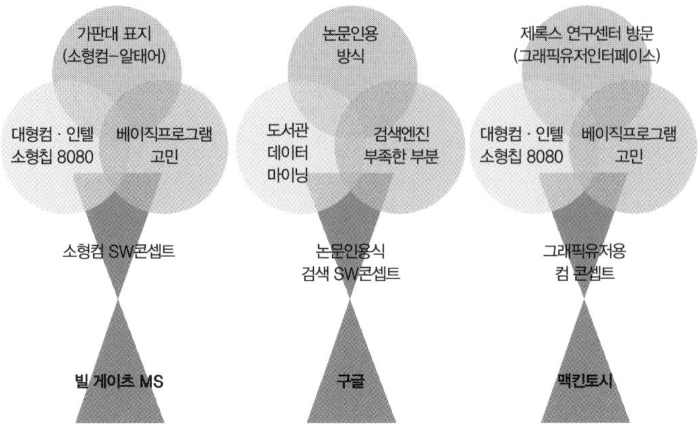

창조과정의 진실을 창업자의 생각과 실제 상황까지 깊이 있게 추적하여 완전하게 파악하는 것은 결코 쉬운 일이 아니다. 그러나 이런 창조적인 기업들이 하나같이 같은 패턴으로 창의적인 비즈니스 모델을 구축했다는 점은 엄청난 메시지를 우리에게 던져 준다. 그들의 아이디어를 창의방정식으로 좀 더 명확하게 탐구할 수 있기 때문이다.

스티브 잡스의 맥킨토시 창조 프로세스

X : 혁신적 개인용 컴퓨터 관심무대

y^n : y^1 애플2 후속 리사컴퓨터 고민+y^2 제록스 연구센터에서 본 그래픽유저 인터페이스

= : 그래픽유저 인터페이스 컴퓨터 콘셉트

a : 그래픽유저 인터페이스를 적용한 리사컴퓨터 개발 진행

b : 맥킨토시 창조

빌 게이츠의 마이크로소프트 창조 프로세스

X : 컴퓨터 소프트웨어에 대한 관심무대

y^n : y^1 베이직 언어 프로그램+y^2 인텔소형칩8080+y^3 가판대 잡지 표지에 소개된 퍼스널컴퓨터 이미지

= : 개인컴퓨터용 소프트웨어 콘셉트

a : 개인컴퓨터 제작회사에 제안, 6주 동안 소프트웨어 개발

b : 마이크로소프트 창조

세르게이와 래리의 구글 창조 프로세스

X : 데이터분석 관리에 대한 관심무대

y^n : y^1 기존 검색엔진 약점+y^2 연동 알타비스타 검색엔진 특징+y^3 논문중요도 데이터마이닝

= : 논문 인용식 검색엔진 콘셉트

a : 중요도 순으로 찾을 수 있는 검색엔진 개발

b : 구글 창조

빌 게이츠를 세계 최고의 부자로 만든 최초의 창의, 구글이 탄생한 최초의 창의, 스티브 잡스가 맥킨토시를 개발하게 된 최초의 창의, 그 순간에는 단순히 꿈, 목표, 비전, 희망, 성실, 땀, 노력 등과 같은 그럴듯한 키워드보다는 창조 프로세스라는 창의방정식이 훨씬 더

잘 어울린다.

이런 확신을 더 강하게 심어 주는 사례가 하나 있다. 무려 2조원에 매각해 화제가 됐던 유튜브의 창업자 스티브 첸은 얼마 전 매우 흥미로운 사실을 언론에 '고백'한 적이 있다. 그가 했던 말들을 그대로 옮겨서 소개한 후 이를 창의방정식으로 풀어 보면 다음과 같다.

"샌프란시스코의 한 파티에서 찍은 동영상을 참석자들과 공유할 방법이 없어서 동영상 사이트를 만들게 됐다는, 지금까지 알려진 유튜브 창업 이야기는 사실 홍보 차원에서 만들어낸 이야기입니다."

- 목표를 세워 계획을 실천해 창조시켰다? 이런 건 홍보차원에서 그냥 만들어낸 이야기다. 대중들이 그런 y^1=ab(꿈이나 목표, 계획, 실행)을 원하니 꾸밀 수 밖에!

"유튜브를 시작할 때 사실 동영상에 대해 아는 것이 거의 없었어요. 그냥 아이디어였을 뿐이었죠. 슈퍼볼 공연에서 재닛 잭슨의 가슴 노출사고가 있었는데 그 영상을 찾기가 너무 어려웠어요. 이걸 우리가 대신 찾아 주면 사람들이 얼마나 고마워할까, 그 정도 생각에서 출발했던 거죠."

- 진실은 우연히 관심 무대 위에 'y^1 재닛 잭슨 사건'과 'y^2 영상을 볼 수 없는 검색'의 만남과 두근거림의 조합을 거치는 Xy^n=ab의 창조 프로세스가 작동된 것임!

"페이팔(유튜브 창업 이전에 몸담았던 온라인결제시스템회사)에서도 마찬가지였어요. 다들 온라인결제가 뭔지도 잘 몰랐지만, 꼭 필요한 아이디어였고, 그래서 덤볐고, 그래서 해냈던 겁니다."

- $Xy^n=ab$라는 창조 프로세스는 모든 창조과정에서 똑같이 적용됨. 하나의 도구로 무수히 반복해서 찍어낼 수 있음. 그 완전한 창조 프로세스 하나를 머릿속에 갖추어 놓는 게 중요.

2조짜리 유튜브 창업자가 밝힌 진실은 대부분의 사람들이 알고 있는, 듣고 싶어 하는 그런 이야기가 아니다. 한마디로 유튜브를 만들게 된 건 우연히 '$Xy^n=ab$ 창조 프로세스'가 완전하게 세팅되는 순간, 그냥 툭하고 머릿속에서 튀어나왔다는 이야기다.

창의성의 천재들은 하나같이 창의방정식의 창조 프로세스를 발견해 '전체'를 세팅하는 우연의 순간(세렌디피티) 기발한 영감을 얻었다. 이게 위대한 창조 뒤에 필연적으로 숨어있는 창의성의 본질이다.

눈에 보이는 비전과 계획, 실천과 노력, 그 이전에는 눈에 드러나지 않는 두근두근의 무대가 있었다. 눈을 크게 뜨고 보이지 않는 그 너머의 세상을 바라보아야 진정한 창의성이 보인다.

Think Again

레오나르도 다빈치의 자기소개서가 창의적인 이유

인류 역사상 가장 창의적인 인물로 첫 손가락에 꼽히는 레오나르도 다빈치가 직접 쓴 자기소개서는 얼마나 창의적일까? 여러분들께 다빈치의 자기소개서를 소개하고자 한다.

1482년 밀라노 군주였던 루도비코 스포르차에게 보낸
레오나르도 다빈치의 자기소개서

이루 말할 나위 없이 빛나는 존재이신 각하, 자칭 거장이요 전쟁 무기의 발명가라고 일컫는 자들의 제반 보고서를 면밀히 검토해 본 결과, 그들의 발명품과 소위 기구라는 것들이 흔히 쓰이는 물건들과 모든 면에서 크게 다를 바 없음을 알게 되었으므로, 다른 사람에 대한 편견 없이 용기를 내어 저만의 비밀을 각하께 알려 드리려고 합니다. 각하의 편하신

시간 언제라도 다음에 기록한 일부 사항들을 직접 보여드릴 수 있기를 간곡히 부탁드립니다.

1. 저는 물건을 쉽게 운반할 수 있는 매우 가볍고 튼튼한 기구의 제작 계획안을 갖고 있습니다.
2. 어떤 지역을 포위했을 때, 물을 차단할 수 있는 방법과 성곽 공격용 사다리를 비롯한 헤아릴 수 없을 만큼 많은 여러 가지 도구를 만드는 방법을 알고 있습니다.
3. 높고 튼튼한 성벽으로 포격을 가해도 요새를 무너뜨릴 수 없는 경우, 반석 위에 세운 성곽이나 요새라 할지라도 무너뜨릴 방책을 갖고 있습니다.
4. 대단히 편리하고 운반하기 쉬우며, 작은 돌멩이들을 우박처럼 쏟아낼 포를 만들 계획안을 갖고 있습니다.
5. 해전이 벌어질 경우, 공격과 방어 양쪽 모두에 적당한 여러 가지 배의 엔진을 만들 계획안이 있으며, 위력이 대단한 대포와 탄약과 연기에 견딜 수 있는 전함을 만들 계획안도 갖고 있습니다.
6. 또한 적에게 들키지 않고 땅 밑이나 강 밑으로 굴이나 비밀 통로를 만들어 통과하는 방법을 알고 있습니다.
7. 또 쉽게 공격받지 않는 안전한 차량을 만들 수 있습니다. 대포를 갖춘 적이 밀집한 곳이라도 이 차량으로 밀고 들어가면 적은 흩어지지 않을 수 없을 겁니다. 그리고 차량 뒤를 따라서 보병 연대가 어떤 피해도 없이 적의 반격을 물리치고 진군할 수 있습니다.
8. 또 필요하다면 대포와 박격포, 가벼운 포까지 만들 계획안을 가지고 있습니다. 이것들은 흔히 쓰이는 일반적인 대포들과는 전혀 다르게 멋있고 세련된 모양을 갖추게 될 것입니다.
9. 대포를 사용할 수 없는 곳이라면 사출기와 덫을 비롯해서 놀라운

효과를 발휘하는 특별한 엔진을 만들어 사용할 수 있습니다. 간단히 말해 다양하고 무한히 많은 종류의 공격과 방어용 엔진을 공급할 수 있습니다.

10. 평화 시에는 공공건물이나 개인용 건물을 건축하는 데 그 누구보다도 각하께 만족을 드릴 수 있다고 믿는 바입니다. 그리고 어느 곳에서든 다른 곳으로 물길을 낼 수도 있습니다.
11. 또한 대리석이나 청동, 진흙으로 조각상을 만들 수 있으며, 그림 또한 그릴 수 있습니다. 제 작품은 어느 미술가의 작품과 비교해도 뚜렷한 차이를 드러낼 것입니다.
12. 더욱이 저는 청동 기마상을 만들고 싶습니다. 이 기마상은 각하의 아버님이신 황태자님과 명예롭고 훌륭한 스포르차 가문을 영원토록 추억하게 할 기념물이 될 것입니다.

위에서 말씀드린 사항 중에서 의심이 가거나 실용적이지 않다고 생각하는 내용이 있다면, 각하의 공원이나 각하가 원하시는 어느 장소에서든 제가 직접 시험해 보여드릴 수 있습니다. 이루 말할 수 없는 겸허한 마음으로 각하께 제 자신을 추천하는 바입니다.

다빈치의 자기소개서를 읽고 나면 대부분의 사람들은 기대보다는 내용이 지극히 평범하다는 느낌을 받을 것이다. 그러면서도 의아스런 의문이 하나 생기게 된다. 레오나르도 다빈치는 당시 그래도 꽤 명성이 있던 화가로 이름을 날리기 시작했는데 이 자기소개서에는 마치 전쟁기획자이자 무기제조기술자처럼 자신을 소개하고 있다는 점이다. 오히려 자신이 전공분야인 화가라는 사실은 슬쩍 덧붙이는 정도다.

이 자기소개서를 분석한 연구자들이 더러 있는데 대부분 '아직은 화가로서 큰 명성을 지니지 못했던 다빈치로서는 우선 권력을 지키는데 없어서는 안 되는 무기제조기술자로서의 재능을 부각시키기 위함이었다'고 분석한다.

물론 이런 분석이 틀린 건 아닐 것이다. 하지만 창의적인 해석이라고 볼 순 없다. 왜냐하면 이런 시각은 다분히 다빈치의 시선이자 다빈치 개인적인 관점(y^1)을 중심으로 해석하고 있기 때문이다. 정말 다빈치가 창의적인 인물이라면 창의방정식에 비춰볼 때 자기중심적 사고로 자기소개서를 쓸 리 없지 않은가? 다빈치가 창의성의 천재라는 전제 하에 이 자기소개서가 가지고 있는 의미를 정확하게 이해하기 위해서는 반드시 창의방정식을 통한 재해석이 필요하다.

먼저 레오나르도 다빈치의 자기소개서를 정확하게 이해하기 위해서는 창의방정식의 무대 X를 포착할 수 있어야 한다. 바로 어떤 무대 위에서 레오나르도 다빈치는 이렇게 자기소개서를 썼느냐 하는 점이다.

취업을 하려고 하는 당시 화가로서 조금씩 이름을 날리기 시작했지만 아직 젊고 무명에 가까운 신인이었던 레오나르도 다빈치는 피렌체에서 밀라노로 떠났다. 밀라노에 도착한 레오나르도는 그곳을 통치하고 있던 루도비코 스포르차 공작에게 편지형식의 자기소개서를 보냈다.

다빈치의 자기소개서 무대(X)에는 바로 다빈치의 '화가적 재능'(y^1) 뿐만이 아니라 밀라노를 다스리던 통치자 '스포르차의 가문'(y^2)의 핵심 요소들이 함께 포함돼 있었다. 스포르차 가문은 첫 조상이 용병 출신으로 대대로 무인 기질이 강했다. 특히 밀라노의 지배자였던 루도비코 스포르차 공작도 무인집안답게 기개 넘치고 전투적이며 전쟁을 통한 패권야망이 큰 인물이었다. 그래서 주변 국가들과 자주 분쟁을 일으키곤 했다. 당시 밀라노는 나폴리 연합군과 전쟁을 하고 있기도 했다.

당연히 레오나르도 다빈치는 자기소개서를 쓰게 되면서 무대 X를 통찰했을 것이다. 자기소개서를 읽게 될 루도비코 스포르차가 어떤 인물이고 어떤 인재를 좋아하고 어떤 사람이 필요한지 깊이 생각했을 것이다.

- 무대(X) : 밀라노를 다스리던 스포르차 군인가문의 핵심요소와 루도비코 스포르차의 기질, 내외 환경에 따른 인재상의 요소, 다빈치의 다양한 재능, 상대방이 가지고 있는 문제나 환경, 자칭 예술거장이라 불리는 경쟁자들의 분석

창의성의 천재 레오나르도는 당연히 보이지 않는 무대 전체를 통찰했다. 상대방과 다양한 경쟁자가 올라간 그 무대가 들려주는 답이 바로 이 다빈치의 자기소개서인 셈이다. 무대 위에 올라선 다양한 요소들을 두근두근 조합시키면 결국 콘셉트 하나(=1)가 나온다. 그것은 '탁월한 무기제조기술자 등의 다재다능한 실무적 예술가'였던 것이다. 자기소개서는 이 기본 콘셉트에서 출발해 처음과 끝이 일관성 있게 구성돼 있다. 이것이 그를 위대한 화가로 여기고 있는 우리들이 겉으로 드러나는 그의 자기소개서를 보고 어색하다고 판단하는 이유 속에 숨어있는 진정한 진실이다. 보이지 않는 것을 보는 순간, 레오나르도 다

빈치의 자기소개서에 창의방정식이 들어있다는 사실을 알 수 있다.

레오나르도 다빈치의 자기소개서 창의방정식

X : 밀라노를 다스리던 스포르차 군인가문의 요소와 루도비코 스포르차의 기질, 내외 환경에 따른 인재상의 요소를 통찰했다.

y^n : 무대 위에 모든 요소(다빈치의 다양한 재능, 상대방의 다양한 재능의 요구도, 자칭 거장이라 불리는 경쟁자요소)를 올려놓고 조합했다.

= : 두근두근 조합에 따른 기본 콘셉트는 '탁월한 무기제조기술자 등의 다재다능한 실무적 예술가'였고, 이 콘셉트로 자기소개서를 작성했다.

a : 자기소개서에는 실무능력, 신뢰성, 상대방을 적극적으로 높임, 자신감과 열정, 겸손, 청동기마상을 만들고 싶다는 비전제시를 적절하게 전달하며 자신을 뽑았을 경우 기대할 수 있는 구체적인 계획안을 적극적으로 알렸다.

b : 자기소개서 형식은 철저하게 읽는 사람 입장에서 읽기 편하고 이해하기 쉽게 첫째, 둘째, 셋째…와 같이 구성을 구조화시켜 전달력을 높이고 있다. 500년이 지난 오늘날의 프레젠테이션 기법과 비슷한 형식이다.

오늘날 우리가 다빈치의 자기소개서에서 발견한 어색함 속에 오히려 진정한 창의성이 숨어 있었던 것이다. 결국 다빈치는 이 창의적인 자기소개서로 루도비코 스포르차의 선택을 받아 일자리를 얻을 수 있었다. 그 후 스포르차에게 오랜 세월동안 후원을 받으며 많은 위대한 예술작품들을 세상에 남겼다.

보이지 않는 것을 보고 나면 '역시 대단히 창의적인 자기소개서다', '반전에 반전의 거듭'이라고 할 수 있다. 다시 한 번 말하지만 그의 자기소개서가 창의적인 이유는 간단하다. 그저 창의방정식에 따른 자기소개서를 썼기 때문이다. 자신의 관점(y^1)을 버리고 무대의 관점(X)으로 바라보았기 때문이다.

나의 문제를 중심으로 문제를 엮어내는 것이 아니라 무대 위에 오른 다양한 요소들과 나의 요소를 두근두근 하나로 연동시키는 것이 창의성을 위해 절대 필요하다. 그것이 창의방정식이 제시하는 핵심 메시지다.

레오나르도 다빈치의 자기소개서는 창의방정식으로 해석해 보면 오늘날 입사지원 전략의 창의적인 모델이고 다양한 경쟁기획서 등에도 그대로 적용할 수 있다. 그러니 오늘날 취업을 위해 젊은이들이 자기소개서를 써야 한다면 '레오나르도 다빈치의 자기소개서'를 참고하면 된다. 그러나 한 가지 짚고 넘어가야 할 것이 있다. 레오나르도 다빈치의 자기소개서(b) 안에는 그 어떤 정답도 없다는 사실이다. 그것은 단지 창의방정식이 작동해서 나온 결과값이기 때문이다. 전체에서 떨어져 나온 결과라는 '부분'은 아무런 의미가 없다. 그냥 부스러기다. 부스러기로는 창의성을 터득할 수 없다.

본질은 그의 자기소개서가 아니라 바로 자기소개서를 창조해 낸 다빈치의 창의방정식적인 사고다. 그것을 발견하고 그것을 우리 머릿속에 장착하면 된다. 레오나르도 다빈치처럼 창의적인 자기소개서를 쓰려면 먼저 창의방정식을 머리에 넣어두고 무대 위에 두근두근 세팅을 만들어야 한다. 그게 레오나르도 다빈치처럼 창의적인 자기소개서를 쓸 수 있는 최고의 비법이다.

창의적인 아이디어들의 공통점

아이들의 생각은 기발하다. 상상력이라면 단연 으뜸이다. 어른들이라면 감히 흉내 내지 못할 특이한 발상을 하는 경우가 많다. 창의적인 어린이의 뱀 그림 이야기가 있어 소개한다.

"과제를 주었답니다.

'이 세상에서 가장 긴 뱀을 그려볼까?'

어느 아이가 그렸다는 그림은 무릎을 치게 만들었습니다. 뱀의 머리를 그리고 배 부분에 지구를 그려 뱀이 지구를 칭칭 감고 있는 모습이었습니다. 어느 아이는 일직선으로 뱀을 그리고 처음과 끝에 태양과 명왕성을 표시해 주었습니다. '저런 게 바로 남이 따라가지 못하는 창의성이구나. 주어진 과제와 시험은 잘 해결하는데 유독 홀로 생각하는 창의성에서는 좀 부족하다는 우리 아이들의 현실. 그것은 틀에 박힌 생각을 강요하고 틀에 박힌 공부에만 매달리게 한 탓이 아닐까.' 교육프로그램을 보면서 생각했습니다."

우리는 특이한 발상을 한 어린이를 만나면, 먼저 감탄하고 그 다음은 '남과 다른 사고를 해야 한다'고 남들에게 주문하고 끝에는 틀에 박힌 생각을 강요하는 사회를 탓하는 것으로 결론 내리곤 한다. 사실 이런 평가에서 의미 있는 통찰을 얻기란 극히 희박하다. 틀에 박힌 생각을 강요하는 교육의 문제도 있지만, '그러니까 이 아이의 발상이 독특한 이유가 뭐냐?', 그 답을 알아야 한다.

그럼 다시 한 번 어린이의 뱀 그림으로 돌아가 보자. 이 어린이의 생각이 톡톡 튀는 이유는 무얼까? 창의방정식으로 판정해 보면 이 아이는 드러나지 않는 무대를 포착하고 있기 때문이다. 드러나는 뱀(b)의 사정이 아니라 드러나지 않는 뱀이 발 딛고 있는 무대(X)를 통찰했기 때문에 이 그림이 사람들의 시선을 사로잡는다.

- 창의적이지 않은 어린이의 관심사 : 드러나는 뱀의 길이(b)
- 창의적인 어린이의 관심사 : 드러나지 않는 뱀이 발 딛고 있는 무대(X)

최대한 긴 뱀을 그려보라고 하면, 어른은 말할 것도 없고 대부분의 어린이들은 드러나는 '뱀의 길이'에 관심을 두고 주어진 도화지 위에 뱀의 길이를 최대한 더 늘이려는 노력을 열심히 할 것이다. 길쭉하게, 그것도 안 되면 뱅글뱅글 똬리를 틀어 도화지를 가득 채울 수 있다. 그러나 그건 오직 눈에 드러나는 뱀의 사정 b의 문제이다. b의 문제를 엎어버릴 영역은 창의방정식에서 X의 관점이다. 그리하여 창의적인 어린이의 관심사는 드러나지 않는 뱀의 무대가 된다. 즉 뱀이 발 딛고 있는 배경무대(X)가 뱀의 길이(b)를 결정한다는 사실을 발견한 것이며, 무대를 단지 우주로 바꿈으로써 드러나는 뱀의 길이를 결정시켜 버린다는 사실을 이해한 것이다. 이는 창의방정식(Xy^n=ab)에서 바라보는 관점이다. 단지 뱀을 보느냐, 무대를 보느냐의 차이에서 창의성의 유무가 갈린다.

물론 모든 어린이가 어른보다 더 창의성을 가졌다고는 할 수 없다. 그러나 어른보다 어린이가 더 유연하게 생각할 수 있기 때문에 드러나지 않는 무대 X를 발견할 수 있는 확률이 높다. 어린이에게는 보이는 b에서 보이지 않는 X로 나아갈 호기심이 있고, 궁금증이 있고, 의심이 있고, 관찰력이 있고, 전자기기를 해체하고 분해해 보고 싶은 욕망이 있기 때문이다.

어른들이라면 보이는 것, 눈앞에 있는 데이터, 앞으로 전개될 정보들, 이른바 '뱀'에 관심을 주로 갖는 반면, 어린이는 이와 다른 반대 방향의 무대 X로 갈 수 있는 자유로운 사고가 가능하기 때문이다. b에서 X로 가는 칸막이가 아직 단단하게 고정돼 있다는 의미다. 어린이들은 순수하다. 고정관념이 없고 무대의 경계가 없다. 그게 더 기발하게, X의 관점에서 사고할 수 있는 힘이다. 그만큼 어린이는 기발한 생각을 할 수 있는 가능성이 높다.

그만큼 약점도 있다. 어린이들이 아이디어를 현실화시키고 구체화시키는 능력까지 뛰어나진 않기 때문이다. 진정한 창의성이란 어쩌면 어린이다운 무대 X의 통찰력과 어른들이 지닌 현실적인 사고($y^n=ab$)를 하나로 통합함으로써 가능한지도 모르겠다. 실제로 어린이 시절의 창의적인 생각을 어른이 되어 커다란 창조로 실현시키는 이들이 적지 않다.

창의성하면 떠오르는 사람들 중 '상상공장'의 류재현 대표가 유명하다. 홍대의 유명한 '클럽데이'를 최초로 만들고, 인디문화를 사람들에게 처음 소개한 '2003 하이서울페스티벌'에 나이 없는 날, 2006 서울 예술 체험 장터, 무선 헤드셋을 끼고 음악을 들으며 거리에서 춤을 추는 '사일런트 디스코' 퍼포먼스 등 재미있고 새로운 문화이슈를 창조해 낸 인물이기 때문이다.

그가 강연에서 자신이 어릴 적에 했던 '생각'을 소개한 적이 있었다. 모퉁이에 50평짜리 자신의 집이 있었다. 옆집과 뒷집에도 각각 50평짜리 이웃집이 있었다. 각 집의 아빠들은 사이좋은 이웃으로 오랜 세월 아주 친하게 지내왔다. 어린이 류재현은 "왜 세 집을 합칠 생각을 하지 않을까?"라는 생각을 많이 했다고 한다. 그의 생각은 이랬다. '각 집은 50평이었지만 세집을 합치면 150평에다 담장과 자투리 공간이 합쳐져 훨씬 넓어질 것이고. 5층 정도의 건물을 지어 지하에는 공동창고, 1층은 세 주고, 2층부터 4층까지 층마다 150평이 훨씬 넘는 대 주거 공간을 각 세 가구가 사용하고 5층에는 공동시설을 갖추면 어떨까?'

어린 시절부터 류재현은 무대(X)의 관점이 있었던 것이다. 사람들이 y^1(우리 집), y^2(옆집), y^3(뒷집)을 볼 때 그의 관심사는 y^1(우리 집), y^2(옆집), y^3(뒷집)이 모두 서 있는 무대 X에 관심이 가 있었다. 이후 그의 이런 생각은 다양한 아이디어가 창조되는 근원이었다.

클럽데이와 같은 그의 기발한 아이템들을 찾아보면 실제로 X를 통찰하고 발견하는 것들이다. 사람들이 y^1(클럽), y^2(클럽), y^3(클럽)…을 볼 때 그의 관심은 y^1(클럽), y^2(클럽), y^3(클럽)…들이 모두 발 딛고 서 있는 홍대클럽 전체 무대(X)에 가 있었고, 그 전체 무대를 모두 한 번에 이용할 수 있는 티켓을 판매하여 어떤 클럽도 자유롭게 이동하며 즐길 수 있는 클럽데이를 창조했다.

무대 X를 통찰하는 순간 어린이의 눈으로 관심이 갔던 세 집의 담벼락이 어른의 눈으로는 홍대클럽 거리로 변한 것뿐이다. 그의 창의성은 X라는 무대를 보고 그 위에 다양한 요소들을 두근두근 새롭게 조합해 낸 것이다.

창의적인 아이디어로 유명한 요리연구가이자 요리 기업가인 백종원 더본 코리아 대표의 히트 상품들의 공통점도 다르지 않다. 무대 X를 바꿔 작은 리어카형 포장마차를 대형 주차장 포장마차로 공간 이동시켰고, 동그란 접시나 채반에 쌓아올리던 쌈 채소를 일자형 사각 그릇으로 무대 X를 바꿔 일렬 배치시켰고, 작은 소스 종지의 무대를 소스에 미리 고기를 담그는 전혀 새로운 무대 X로 확장하여 고기를 찍어먹어 기름이 둥둥 뜨던 소스 종지의 불편함을 해결했다.

무대의 관점을 확보하는 것이 창조의 근원이요, 출발점이다. 이는 분명한 진리다. 다양한 지식강연 영상을 모아 한 무대에 모두 올려놓은 것이 '테드(TED)'의 창조요, 다양한 책들을 한 무대에 올려놓아 쉽게 구매할 수 있도록 한 것이 '예스24'이고 여러 종류의 상품을 한 무대에 모두 올려놓은 것이 다양한 '온라인 마켓'들이다. 우리시대 위대한 발명품들의 창조원리는 모두 똑같다. 먼저 무대 X를 발견했고 여기에서 다양한 요소 y^n을 한 줄로 꿰어 전체를 하나로 세팅했다는 점이다.

우리는 엉뚱한 생각을 하는 사람을 '4차원'이라고 이름 붙여 주곤 한다. 엉뚱한 생각과 창의적인 사람은 연결돼 있다. 그것은 깊숙이 숨겨져 있는 4차원의 무대와 관련성이 깊기 때문이다. 3차원은 눈에 드러나는 y^n의 세계이다. 3차원의 y^n에서 4차원이라는 시공간의 무대(X)로 차원을 옮길 때 창의성에 한발 더 다가설 수 있다. 우주라는 X 속에 가장 긴 뱀을 그릴 수 있는 어린이와 홍대 클럽데이를 만들어 낸 류재현 대표, 창의적인 아이디어로 외식산업의 최고기업가가 된 백종원 대표 등은 모두 4차원적인 사고로, 드러나지 않는 무대를 통찰하여 사고하는 창조 프로세스를 완성시켜 새로운 창조를 이루어냈다는 공통점이 있다.

Think
Again

5장

진리라고 믿어왔던 것들과의 이별

Think Again

좋은 생각을 거부하라

장자의 사냥 이야기가 있다. 어느 날 장자는 뒷산에 사냥을 갔다. 7척에 이르는 크고 묘하게 생긴 까치가 장자의 눈앞을 스치듯 날아 가까운 밤나무 숲에 앉았다. 장자는 생각하길 '눈 뜬 봉사 같군. 큰 날개와 눈을 가졌으면서도 사냥 나온 내 눈앞을 날아가니 말이야!'라며 까치를 따라 활시위를 당겼다. 그런데 자세히 살펴보니 까치는 잎 그늘에 앉아 있는 사마귀를 노리고 있었다. 또 그 사마귀를 관찰해 보니 바로 앞에 철모르고 울어대는 매미를 노리고 있는 게 아닌가? 장자는 번뜩 깨달음을 얻고 활과 화살을 버린 채 밤숲을 뛰쳐나왔다. 하지만 이미 한발 늦었다. 뒤쫓아 온 밤숲지기에게 붙잡혀 밤도둑으로 몰린 나머지 크게 혼쭐이 나고 말았다. 창의방정식으로 해석하면 b는 a가 노리고 있고 a는 =이 노리고 있으며 =은 y^n이 노리고 y^n은

X가 언제나 노리고 있다.

이를 알고 있다면 무대로 올라서기 위해 우리는 항상 현재의 좋은 생각을 의심하고 거부해야 한다. 그러니 b를 거부하고 a를 거부하고 =를 거부하고 y^n를 거부해야 한다. 활과 화살을 내려놓고 사전에 밤숲지기와 먼저 친해두어야 한다.

뭔가 공짜로 얻어먹으려면 잔칫집 X의 분위기 파악부터 해야 한다. 초상집에서 꽹과리를 치면 아무리 열심히 열정을 바쳐 땀 흘리며 치열하게 연주해도 상주에게 뒤통수 맞는다. '삼팔광땡에 쓰리고 피박'을 외치는 자도 화투판을 엎어버리는 자를 당해낼 수 없다. 제아무리 균형 감각이 뛰어나고 균형을 잡으려 발버둥 쳐도 놀이동산에 가면 회전형 놀이기구 '디스코 팡팡'의 조종기를 잡은 DJ의 의도를 뛰어넘지 못한다.

보이지 않고 모습을 드러내지 않는 배후 조종자 X라는 무대는 언제든 나의 열정과 노력, 도전에 '딴지'를 걸 수 있다. 나의 모든 노력을 무효화시키는 놈이 바로 X이다. 누군가 판을 엎어버리지 못하게 미리 못 박아놓아야 한다. 시작할 때는 무조건 화투판을 엎을 수 없도록 법을 정해놓고, 디스코 팡팡의 DJ를 내편으로 만들어 놓고 시작해야 한다. 그래야 나의 목표, 노력과 열정, 도전이 성공으로 이어지고 결국에는 창조를 이루게 된다. 그게 진정한 세상의 원리요, 이치다.

드러나는 목표물을 잡는 상식을 버리고 드러나지 않는 무대를 발견할 수 있는 비상식을 선택해야 창의성의 문을 열 수 있다. 상식이라고 믿는 것들을 거부하고 비상식으로 가야 숨어있는 무대를 발견할 수 있기 때문이다. 다음과 같이 현재의 거부가 미래를 연다.

- 주어진 문제에 집착하지 말기.
- 문제해결에 집착하지 말기.
- 무대 위에 서 있는 배우에 집착하지 말기.
- 현재에 집착하지 말기.
- 해야 할 일에 집착하지 말기.
- 나의 사정에 집착하지 말기.
- 보이는 것에 집착하지 말기.
- 완성된 창조물에 집착하지 말기.
- 잡다한 것에 집착하지 말기.
- 좋고 나쁘고 많고 적음에 집착하지 말기.

'집착하지 말기'의 사고가 그리 쉬운 것만은 아니다. 그 집착의 길이 현재 당장의 판단에서 틀린 길만은 아니기 때문이다. 그저 노력하고 열심히 하면 먹고사는 데 지장이 없는 현실적으로 가장 합리적인 길이기도 하다. 그러나 창의성의 길로 가려면 그 길을 거부해야 한다. 그 길은 '열심히', '최선의', '좋은' 길이 아니라 현재의 일을 의심하여 근원의 다양한 요소들을 유추해 보는 '대충의 길'이다.

『인재혁명』의 저자 동국대 조벽 석좌교수는 한 강연에서 창의적인 인재가 되기 위해서는 '대충 살라'고 충고한다. 이는 아주 흥미로운 통찰력이다.

"대충 살아라. 일 대충하고 공부 대충해야 한다. 대충은 네 멋대로 해라, 마음대로 아무렇게나 하라는 말이 절대 아니다. 본래 대충은 12방위에서 정 중앙을 말하는 것이다. 일 대충하라는 말은 일의 사방팔방을 두루두루 살펴서 핵심적인 것을 하라는 의미다. 두루두루 다 살폈기 때문에 물의가 없고 모두에게 다 이롭다. 일을 대충하지 않고 공부를 대충하지 않으니까 머릿속에 쓰레기만 잔뜩 집어넣은 사람들만 배출된다. 대충 살지 않으니까 고달프고 힘든 것이다. 대충하기 위해서는 무엇이 진정으로 중요하고 소중하고 의미 있고 가치 있는 것인지 그것부터 먼저 깨달아야 하고 그것부터 해야 한다. 대충하지 않고 잡무만 하다가 미치고 환장하겠다고 난리다. 잡무 위주로 일하다가 살면 결국 잡스런 인생으로 살아가게 된다."

조벽 교수의 말대로 창의적인 사람이 되기 위해서는 '잡스러운 일'들의 이전 무대, 배경, 이야기로 올라서야 한다. 감춰져 있는 그 무대와 배경과 이야기를 발견하기 위해서는 조벽 교수의 '대충'이라는 통찰력이 반드시 필요하다.

창조하려면 대충 무대부터 세팅해 보아야 하고 그 무대 위에 필연적으로 혹은 우연히 들어오는 미지의 요소들을 대충 이리저리 조합해 보아야 한다. 지금 당장 완벽한 그림을 그릴 게 아니라 대충 스케치를 먼저 해두어야 한다. 대충이 없다면 기존과 다른 새로운 창조는 결코 만들어지지 않는다. 조벽 교수의 이런 '비상식'적인 통찰력은 정확하게 창의방정식과 일치한다. 일의 사방팔방을 두루두루 살펴서 핵심적인 것을 하라는 '대충'은 창의방정식의 $Xy^n=1$을 의미한다. '=ab'영역에서 주어진 문제를 완벽하게 해결하기로 했다면 기존과 다르게 사고할 수 없고, 새로운 창조도 없다.

세계적인 창조기업 구글의 '20%법칙'은 바로 그 '대충'의 무대로 가는 하나의 전략이라고 볼 수 있다. 현재 일 이전의 무대에 올라서야 창의적인 세계와 만나기 때문이다. 20%의 대충이 나머지 80%의 세부적인 일을 좌우한다. 이로써 구글 창조성이 완성된다.

구글은 직원 업무시간의 20%를 창조적 프로젝트에 쏟도록 배려한다. 에릭 슈미트 회장은 구글의 성공법칙으로 '인재 경영'을 꼽으며 '구글의 모든 직원은 업무 시간의 20%를 자신이 스스로 정한 창의적인 프로젝트에 쏟도록 하고 있다'고 설명했다.

쉽게 설명하자면 월, 화, 수, 목은 해결해야 할 미션 과제에 대해 일하고, 금요일 하루는 아무런 간섭이나 형식에 얽매이지 않고 해결해야 할 과제들에서 완전히 벗어나 스스로 설정한 무대에 올라서서 자신이 해보고 싶고 스스로 가장 간절히 원하는 문제를 새롭게 정의해 보거나, 새로운 일에 도전해 볼 수 있는 시간을 가질 수 있게 한 것이다.

흥미로운 사실은 구글의 핵심 사업들이 바로 이 20% 시간에 의해 창조됐다고 한다. 구글의 경쟁력은 창조적인 이들을 더욱 창조적일 수 있게 도와주는 '20% 법칙'에서 나오고 있는 셈이다.

창의적인 인재가 되려면 어떻게 해야 할까? 주어진 문제나 해결해야 할 문제, 우리가 진행하고 있는 일 등 잡다한 일들 하나하나에 목숨 걸지 말고 때로는 한걸음 물러나 자신의 시각을 배제한 전체를 바라볼 수 있어야 한다. 그런 대충에서 무대발견이 이루어진다.

창의방정식을 하나의 프로세스로 대충 세팅해 놓고 각각의 퍼즐을 세세하게 맞춰 나가다 보면 저절로 이전과 다른 창의적인 아이디어가 쏟아진다. 그렇게 부가가치를 창출하여 정교하고 완벽하게 창조작업을 진행해 나가는 것이다.

창의적인 사람, 창의적인 조직이 되기 위해 가장 먼저 해야 할 일은 창의방정식을 벽에다 써 놓는 것이다. 창의방정식은 내가 무엇을 해야 할지, 우리 조직이 무엇을 해야 할지 명쾌한 방향과 과제를 일러줄 것이기 때문이다.

합리적인 상식을 깨는 법

오래 전 한 신문에서 인상적인 광고를 본 적이 있다. '우리들이 누구나 가지고 있는 성공을 위한 상식이 얼마나 잘못됐는지 보여 주겠다.' 이런 이색적인 제목을 달고 있던 글이었는데 그 광고 내용을 소개하면 이렇다.

(1) 기획의 성패는 치밀함에 있다.
(2) 영업기술은 상대방을 설득하는 능력에 있다.
(3) 성공하기 위해 해당분야의 최고 지식과 기술을 갖춰야 한다.

우리들이 아는 성공의 상식을 이렇게 정의해 놓았다. 아마도 누구나 이 말에 이의를 달지 않을 것이다. 그런데 이런 상식적인 명제를 설명하는 내용은 반전이다. 이 말들이 '완전히 틀렸다'는 주장이었다. 그 이유에 대해 메모해 둔 내용을 정리해 보면 다음과 같다.

⑴ **기획의 성패는 치밀함?** … 치밀한 기획이 필요한 사람은 월급쟁이 기획자일 뿐이다. 정말 중요한 역할을 하는 사업가는 어디에 보물이 묻혀 있는지를 찾는다. 사업가는 성공을 위해서는 치밀한 기획자의 자질이 아니라 즉각 보물을 찾아내는 후각이 더 필요하다.

⑵ **영업기술은 설득의 기술?** … 최고의 영업 전략은 사람을 설득하는 기술에 있지 않다. 설득은 상대에게 피해를 주거나 시간을 빼앗기 십상이다. 이것은 하수 비즈니스맨들이나 하는 방법이다. 사람들이 몰려가는 목 좋은 곳에서 기다렸다가 그냥 끌채로 건져 올리는 것이 오히려 훨씬 낫다는 것이다.

⑶ **경영자는 최고의 전문가?** … 해당분야에서 최고의 기술을 가진 전문가만이 사업에 성공할 수 있다고? 그렇지 않다. '노하우'(Know how)를 가진 전문가보다 어디에(Where) 성공할 수 있는 일이 있는지를 발견할 줄 아는 전문가가 훨씬 성공 가능성이 높은 사람이다. 성공한 많은 벤처인, 기업인들을 보라. 그들은 해당 분야의 최고 기술자가 아니다. 하나같이 트렌드를 정확히 읽고 그 기회를 놓치지 않은 이들이다.

광고를 통해 독자들에게 전달하고자 했던 메시지는 결국 다음과 같은 말일 것이다.

'최고의 영업은 고객에게 피해가 아니라 이익을 준다. 이익을 주기 위해서는 어떻게 해야 할까? 바로 물건을 절실히 필요로 하는 사람, 즉 물건을 팔 수 있는 사람을 발견하는 요령을 터득해야 한다. 그러기에 설득의 기술을 배우지 말고 오히려 목 좋은 곳을 알아차리는 발견의 기술을 배워라. 물건을 필요로 하는 사람들이 지나다니는 길목에서 물건을 팔 수 있는 능력이 있어야 최고의 장사꾼이다.'

이 광고는 우리가 믿어왔던 기본상식을 비틀며 한 층 더 높은 새로운 관점을 제시하고 있었다. 이 광고 글을 읽으면서 '혹시 사람들은 자신도 모르게 잘못된 신화를 진짜 신화처럼 믿고 유통시키면서 살아가고 있는 건 아닐까?'하는 생각을 했었다. 아마 그때부터 나는 세상의 수많은 '상식'들이 진짜가 아닐 수 있다는 생각을 하기 시작한 것 같다. 진리라고 철석 같이 믿거나 남들이 다 그렇게 해왔고 그렇다고 믿는 많은 것들이 실제로 그렇지 않을 수도 있다는 사실을. 과연 모두 '그래!'라고 생각하는 것, 누구나 의심 없이 믿는 것에 대한 상식을 깨려는 노력, 사물이나 인식을 새롭게 보려는 것들에 더 눈길을 보내려는 노력을 게을리 하지 말아야 한다는 주장은 옳은 것일까? 당연히 그렇다. 실제로 창의방정식이라는 진리검증의 도구를 활용하면 그동안 진리라고 생각했던 것들에 대한 의심은 매우 정당했다는 것을 명확하게 증명할 수 있다.

창의방정식은 보통 사람들이 믿는 드러나는 세상의 이면에 감춰져 있던 드러나지 않는 배후조종자를 찾을 수 있도록 돕는다. 드러나지 않는 배후조종자의 무대에 접근해야 진정한 진리를 포착할 수 있다. 그래서 창의방정식으로 세상을 보는 순간 창의적인 판단을 하게 된다. 다시 그 흥미로운 광고로 돌아가 보자.

(1) 기획의 성패는 치밀함에 있다.
(2) 영업기술은 상대방을 설득하는 능력에 있다.
(3) 성공하기 위해 해당분야의 최고 지식과 기술을 갖춰야 한다.

이 명제는 창의방정식으로 검증해 보면 고정관념의 메커니즘인 $y^1=ab$의 공식을 따르고 있다. 나의 목표설정과 노하우 중심으로 이루어져 있기 때문이다. 그렇다면 일단 합리적이고 상식적이어도 보나마나 이 명제는 가짜일 가능성이 높다. 여기에 두근두근이 없기 때문이다. 두근두근이 없다는 건, 배후조종자가 있다는 것이고 숨어있는 무대가 끊임없이 우리의 노력을 헛수고로 만들 수 있다는 사실을 간과하고 있기 때문이다.

그 뒤에 숨어있는 배후조종자 X는 무엇인가? 그것을 찾아내야 진짜 진실이 보인다. $Xy^n=ab$라는 창의방정식으로 드러나지 않는 무대 X를 포착하고 그 위에 y^n의 두근두근 새로운 조합을 포착하여 이겨놓고 승패를 가르는 것이다.

광고의 최종 목적이 무엇이었든 그 광고를 낸 사람은 남들보다 앞서서 창의적인 무대 X를 포착했던 사람임에 틀림없다고 생각한다.

사람들은 흔히 성공을 위해 엑스트라나 조연의 관점을 버리고 주연배우의 눈으로 상대배우나 엑스트라를 보라고 권한다. 우리는 여기에 환호한다. 그러나 이런 조언 역시 틀렸다. 진정한 참은 아니다. 여기에는 또 한 번의 반전이 숨어있음을 알아차려야 한다. 진짜 진리는 주연배우의 관점까지 거부하고 무대 전체를 보는 관점이다. 주연배우 역시 감독이 판정하는 '컷'의 대상일 뿐이다. X라는 배후조종자를 포착해 내는 것이 창의적인 관점이다. 창의방정식에서 y^1=ab로 보지 말고 Xy^n=ab로 봐야 진실에 접근할 수 있다.

만약 무대의 시선과 감독의 마음을 가진 주연배우라면 그 누구나 그의 노력을 되돌릴 수 없다. 창조에 이를 때까지 계속 가는 것이다. 상대배우가 아니라 무대를 보는 눈이 먼저이다. 창의방정식으로 전체를 봐야 내 앞에 보이는 것에서 찾아낸 가짜가 아니라 드러나지 않는 진짜 진리에 접근하게 된다. 치열하게 노력하는 사람보다, 먼저 무대를 장악해 판을 깔아 놓은 배후세력이 부의 대부분을 차지한다는 통찰을 우리는 단숨에 얻을 수 있다. 한 달 내내 밤낮없이 노력하면 도박꾼은 돈을 딸 수도 잃을 수도 있지만, 카지노는 언제나 막대하게 돈을 벌어들인다. 도박꾼이 더 큰 목표를 설정하고 더 노력하고 더 땀을 흘릴수록 진짜 환호하는 것은 카지노라는 사실을 알아차려야 한다.

창의방정식을 알면 우리는 우리 앞에 놓인 수많은 문제들, 예컨대 어떻게 기획을 해야 할지, 어떻게 영업할지, 어떻게 최고의 리더가 될지 등등 모든 질문에 대해 1초 만에 가장 창의적인 답을 구할 수 있다.

Think Again

진짜 꿈과 가짜 꿈

성공하려면 어떻게 해야 할까? 도전하고 노력해야겠지? 도전하고 노력하는데도 잘 안 되면? 목표를 세우고 계획을 쪼개 하나씩 실천하면 되겠지. 철저히 계획을 수립해 하나씩 실천했는데도 안 되면? 꿈과 목표가 없어서겠지. 꿈과 목표를 설정했는데도 잘 안 되면? 생생한 꿈을 꾸어야겠지? 생생한 꿈을 꾸어도 안 되면? 생생한 꿈을 주변사람들에게 많이 표현하면 되겠지. 생생한 꿈을 주변사람들에게 많이 떠들고 다녔는데도 안 되면? 아, 그건 네 노력이 부족한 거지. 아니, 정말 노력을 열심히 했는데? 그럼 뭐, 조상 탓이니 굿을 해보거나 열심히 기도를 해보던지! 그래도 안 되면? 긍정적인 정신 부족. 긍정적인 생각을 갖고 될 때까지 하면 되지.

인간은 갈 길을 잃었다. 멈추지 않고 지치지 않고 진리를 추적해 들어가면 우리의 믿음이 얼마나 허망한가를 금방 알 수 있다. 인간이 터득한 삶의 지혜는 사상누각이다. 꿈이라는 것이 대표적이다. 인류가 요즘처럼 '가짜 꿈' 홍수에 허우적댄 적은 없었다. 꿈이라는 단어는 분명 매력적이다. 성공한 사람들은 옆에서 관찰해 보면 실제로 대부분 그들에게 꿈이 있었고 목표가 분명했고 계획을 세워 열심히 실천했고 치열하게 노력했다. 그래서 마침내 이뤘다. 그런데 왜 나는 그렇게 꿈을 꾸는 데도 잘 안 되는 것일까? 무엇이 문제일까? 그 질문에 창의방정식은 이렇게 되묻는다. 진짜 꿈을 꾸었는가? 혹시 가짜 꿈을 꾼 게 아닌가?

가짜 꿈

y^1	=	a	b
나만의	꿈	계획	성취

가짜 꿈은 '전체'가 완전하게 세팅되지 않는 꿈이기 때문에 실패다. 무대 영역 안에 있는 모든 고려사항이 연동되지 않는 꿈이다. 무대의 위에 모든 요소들의 두근두근이 없는 꿈은 일단 불완전한 꿈이다. 불완전한 건 전체가 아니다. 전체가 아니면 일단은 가짜 꿈이고 창조에 무수한 방해물이 나타난다. 그만큼 실패확률이 높아진다.

창의방정식에 대입해 보면 우리가 진리라고 믿는 대부분의 꿈이 실제로 잘못 설정된 불완전한 꿈이라는 사실을 알 수 있다. 흔히 우리가 '꿈(=1)'이라고 믿는 그것 앞에 더 많은 요소들이 고려되어야 한다. 그것은 y^n이고, 또 그 앞에 무대 X이며 그것들과 미리 친해두거나 사전 결재를 받아두어야 한다. 결국 성취를 창조해 낼 수 있는 꿈은 이전에 X라는 무대가 있고 그 무대 위에 모든 핵심요소들이 두근두근 y^n으로 조합되어 나온 진짜 꿈이라야 한다.

- 가짜 꿈 : 그냥 내 꿈, 생생하게 꾸는 꿈, 사람들에게 말하고 다니는 내 꿈, 나 중심의 꿈꾸기 편한 꿈! 두근두근 조합이 되지 않는 꿈!

- 진짜 꿈 : X라는 무대가 있고 그 무대 위에 모든 핵심요소들이 두근두근 y^n으로 조합되어 나온 꿈. 어렵지만 무대의 진리가 제시하는 꿈!

우리가 지금까지 쉽고 편하고 자기중심적인 '가짜 꿈'에 매달려 왔던 것은 아닐까? 왜냐하면 성취한 사람들의 꿈은 실제로는 가장 먼저 X라는 무대가 있었고 그 무대 위에 y^n으로 조합되어 나온 꿈이었지만 우리 눈에 비친 꿈은 그냥 꿈이었고 그 꿈에 대한 계획과 실천이었기 때문이다. 그 결과 우리는 보이는 부분만 취하여 모방하려 했던 것이다.

가짜 꿈에 현혹되지 말아야 한다. 대신 진짜 꿈을 발견할 수 있어야 한다. 그런 저런 꿈이 삶의 동기부여나 활력소가 될 수는 있겠지만, 당신이 뭔가를 절실하게 성취하고자 한다면 반드시 무대를 읽고 그 무대 위에 모든 핵심요소들이 두근두근 조합되어 연동되는 '진짜 꿈'을 꾸어야 가능하다.

진짜 꿈

X	y^n	=	a	b
무대	두근두근 조합	꿈	계획	성취

꿈을 성취하기 위해 반드시 절차가 필요하다. 무조건 도전해야 한다. 잘 도전하기 위해서는 사전에 치밀한 계획이 있어야 하고 계획이 있기 위해서는 사전에 구체적인 꿈과 목표가 있어야 한다. 그러나 그 꿈과 목표는 그저 막연한 꿈이나 목표, 혹은 그럴듯한 생생한 꿈 따위가 아니다. 당신이 딛고 있는 무대 위에 두근두근거리는 두 요소가 조합돼서 튀어나온 전략적인 진짜 꿈이나 목표여야 한다. 그런 두근두근 반응된 꿈이어야 성취의 창조로 내달릴 수 있게 된다. 같은 꿈이지만 같은 꿈이 아니다. 가짜와 진짜가 분명히 있다.

- 가짜 꿈 : 그 꿈에 두근두근 조합이 전제되지 않음.
- 진짜 꿈 : 그 꿈에 두근두근 조합이 전제되어 있음.

성취를 창조하려면 가짜 꿈이 아니라 진짜 꿈을 꾸어야 한다. 가짜 꿈을 꾸는 건 너무 쉽다. 내 생각의 꿈이기 때문이다. 그냥 지금 당장 내 뇌가 지시하는 '나'만 연동된 꿈을 생생하게 꾸면 된다. 목표를 정해 손에 잡히듯 그리면 된다. 꿈을 사람들에게 말하고 다니면 된다. 그런데 정말 꿈꾼다는 게 그렇게 호락호락한 일일까? '그냥 꿈꾸면 성공할 수 있어!'라고 은근슬쩍 넘겨도 좋은 것일까?

우연히 두근두근한 꿈을 생생하게 그리고 말함으로써 꿈을 이룰 수는 있다. 그러나 가짜 꿈에서 출발하면 당신은 열심히 노력해도, 아무리 생생하게 그려도 실패 확률을 낮출 순 없다. 두근두근 조합이 안 된 무대는 당신과 입장이 달라 당신이 꿈을 성취하려는 순간 지금까지의 모든 노력을 무효화시킬 수도 있다.

그런 꿈을 꿀 순 없다. 더 진지하고 치열해야 한다. 더 깊이 있게 파고들어야 한다. 얼렁뚱땅 슬쩍 넘어가지 말아야 한다. 보이지 않는 무대가 보이는 무대가 될 때까지 읽어내야 하고 그 무대 위에 나의 모든 요소들을 올려 세우고 나와 반응할 요소들을 두근두근 조합으로 이끌어내는 꿈이어야 한다.

실패하는 꿈 : 성취한 사람들을 보고 그들처럼 그냥 꿈을 정하고 하나씩 실천했다. 그냥 꿈은 늘 노력, 열심 등의 단어와 한 세트로 붙어 다닌다.

성취하는 꿈 : 무대의 두근두근 조합이 전제되어 나온 꿈을 하나씩 실천했다. 창의, 바른 방향, 무대세팅, 효율, 적합 등의 단어와 한 세트로 붙어 다닌다.

진짜 꿈에서 출발해야 성공확률이 높아진다. 사전에 두근두근 조합이 된 무대 위에서는 결코 당신의 노력을 배신할 안티요소는 없다.

그게 진짜다. 그러나 현실은 온통 가짜 꿈 판매자들 뿐이다. 눈을 돌리고 귀를 열고 수많은 자칭 전문가들이 달콤한 속삭임으로 유혹한다. 무작정 꿈꾸라고 외치고 더불어 그 꿈을 위해 노력하라고 주문건다. 그건 깊이 파고들면 '최고가 될 수 있는 머슴이 되라'는 이야기일 수도 있다. '인정받는 머슴의 자세를 가지라'는 메시지다. 아주 위험하다. '열심히 꿈꾸고 노력하여 최고의 머슴이 되라'고 하는 가짜 꿈을 파는 이들을 경계해야 한다.

가짜 꿈을 전파하는 이들을 경계하는 대신 우선 당신의 무대를 세팅하여 진짜 꿈을 찾으라는 이들과 함께 해야 한다. 진짜 꿈은 스스로 무대를 발견하고 그 무대의 주인으로서 무대를 설계하고 세팅하라고 주문한다. 일단 뭔가를 시작해야 한다면 무대의 주인 자격으로 서야 한다. 무조건 무조건이다.

오직 창의방정식의 공식대로 꿈을 꾸어야 그게 진짜 꿈인 것이다. 드러나는 것에 현혹된 가짜 꿈이 아니라 보이지 않는 것에서 출발할 수 있는 진짜 꿈을 찾기 위해 당신은 창의방정식을 알고 있어야 한다. 창의방정식은 세상에 난무하는 가짜 꿈과 진짜 꿈을 단숨에 판별해 주기 때문이다. 늦더라도 진짜 꿈을 꾸라.

Think Again

노력을 거부하는 게 창의성

노력의 반대말은? 아마 대부분의 사람들은 노력의 반대말을 물어보면 '노력하지 않음=공짜로 바라기=게으름'이라고 답할 것이다. 노력하면 1개 얻을 것을 2개로 늘릴 수 있고, 거기서 더 노력하면 3개 얻을 것을 4개 얻을 수 있다. 노력하지 않으면 아무것도 얻을 수 없다. 연습하지 않고 땀 흘리지 않고서는 그 어떤 것도 창조해낼 수 없다. 모든 성공에는 노력이 있다. 그렇다. 분명 노력은 중요하고, 노력하는 게 필요하다. 노력은 분명 성공의 정답이다. 그러나 그저 그런 식으로 '노력'의 중요성만 강조하는 것이 현명한 생각일까? 우리는 더 다양한 관점에서 더 치열하게 노력의 다른 측면을 파고들어 보아야 한다.

노력을 더하고 덜하고의 문제는 덧셈과 뺄셈의 영역이다. 그러나 세상은 곱셈과 나눗셈도 있다. 바로 창의의 영역이다. 쉬운 문제는 덧셈과 뺄셈으로 해결되지만, 복잡한 문제를 풀려면 무조건 곱셈과 나눗셈부터 먼저 해결해야 한다. 곱셈과 나눗셈은 더 무수한 것들과 링크되어 있기 때문이다.

노력하면 성공한다. 이런 믿음으로도 그럭저럭 사는 데는 아무 지장이 없을 것이다. 그러나 새로운 것을 창의하고 기존에 없던 것을 창조하고자 한다면 이런 믿음은 우리를 배신한다. 우선 우리는 세상을 두근두근 하나로 연동시키는 핵심 전략을 찾아내야 한다. 그런 후에야 그 핵심 전략에서 뿜어져 나오는 노력의 날개를 달고 비로소 성과를 향해 비행할 수 있다. 이것은 더하기 빼기를 하기 전에 곱하기 나누기를 먼저 해야 하는 것과 같은 의미다. 세상의 진짜 모습은 연동된 곱셈(나눗셈)의 세계가 홀로 선 덧셈(뺄셈)의 세계를 지배하는 구조로 설계돼 있기 때문이다. 덧셈(뺄셈)은 곱셈(나눗셈)의 지배를 받듯 노력하는 자는 창의하는 자의 지배를 받을 수밖에 없다.

그렇다면 우린 생각을 다르게 해야 한다. 노력의 반대말이 '노력하지 않음=공짜 바라기=게으름'이라고 생각하는 조직, 그런 믿음을 가진 사람들이 많을수록 창의적인 사회와 거리가 멀어진다. 왜냐하면 그런 사람, 그런 사회가 내놓을 수 있는 가장 좋은 답은 '노력하라!'밖에 없을 테니까 말이다.

그럼 노력의 반대말은? 정말 가치 있는 진정한 답은 바로 '창의'다. 아니, 반드시 창의여야 한다. 그렇게 답해야만 우리는 더 높은 가치의 창조 작업을 완성해낼 가능성이 높아진다. 창의방정식에서 풀어 보면 'a'의 반대말은 'a가 아니다'라고 간단하게 생각할 수 있다. 하지만 실제로 a라는 결과의 반대말은 그 결과에 이르도록 하는 창조의 근원 X가 돼야 한다. 그래서 '노력하지 말고 먼저 창의하라'고 요구하는 사회, 그런 믿음을 가진 사람들이 창조와 혁신을 만든다.

창의방정식은 '먼저 창의한 후 나중에 노력하라!'고 길을 제시한다. 엄밀히 말하자면 일사불란해야 할 상명하복의 수직구조에서 가장 적합한 개인의 덕목은 틀에서 벗어나지 않고 열심히 노력하는 것이다. 이때 노력의 반대말은 절대적으로 게으름이나 현실안주이다. 그러나 창의수평 구조에서 개인의 덕목은 끊임없이 틀을 깨는 것이고 노력하기에 앞서 기존과 다른 무대를 창의하는 것이다. 이때 바로 노력의 반대말이 창의가 된다.

산업의 생산성을 높이는 수직구조의 시대는 이제 남과 다른 창조가 더 큰 생산성을 높이는 수평구조 시대로 완전히 변했다. 무작정 도전하고 무작정 노력하는 것도 여전히 의미 있지만 그럴수록 창조적인 세계로 들어갈 가능성은 점점 낮아진다. 그러나 먼저 창의하기만 하면 저절로 비전과 가슴 뛰는 목표가 생기고 열정이 샘솟으며 미친 듯이 노력하고 도전하게 된다. 이게 꿈을 이뤄내는 창조 프로세스의 진리다.

a→b의 세상은 '노력'의 세상이고, Xy^n은 '창의'의 세상이다. Xy^n라는 '창의'가 전제되면 그 다음 a→b의 '노력'은 저절로 따라온다.

$Xy^n = ab$

창의 → 노력

노력의 반대말이 '게으름'이라고 여기면 창의할 수 없다. 그러니 실제로 '노력'의 반대말은 '창의' 밖에 없다. '노력하지 말고 먼저 창의하라!'만이 참인 명제가 된다.

전 세계에서 가장 열심히, 가장 많은 시간동안 일하는 곳이 대한민국이라고 한다. 열심히 남들보다 더 노력하고 살아가는데 더, 더, 더 노력하라고 외친다. 게으름이 성공하지 못하는 이유라면서 말이다.

그러나 대부분의 사람들은 주어진 삶과 과제에 대해 열심히 노력하면서 살아간다. 무위도식하고 게으른 사람들도 더러 있겠지만 대부분의 사람들은 최선을 다하며 하루하루 치열하게 살아가고 있다. 어쩌면 진짜 실패의 이유는 '게을러서'나 '노력하지 않아서'가 아닐 수도 있다. 우선 창의하지 않았기 때문일 가능성이 훨씬 더 높다. 창의하지 않았기 때문에 노력이 물거품이 되거나 남 좋은 일로만 귀결되는 것이다.

우선은, 노력하지 말라. 먼저 창의에 더 많은 에너지를 투여해야 한다. 창의한 다음에는 저절로 노력하게 돼 있다. 저절로 신명나게 즐길 수 있고 열정적으로 변한다. '창의'가 우선, '열심히'가 뒤다. 첫 단추를 잘 끼우면 뒷일은 일사천리다. 그러나 첫 단추를 잘못 끼우면 그 다음은 아무리 노력해 봐야 모두 헛수고가 된다. 수고로움은 아무런 의미도 없이 무효가 되고 처음부터 다시 시작해야 한다. 그런 미련한 짓을 하지 않도록 사전에 제대로 세팅해 놓자는 게 창의성이다.

물론 첫 단추를 찾지 못했다면 무작정 노력해 보는 수밖에 다른 방법이 없다. 이리저리 단추를 끼워 보는 것이 최선이다. 창의할 수 없다면 노력밖에 답이 없다. 영생을 얻어 무한한 시간이 주어졌다면 노력만 하면서 살아도 무방하다. 그렇지 않다면 우선은 치열하게 창의를 선택해야 한다.

인생의 무대 위에 짜릿한 만남으로 새로운 것을 창의하면 운명이 하룻밤 사이에 바뀌고 1만 시간이든 2만 시간이든 지치지 않고 모든 에너지를 쏟아 부을 수 있게 된다. 이건 이미 노력이 아니다. 즐기는 거다. 자신의 운명을 결정짓는 두근두근 새로운 만남이 1만 시간으로 이어져 성공하는 것이지, 1만 시간의 노력 자체가 성공을 보장하는 건 아니다. 창의방정식으로 해석하면 '1만 시간의 법칙'은 전형적인 모션사고의 오류다. 오류를 포함하는 노력은 언제든 나중에 무대가 판을 엎는다.

창의방정식을 모르면 유일하게 할 줄 아는 게 '노력' 뿐인 것이고 인생에서 게으름을 피울 권리가 완전히 봉쇄된다. 창의방정식을 모르면 노력의 반대말을 엉뚱하게 '게으름'으로 생각한다. 그러니 실패한다면 오직 자기의 게으름 탓만 할 수 밖에 없다.

반대로 창의방정식을 알면 새로운 운명과 만나게 되고 두근두근 창의할 줄 알고 열정이 솟고 노력하게 되며 언제나 게으름을 피울 권리가 생긴다. 창의로 갈지, 노력으로 갈지 선택해야 한다.

깊은 산에 갇혔다고 생각해 보자. 그리고 그 절망의 순간, 인류가 진리하고 믿는 흔한 노력의 조언을 들어 보자.

"여기서 생존하라. 그러기 위해서는 결코 포기하지 말라, 노력하라. 잘못 길을 들어서거나 한자리에서 뱅뱅 돌더라도 무조건 노력하라. 게으름 피지 말라. 죽는다. 100%중 단 1%의 확률이라도 생존율을 높일 수 있게 된다. 내일 다시 확률 0%, 모레도 0% 어떤 생존 가능성도 보장할 수 없지만 그럼에도 불구하고 노력하라. 부딪쳐라. 실패를 경험하더라도 좌절하지 말라. 열정을 가져라."

훌륭한 조언이다. 그런데 과연 그런가? 용기가 불끈불끈 솟구치나? 없던 열정이 생기나? 물론 반짝 도전정신이 불타오를 수도 있다. 그러나 돌아서면 허망하고 무모한 말들이다. 이것을 받아들이는 순간 매일매일 0%를 위해 그저 노력하는 수밖에 다른 수가 없다. 물론 그 노력은 매일 보이지 않는 무대에 갇혀 되돌이표질을 당할 수도 있다.

분명 반대의 방향도 있다는 거다. 노력하지 말자는 게 아니라 창의의 방향으로 가자는 거다. 노력의 반대말이 창의라고 믿는 순간, 창의방정식은 다음과 같이 새로운 탈출구를 제시한다.

"여기 이 산을 벗어날 나침반이 있다네."

그리고 끝이다. 더 할 말도 없다. 그저 나침반 하나를 받아드는 순간 저절로 생존을 위해 도전하게 되고 결코 포기하지 않게 된다. 저절로 노력하게 된다. 열정이 샘 솟는다. 이 나침반을 따라 가면 내일 이 산을 벗어나지 못하더라도 생존의 성공 확률은 1%로 상승하고 모레는 2%, 그렇게 실패가 거듭될수록 성공 확률은 오히려 더 증가해 포기하지 않는 한 반드시 생존 확률 100%에 도달한다. 반드시 생존한다는 사실을 알고 나서는 것이다. 창의의 방향은 노력이 아니라 나침반을 선택하는 일이다. 그 나침반은 바로 창의방정식이다.

노력하라. 물론 때에 따라 필요한 조언이다. 이미 사전에 창의가 완전히 세팅된 일이라면 그 다음에 완성하기 위해 끊임없이 노력하는 수밖에 없다. 일단 싸움이 붙은 뒤라면 모든 것을 바쳐야 한다. 임전무퇴 정신이 필요하다.

그러나 창의방정식은 '노력하면 성공한다'는 조언을 너무 조급하게 믿지 말라고 안내한다. 왜냐하면 Xy^n만이 ab에게 '목표를 설정하고 끊임없이 노력하라'고 말할 수 있다. 이는 주인이 하인에게 하는 말이기 때문이다. 이미 성공한 사람만이 "노력해서 성공했다. 노력하라"고 말할 권리가 생긴다. ab가 '노력'을 덥석 받아들이는 순간, 의무만을 선택하겠다는 긍정의 표시다. 권리를 얻을 기회 대신 의무만 다하겠다는 데 그냥 모른 척하고 내버려 둘 부모가 과연 있을까? 노력할 의무 말고 '노력하라'고 말할 권리를 얻으라는 게 창의방정식이 제시하는 신의 마음이다.

뭔가 어색하고 애매하다면 일단 거부하고 보아야 한다. 당연하다고 생각되는 것들을 의심해 보아야 한다. ab를 거부하고 일단은 Xy^n이 되겠다는 욕심을 부려 보아야 한다. 노력을 거부하고 창의하겠다는 용기가 필요하다. 그게 창의방정식이 던지는 충고이기 때문이다.

Think. Again

창의적? 뭐가 기준인데?

신기한 사과가 있다. 기존에 없던 사과다. 사과라는 무대 위에 빨간색 유전자 반쪽과 푸른색 유전자 반쪽이 각각 절반으로 두근두근 조합되어 한 개의 빨강파랑 반반의 사과가 됐다. 우연한 유전자 조합으로 신기한 사과가 실제로 달린 것이다. 창의방정식($Xy^n=ab$)에 의하면 창의적인 것은 어떤 무대에 다양한 요소가 오르고 그 요소들이 조합되어 하나가 되는 프로세스를 거친 사과다. 그 하나의 핵심이 모양을 갖춰 새로운 창조물로 탄생하는 것이다.

사과 유전자 무대 → 빨간 사과 유전자 + 파란 사과 유전자 → 빨 · 파 사과 여기서 핵심은 서로 다른 핵심요소가 두근두근 조합되어 하나가 된다는 점, 2개 이상의 핵심요소가 만나 하나가 되는 것이다. 이것이 창의성의 핵심이다. 그러다 보니 창조적인 모든 것에는 필연적으로 무대 X 위에 $y^n=1$이 들어 있다. 그렇다면 결국 모든 창의성에는 반드시 1타2피가 있다는 사실을 포착할 수 있다. 그러니까 어떤 결과물에 1타2피가 보이면 그것은 창의적일 가능성이 높다는 증거다.

- X 안에 y^1이 있다면? 불완전하고 창의적이지 않음.
- X 안에 y^1, y^2가 각각 만나지 않고 떨어져 있다면? 그래도 두근두근 새로운 조합이 없기 때문에 창의적이지 않음.
- X 안에 y^1, y^2가 서로 만나 두근두근 반응하여 하나로 조합됐을 때 창조로 이어지므로 창의적임.

길 가는 저 잘생긴 남자는 창의적인가? 창의적이지 않다. 옆에 있는 멋진 여자와 조합을 이뤘을 때는 두근두근 창의적이다. 아름다운 그림은 창의적인가? 창의적이지 않다. 멋진 그림과 그를 감상하는 멋진 사람의 눈빛이 두근두근 강렬하게 반응하는 순간 창의적인 풍경이 된다.

같은 무대 위에 2개 이상의 핵심요소가 하나가 되는 것들! 그러면 그 조화를 거쳐 비로소 창의적인 것으로 변한다. 그런 통찰력으로 세상을 보는 순간, 어떤 것이 창의적이냐 아니냐를 순식간에 간파해 낼 수 있다.

① 난자와 정자가 조합돼 착상하여 하나가 되면 새로운 생명이 창조된다. 물론 모든 아기의 탄생은 창의적이다.

② 박지성 선수는 '멀티 플레이어'다. 부여받은 포지션 임무와 지칠 줄 모르는 체력으로 빈 공간을 지배하는 두 요소가 조합돼 '1인 2핵심선수'로 경기장을 누비니 기존에 없던 독특한 캐릭터가 창조된다. 박지성은 창의적이다. 그래서 활용가치가 높다.

③ 영남대 슬로건은 'Y형 인재' 육성이다. Y형 인재란 영남대의 머리글자인 'Y'와 넓고 깊은 지식을 갖춘 인재를 뜻한 'Y'의 두 의미를 조합해 하나가 되었으니 창의적인 슬로건이다. 하나(Y형 인재) 속에 두 개의 의미(영남대형 인재+넓고 깊은 전문지식을 갖춘 인재)가 동시에 들어 있기 때문이다.

④ 창의적인 광고에는 자사브랜드 가치와 대중 공감 요소라는 이중적인 메시지를 하나의 광고에 조화롭게 담고 있다. 하나인 것 같지만 자세히 분석해 보니 두 가지 의미가 들어있기 때문에 그런 광고는 창의적이다.

⑤ 삽질 100번보다 포클레인 1번이 더 창의적인 이유는 삽질 100번의 요소가 포클레인 1번에 담겨져 있기 때문이다. 1타100피니까 창의적이다.

⑥ 스티브 잡스의 아이폰이 창의적인 이유는 수많은 기능들을 터치 하나 속에 집어넣었기 때문이다.

⑦ 워크맨이 창의적인 이유는 음악과 이동성이라는 두 요소를 하나에 집어넣었기 때문이다.

⑧ 파도나 태양을 본래 가치와 함께 친환경의 요소까지 두근두근 조합시켜 전기 하나에 집어넣었다면 풍력과 태양광전지는 창의적인 신에너지다.

⑨ 연필이랑 지우개를 하나 안에 잘 조합하여 집어넣었으니 지우개 달린 연필은 창의적인 발명품이다.

⑩ 다양한 연들을 얼레 하나로 통제하여 동시에 날게 할 수 있게 만들었다면 창의적이다.

⑪ 여러 개 구슬을 실 하나로 꿰어 낸 목걸이를 만들었다면 창의적이다.

⑫ 공 하나로 10개의 핀을 한꺼번에 쓰러뜨렸다면 창의적이다. 볼링에서 이 창의적인 현상을 '스트라이크'로 이름 붙였다.

⑬ 돌 하나를 던져서 두 마리의 토끼를 잡았다면 창의적이다.

⑭ 자신의 일도 잘하고 후배들도 잘 가르치는 상사는 창의적이다. 그래서 월급이 더 많다.

⑮ 한번 일을 해서 10가지 문제를 동시에 두근두근 해결할 수 있다면 창의적이다.

⑯ 메시지와 재미있는 코믹을 한 종이에 조합해 담았다면 창의적인 캠페인 광고가 된다.

⑰ 100가지 문제를 하나의 콘셉트로 엮어 해결점을 제시한다면 창의적인 기획서이다.

⑱ 안경도 되고 머리에 꽂는 비녀도 될 수 있다면 창의적인 안경디자인이다.

⑲ 음악이나 미술에 아동심리 상담을 조합하였다면 창의적이다.
⑳ 과거의 정보, 현재의 정보, 미래의 정보가 새롭게 조합돼 머릿속에 번쩍 떠올랐을 때 우리는 이 아이디어를 '영감'이라고 부른다.

우리가 "우와, 이거 진짜 창의적인데!"라고 생각하는 모든 것을 가만히 뜯어보면 거기에는 대부분 1타2피가 들어 있다. 창의적인 것 안에는 두 가지 이상의 요소가 조화롭게 결합돼 하나의 모습을 하고 있다. 특히 그 결합적 요소가 의외일수록 더 창의적이라고 사람들은 인식한다. 이를테면 어떤 요소와 어떤 요소가 조합돼서 하나가 됐으며 그 요소가 남녀처럼, 음극과 양극처럼, 양자택일이나 모순관계처럼 극단적 요소일수록 그 관계를 극복하는 하나의 콘셉트로 조합될 때 더 창의적인 창조가 이루어지게 되는 것이다. 창조 프로세스를 이해하는 순간, 창의적인 작품이냐 아니냐의 판단은 너무나 쉽다. 판단은 간단하다. 예컨대,

1) 작품에 두 가지 이상의 요소가 하나로 조합돼 있지 않으면 일단 창의성에서 Out!
2) 두 가지 이상의 요소가 조합해 완벽한 하나로 거듭나면 OK!
3) 서로 모순관계인 두 가지 요소를 조합해 완벽하게 하나로 공존시킬 수 있으면 Good OK!
4) 서로 모순관계인 두 가지 요소를 조합해 완벽하게 하나로 공존시킬 수 있으면서 세상을 변화시키고 크게 영향력을 끼치면 대박 OK!

그렇다면 거꾸로 창의적인 작품을 스스로 만들려면 어떻게 하면 될까? 이 역시 간단한 문제이다. 어떤 특정한 무대 위에 서로 다른 요소들을 올려놓고 두근두근 새롭게 조합하여 하나로 만들면 된다. 이것과 저것을 하나로 조합하기, 안의 것과 밖의 것을 하나로 조합하기, 현재와 과거의 기억을 하나로 조합하기. 서로 다른 분야를 하나로 조합하기 등 생각의 퍼즐을 맞추는 방식으로 맘껏 창의해 볼 수 있다.

1) 작품에 두 가지 이상의 요소를 하나로 조합시켜라.
2) 두 가지 이상의 요소가 조합해 완벽한 하나로 통제되는 아이디어나 작품을 만들어라.
3) 서로 모순관계인 두 가지 요소를 조합해 완벽하게 하나로 공존시킬 수 있게 하라.
4) 서로 모순관계인 두 가지 요소를 조합해 완벽하게 하나로 공존시킬 수 있으면서 세상에 영향력을 많이 끼치게 하라.

이런 창조 프로세스의 절차를 거치면 창의적인 작품을 만들 확률이 급격히 높아지게 되는 것이다.

Think Again

창의교육이 실패하는 이유?

자녀를 창의적인 아이로 키우고 싶은 것은 모든 부모의 소망이다. 그러다 보니 요즘 어디가든 창의교육이 유행이다. 그런데 창의교육이라는 것을 가만히 들여다보면 미술, 음악, 만들기, 독서, 체험 등에 '창의'를 하나 더 붙여 놓은 글자놀이에 불과한 느낌이다. 만들고, 오리고, 붙이고, 맞추고, 체험하고, 그렇게 오감을 강화시키는 것과 창의성이 정말 관련이 있는 것일까? 물론 교실의 획일적인 교육보다 100배 낫겠지만, 그런 교육이 창의성을 기른다는 보장은 어디에도 없다.

창의교육에 근접해 있다고 생각되는 외국의 한 초등학교로 가 보자. EBS에서 방송된 창의성 관련 방송에 소개된 영국의 벌스티드 초등학교에서 재미있는 수업이 한창이었다. 이 학교의 창의 커리큘럼은 교사의 생동감 있는 연극 같은 수업으로 논리, 추론 수업으로 이어지며 또다시 미술, 음악, 불어수업까지 연결되어 하나의 수업 안에 여러 교과목을 통합하여 다양한 생각들을 결합시키는 구조로 되어 있었다.

수업을 진행 중이던 교사는 인터뷰에서 "아이들이 자신이 원하는 공부를 자신이 원하는 방식으로 스스로 찾아서 할 때야말로 아이들의 창의성은 높아진다. 목표는 학생들이 자유롭게 정하는 것으로 자기만의 학습방식을 이용해 배우게 하는 것이다"라고 소개했다. 교사의 말에는 분명 '창의교육'에 필요한 키워드들이 들어있다. 바로 '원하는 것을', '스스로', '자유롭게'이다.

이런 키워드를 종합해 보면 창의교육은 우리 교육과는 상당히 거리가 멀다. 일면에서는 선생이 학생을 가르치지 않는 것과 같다. 그렇다고 무작정 아무것도 가르치지 않는 '방임'을 의미하진 않는다. 창의의 길, 창조의 프로세스는 명쾌하게 제시해 주어야 한다. 교사가 가르치지 않으면서도 창의성의 길을 정확하게 제시해 주는 것, 그것이 바로 창의교육인 셈이다.

다소 어렵다고 느낄 수 있지만 창의방정식으로 풀어 이야기하면 훨씬 이해하기가 쉽다. 교사는 창의방정식을 아이들에게 알려 주고 아이들은 그 방정식을 활용하여 스스로 자신이 원하는 것을 자유롭게 적용해 '전체'를 세팅해 보도록 지도하면 된다. 아이들의 머릿속에 창의방정식을 심어놓고 창조가 이루어지는 그 프로세스를 경험시켜 주는 것이 바로 창의교육인 것이다.

정리하면 창의교육이란 첫째, 교사가 아이들에게 창의방정식을 가르치고 둘째, 교사는 완성된 창조가 이루어지는 프로세스를 직접 포착하는 경험과 연습할 수 있는 교육의 가이드라인을 제공하고 셋째, 아이들은 창의방정식을 통해 스스로 무대를 세팅하여 직접 식에 다양한 값을 대입해 보면서 완성된 창조를 만들어내도록 하는 것이다.

이제 획일교육과 창의교육의 차이점은 분명해졌다. 획일교육은 교육자가 모든 것 혹은 많은 영역을 다 세팅해 놓고 그 만들어놓은 문제, 상황, 무대 위에서 학생들은 단지 교육자가 제시한 목표나 미션을 수행해 나가는 역할을 떠맡는 것이다. 이럴 경우 아이들은 창조의 전체 프로세스를 경험하지 못하고 일부분만을 반복적으로 경험하게 되므로 아이들 스스로는 결단코 새로운 것을 창조할 수 없게 된다.

결국 'Xy^n='의 영역을 스승의 역할로 규정하고 있다는 게 한국의 창의교육을 방해하는 요소다. 스승이 문제를 찾고 문제를 정의하고 문제를 내는 역할을 맡고 학생은 문제를 잘 풀고 답을 구하는 역할을 담당한다. 부모 역할도 마찬가지다. 부모가 과도하게 자녀에게 개입한다. 지나치게 지시하고 가르치고 챙기고 대신 판단하고 결정한다. 'Xy^n='의 영역을 마구 침범한다. 경쟁과 속도의 영역인 '=ab'만 하는 자녀가 단기적인 성과를 내는 것에 흐뭇해한다.

아이들은 창조의 전체가 아니라 노력, 반복, 암기, 노하우, 문제해결의 영역인 드러나는 부분에 집착하게 된다. 장기적으로 창의의 실패다. 우리교육의 현 주소다.

반면 창의교육은 아이들이 창조의 전체프로세스를 스스로 결정하고 판단하게 함으로써 창조의 근원을 탐구하고 문제를 스스로 정의하며 그 이유와 동기로부터 목표를 설정한 후 이를 수행해 끝내 결과를 창조해 내는 전 과정을 거치게 하는 것이다. 이런 전체 창조과정을 반복적으로 경험한 아이들은 창조의 프로세스 전체를 이해하게 된다. 창조의 패턴과 과정을 통찰하게 된다. 아이들은 어느 순간부터 스스로 창조의 무대를 세팅하고 스스로 새로운 문제를 정의하며 기존과 다른 것을 창조할 수 있게 된다. 창의적인 아이가 되는 것이다.

서울대 공예학부 초빙교수 기데온 로위는 한국에서 창의교육이 안 되는 이유를 다음과 같이 분석하고 있다.

"한국과 같이 유교적 사상이 지배하고 있는 사회는 새로운 사고를 한다는 개념 자체가 어렵다. 어린 학생들이 교수의 의견과 다르게 생각하는 것을 권위주의와 통제로 막고 있다. 그래서 이런 과정을 거친 젊은이가 창의적인 사고를 하기란 거의 불가능에 가깝다."

기데온 로위 교수는 한국 창의교육의 미래를 부정적으로 봤다. 유교적 사상이 지배하는 것을 원인으로 지목했기 때문이다. 사상과 문화가 창의성을 가로막는다고 분석한 것이다. 사실 유교적 지배라고 모호하고 숙명적인 결과인 것처럼 설명했지만 본질은 '스승의 역할범위와 학생의 역할범위'가 잘못 세팅된 것이다.

그러니 해결책은 의외로 간단하다. 그냥 아이들 스스로 문제를 찾고 발견하고 정의한 후(Xy^n=) 다시 스스로 이 문제의 답을 찾고 해결해 나가는(=ab) 전 창조 프로세스를 경험할 수 있는 교육프로그램을 만들면 오늘부터 당장 창의교육이 가능하다.

그러자면 반드시 문제를 내고 정의하는 스승과 부모의 역할을 줄이는 게 맞다. 이는 EBS 창의성 실험에서도 증명되었다. 초등학교에서 한 반에는 재료와 주제를 각자 선택하게 하였고 다른 반에는 재료를 선생님이 직접 나눠 주었다. 그 후 쉬는 시간을 주고 지켜보았는데 자신이 재료를 선택한 아이들은 쉬는 시간에도 자기 작품을 만드느라 열중했고 다른 반 아이들은 자기 작업에 별다른 열정 없이 노느라 바빴다. 결과 역시 자신이 스스로 재료와 주제를 선택한 아이들의 작품이 훨씬 더 다양한 아이디어들을 적용했고 창의적인 표현이 많았다.

이 실험의 결과가 말하는 것은 무엇일까? 창의교육의 핵심은 창조과정의 전체에 참여하느냐, 일부분에 참여하느냐에 달려있다는 것을 말해 준다.

창의교육은 다른 사람이 혹은 선생님이 만들어준 문제에 답을 찾는 것이 아니라 학생이 스스로 생각하여 문제를 만들고 정의하는 것이다. 그 과정이 동기부여와 에너지를 생성해 주며 다양한 요소와 새로운 요소들을 조합해 기존과 다른 관점으로 세상을 바라보게 만들어 준다.

새로운 창조 작업을 완성해 내는 전체 절차를 직접 밟아봄으로써 하나의 창조과정의 패턴을 인식하게 되고 결국 그림, 공부, 아이디어, 광고, 디자인, 기획서, 숙제, 보고서, 비즈니스 등 다른 영역에서도 이 창조의 프로세스를 적용해 자신이 직접 새로운 것들을 창조해낼 수 있게 만들어 준다. 이런 아이들은 커서 무에서 유를 창조할 수 있는 혁신적인 사고를 할 가능성이 높아지게 되는 것이다.

획일교육은 누군가 제시한 목표나 주어진 과제, 혹은 기존에 존재하는 문제에 기계적으로 즉각 답하도록 만든다. 그러나 남이 지시하지 않거나 문제를 주지 않거나 기존과 다른 문제가 발생했을 때는 속수무책이 된다. 당연히 수동적인 아이로 성장할 가능성이 높다.

창의교육은 어떤 분야든 이전에 한 번도 경험하지 못했거나 기존에 존재하지 않았던 문제까지 스스로 찾고 발견하고 문제를 정의하고 통제하여 그것을 창의적으로 해결할 수 있게 한다. 자신의 재능과 끼와 환경을 토대로 스스로 핵심 전략인 진짜 꿈을 선택한 아이들은 그 꿈을 이루기 위해 도전하고 성취하면서 행복과 창조물을 동시에 얻는다. 그런 과정을 통해 적극적이고 창의적인 아이로 성장하는 것이다.

이런 측면은 가르치지 않는 게 창의교육이라고 말하는 일부 교육 전문가들의 이유 있는 항변으로 이어지기도 한다. 이들의 주장을 대변하는 연구결과도 있다. 실제로 심리학자 '아이젠슈타트'는 혁신가 699명을 연구했다. 놀랍게도 그들에게 나타나는 공통적인 혁신의 저력은 조실부모였다고 한다. 아이들이 보다 덜 관리 받는 동안 모든 일을 처음부터 끝까지 스스로 결정하고 판단했다. 자기 결정적이고 자기주도적인 선택의 경험들이 쌓여 혁신의 근본이 되었다는 분석이다. 창의방정식의 무대 X부터 창조값인 b까지 전체 프로세스를 경험해야 혁신가가 될 확률이 높다는 이론은 창의방정식이 제시하는 창의교육 방향과 정확히 일치한다.

창의교육과 획일교육의 차이는 전체를 경험하느냐? 부분을 경험하느냐? 여기에서 결정된다. 우리나라 교육이 여전히 '획일교육'이라고 지탄을 받는 이유는 '교육자 역할(Xy^n=), 학생 역할(=ab)'의 원리에서 만들어진 교육프로세스의 문제에 주목하지 않기 때문이다. 교육자는 창의방정식의 틀과 형식을 제시하는 역할을 맡고 학생들은 그 틀과 형식을 이용해 Xy^n=ab 전체를 스스로 체험하고 경험할 수 있어야 한다.

교실 안의 지식교육보다 교실 밖의 체험교육이 더 좋은 이유는 교실 밖 체험교육이 더 창의적이기 때문이다. 그런데 왜 교실 밖 체험교육이 더 창의적일까? 체험교육, 감성교육, 예술교육 등에는 바로 아이들이 창조의 시작부터 끝까지 완전하게 경험해 볼 수 있는 창조프로세스인 창의방정식을 발견할 기회가 많기 때문이다. 집짓기를 통해, 요리과정을 통해, 식물을 키우는 과정을 통해, 전자제품을 분해하고 조립하는 과정을 통해, 음악이나 미술을 통해 우리는 창의방정식을 찾아낼 확률을 높일 수 있다. 교과서 안, 교실 안에서 지식으로 창의방정식을 아이들의 머릿속에 각인시키는 것이 어렵기 때문에 교과서 밖, 교실 밖에서 다양한 체험을 통해 창의방정식이라는 창의성의 도구를 발견하자는 것이다.

결국 체험교육, 감성교육, 예술교육 따위가 창의교육의 본질은 아니다. 진짜는 그것들을 통해 아이들이 창조 프로세스를 발견하도록 도와주느냐에 달려 있는 것이다. 창의방정식으로 보면 대한민국 교육의 문제와 해결책이 1초 만에 명쾌하게 드러난다.

Think. Again

6장

창의적인 사람이 되는 법

Think Again

요리를 통해 창의적인 아이로 키우는 법

재료를 다듬고 자르고 만지고 반죽하고, 손으로 질감을 느끼고 모양을 만드는 어린이 요리체험 프로그램이 창의교육이라고 할 수 있을까? 착각해서는 안 된다. 촉감을 느끼고 직접 만들어 체험해 보고 요리에 대한 경험도 쌓으면 어린이에게 여러 가지 면에서 도움이 되겠지만, 이것이 창의성을 기르는데 도움이 된다는 근거는 전혀 없다.

어른이 미리 재료 다 준비 해두고 어린이는 요리의 일부 과정에만 참여시키면 창의교육의 효과를 기대하기 어렵다. 정말 요리를 통해 아이의 창의성을 길러 주고 싶다면 요리라는 창조가 시작되는 무대(재료선택과 무엇을 만들지)를 아이들 스스로 세팅하고 그 무대 위에 다양한 재료들을 어떻게 조합하여 자신이 생각하는 요리를 만들어 낼지, 전체의 창조 프로세스를 처음부터 끝까지 스스로 직접 계획하고 결정하고 판단할 수 있는 기회를 주어야 한다.

어떤 재료를 준비하고 어떻게 사용함에 따라 결과값의 요리 맛이 어떻게 달라지는지, 재료를 새롭게 조합해 보니 어떻게 다른 요리로 변하는지, 조리시간이나 데코레이션에 따라 요리는 어떻게 달라지는지 처음의 무대세팅이 끝의 결과를 어떻게 달라지게 하는지 그 전체 과정을 포착하게 하는 경험이 바로 진짜 창의교육이다.

전체 과정을 경험한 뒤 특별한 자신만의 요리를 만들기 위해 자신은 어떤 재료를 준비했고 어떻게 재료를 조합했으며, 어떤 콘셉트나 아이디어로 어떻게 조리하고 데코레이션을 했는지 자신의 요리창조 이야기를 매 수업시간 후 발표하게 한다. 쿠키를 어떻게 굽는지 가르치는 것이 목적이 아니라 쿠키를 만드는 창조의 전체 프로세스를 직접 경험하는 과정을 통해 아이들 머릿속에 창의방정식을 새겨 넣자는 게 '창의교육'의 본질이다.

오늘은 쿠키를 만들고, 내일은 케이크를 만들고, 모레는 빵을 만들어 보는 게 중요한 것이 아니라, b값을 다르게 하기 위해 내일은 오늘과 다른 X무대를 어떻게 세팅하고 모레는 y^n값을 어떻게 다르게 하며 글피에는 =이나 a의 값을 어떻게 조정할까? 스스로 고민하고 적용해 보면서 창조의 프로세스를 통찰하는 눈을 아이의 머릿속에 강렬하게 새겨 넣자는 게 '창의교육'이다.

굳이 요리가 아니어도 된다. 그림이어도 좋고, 음악이어도 좋고, 찰흙 만들기나 퍼즐놀이, 글짓기라도 상관없다. 그것들은 그냥 창의방정식을 아이들 머릿속에 새겨 넣을 수 있는 좋은 수단일 뿐이다.

X : 어린이 스스로 무엇을 만들 것인가 생각하고 필요한 재료나 도구 등을 스스로 선택하고 구분하여 전체를 세팅할 수 있게 한다.

y^n : 다양한 재료들과 도구를 어떻게 조합하여 요리를 할 것인가 스스로 결정하게 한다.

= : 요리할 음식이나 종류, 형태를 스스로 결정한다.

a : 실제 요리를 스스로 해 보게 한다.

b : 요리결과를 스스로 예쁘게 꾸며 완성시키고 포장하고 또 먹어 보고 남들에게 보여 주거나 맛을 평가받아 보게 한다.

이렇게 요리의 창조과정을 스스로 경험하면 아이는 요리창조 단계에서 발견한 수많은 관점과 판단을 가지게 된다. 그런 관점과 판단이 쌓이면 다음 요리시간에는 같은 요리를 해도 무대 X를 바꾸어 다른 재료를 사용하거나 좀 더 신선한 재료를 사용하거나 아예 다른 재료를 조합하여 지난번과 다른 새로운 요리를 만들겠다는 생각을 할 수 있다. 불의 강도나 양념 사용, 부재료를 넣는 순서를 바꾸면 다른 맛을 낼 수 있고 얼마나 멋진 접시에 담느냐 얼마나 먹음직스런 데코레이션을 하느냐에 따라 요리의 가치가 달라진다는 사실을 이해할 수 있다.

그러면 아이는 요리 창조 프로세스를 직접 경험하면서 한 편의 요리 드라마를 완성한다. 즉각 아이들이 자신만의 요리 이야기를 펼쳐낼 수 있게 되는 것이다. 기껏 '내 쿠키 예쁘지', '내가 만든 케이크 맛있지'라는 말만 듣다가 갑자기 한 편의 신나는 요리창조 이야기를 아이들에게 듣게 되는 순간 부모는 갑자기 우리 아이가 천재가 아닐까 하는 느낌을 받게 될 것이다.

창의교육은 프로세스 전체를 체득하고 통제하고 다르게 조합하는 것을 배우는 패턴학습이다. 요리를 통해 스스로 창조의 전체과정을 터득하는 순간 생각의 폭과 깊이는 넓고 깊어지며 그 속에 기존과 다른 요리를 창조할 수 있는 다양한 아이디어들이 저절로 쏟아져 나오게 되는 것이다.

- 다른 재료를 사용하면 어떨까?
- 다른 도구를 사용하면 어떨까?
- 재료를 새롭게 조합해 보면 어떨까?
- 요리하는 과정에서 다르게 해 보면 어떨까?
- 다르게 데코레이션을 해 보거나 다른 접시에 담아내면 어떨까?

요리과정에서 배운 이런 창의적인 생각은 요리뿐만 아니라 인생의 모든 문제에서 창의적인 판단을 할 수 있게끔 도와준다. 세상만물, 세상만사는 모두 같은 창조 프로세스를 공유하고 있기 때문이다. 창조 프로세스 안에는 많은 관점이 있고 수많은 조종타가 있다. 그러니 남보다 많은 관점을 갖게 되고, 남보다 훨씬 시간을 앞서 미래를 통제할 줄 알게 되며 기존과 다른 창조를 하기 위해 스스로 무대를 세팅해 시도하고 끝내 다양한 창조를 이뤄낼 수 있는 능력을 가질 수 있다.

같은 요리지만 그냥 단순히 요리(b)에 집중한 요리경험을 해 보도록 하는 것과 창조의 전체 프로세스($Xy^n=ab$)를 요리경험을 통해 이해할 수 있도록 하는 교육은 겉으로는 똑같아 보일지 모르지만 본질은 전혀 다르다.

실제로 우리나라 청소년의 수학과 과학의 성취도는 세계 최고 수준이다. 하지만 이 과목에 대한 자신감과 흥미는 세계 최하위로 나타난다. 그 이유는 명확하다. 우리 교육은 b에 초점을 맞추고 얼마나 빨리 b를 잘 찾느냐에 시스템이 구축돼 있다. 그러니 사회 전체가 b값 찾기에는 아주 능하다. 남보다 '빨리', '잘'이 늘 관심사다. 그런데 '빨리'나 '잘'은 늘 경쟁의 영역이다. 당연히 더, 더, 더를 추가하여 끝없는 경쟁교육으로 이어진다. 비록 단기전에서는 성과를 내겠지만 경쟁이 재미있을 리 있겠는가? 금세 흥미가 사라진다. 결국 우리는 남이 제시한 문제에 대해서만 b값을 잘 찾을 수 있다.

반면, 선진 창의교육은 b값을 빨리 잘 찾는 게 중요한 게 아니라 $Xy^n=a$를 거쳐 b값이 나온다는 프로세스에 관심을 기울인다. 값보다는 창조의 절차를 '아는 것'이 중요하다. 창조 프로세스를 발견하는 데에는 남들보다 더 빨리 찾을 필요도 없고 경쟁은 더구나 필요 없다. 창의방정식을 머리에 새길 수 있는 길은 무수히 많고 자신만의 경험을 쌓아 자신이 옳다고 믿는 방법으로 터득하기만 하면 된다. 비경쟁의 영역이다. 그렇게 터득한 창의방정식으로 자신만의 독특한 세상을 창조해 내면 된다. 단기전의 이익대신 장기전의 이익을 얻을 수 있게 되는 것이다.

교육선진국에서는 대학 이후 어느 시점부터 머릿속에 장착된 $Xy^n=ab$를 터득한 창의적인 인재들이 스스로 새로운 무대를 세팅하고 새로운 문제를 정의하고 기존에 없던 새로운 답을 찾아낸다. 경쟁에서 후순위였던 그들이 나중에 커서 노벨수학상, 노벨과학상을 창조해 낸다.

'우리나라도 주입식 교육에 벗어나야 한다'는 모호한 주장보다는 'b 값 찾기 대신 $Xy^n=ab$ 세팅 교육을 하자'고 꼬집어서 말해야 한다. 그래야 진정한 창의교육의 길을 찾을 수 있다.

직관력을 기르는 법?

'직관력'이란 보이는 정보를 거치지 않고 바로 깨닫거나 이해할 수 있는 능력을 말한다. 창의성은 보이지 않는 무대 X를 볼 수 있어야 한다는 점에서 이 직관력을 매우 필요로 한다. 직관력이 창의성으로 들어가는 관문이라 할 수 있다.

그런데 직관력을 제대로 이해하는 데 가장 큰 걸림돌은 '창의성은 직관력'이라는 잘못된 편견이다. 직관력이 창의성이라고 믿고 있으면 생각의 실타래가 꼬이기 시작한다.

"창의성을 기르려면 어떻게 해야 하죠?", "직관력을 기르면 됩니다", "직관력을 기르려면 어떻게 해야 하죠?", "창의성을 기르면 됩니다." 이런 순환논리에 빠지면 문제를 풀 수 없다.

직관력은 창의성의 일부분이다. 창의성은 전체 창조 프로세스를 보는 눈이고 직관력은 전체 중 절대적으로 중요하면서도 드러나지 않는 X를 포착하는 눈이다. 이를 분리해서 이해해야 직관도 활용할 수 있고 창의도 할 수 있다. 모형으로 이해하면 훨씬 쉽다.

창의성과 직관력의 모형도

창의성

전체 창조 프로세스

창의방정식

$$X \quad + \quad y^n \quad + \quad = \quad + \quad a \quad + \quad b$$

직관력의 영역	+	오감의 영역
드러나지 않는 영역	+	보이는 영역

창의성이란 [전체 창조 프로세스] = [창의방정식] = [$Xy^n=ab$] = [직관력의 영역과 오감의 영역] = [드러나지 않는 무대와 드러나는 현상]을 이해하고 활용하는 능력이다. 그러니 직관력은 주로 무대 X를 통찰하는 안목이라 할 수 있다. 앞서 드러나지 않는 무대 X를 잘 포착하기 위해 '왜?'라는 질문을 이용해야 한다고 했다. 하지만 때로는 질문조차 할 수 없는 경우도 많다. 질문할 상대가 불분명할 때, '왜?'라고 물을 수 없을 때, 그럼에도 불구하고 드러나지 않는 무대의 실체를 통찰해야 하는 순간에 우리는 바로 이 직관력을 발휘해야 한다.

사실 우리는 살면서 직관력을 총 가동시켜야 할 때를 종종 만난다.

육감적으로 뭔가 찜찜해! 직관적으로 뭔가 음모가 느껴져! 이런 느낌이 드는 이유는 지금 이 순간 내 앞에 닥친 일의 창의방정식에서 아직 X의 주소값을 파악하지 못했기 때문이다. 지금 나름대로 열심히 노력하여 앞으로 전진해 나가고 있긴 하지만 뭔가 뒤통수가 근질거리는 느낌, 열심히 달리고 있는데 다람쥐 쳇바퀴 위인 것 같은 느낌, 뭔가 배후조종자가 금방이라도 나타나서 판을 엎을 것 같은 불길한 예감 때문이다.

직관은 '=ab'가 추구하는 열심과 노력을 언제든 무대 'Xy^n'이 딴지를 걸거나 무효화시킬 수 있다는 것을 본능적으로 알아차리는 것이다. 때때로 부족한 정보나 불확실한 정보들 속에서는 이런 직관이나 육감이 겉으로 드러나는 데이터의 논리보다 더 정확할 때가 있다.

직관은 이제 일상적인 용어가 됐다. 그러나 아직 사람들은 직관이라 하면 그저 막연하게 뭔가를 추측하는 정도로 인식하곤 한다. "그게 뭔데?" 물으면 막상 설명하기 쉽지 않다. 중요한 건 '직관'이라는 단어 그 자체에는 우리가 찾고자 하는 답이 없다는 것을 알아차려야 한다. 직관은 홀로 설 수 없다. 오직 직관을 지탱시켜 주는 다양한 요소와 함께 서 있을 때 그 모습을 드러낸다. 다시 말해 직관을 발현시켜 주는 창의방정식 안에서만 직관은 자신의 의미를 부여받는다. 결국 창의방정식을 통해서만 진정한 직관을 설명할 수 있다. 직관력이란 한 마디로 창의방정식 안에서 드러나지 않는 X를 발견하는 안목이다. 직관력은 드러나지 않는 혹은 사라져 버린 배후조종자 X를 포착하는 능력이다. 직관은 막연하거나 모호한 것이 아니다. $Xy^n=ab$의 창의방정식에서 무대의 영역을 발견하는 매우 명확하고 구체적인 능력이다.

이렇게 직관력을 이해했다면 직관력을 기르는 방법은 간단하다. 매순간 Xy^n=ab라는 창의방정식으로 창조의 근원이 되는 무대 X값을 찾아보면 된다.

무대 X는 드러나지 않는 의도나 목적이다. 드러나지 않지만 일이 벌어지기 전에 반드시 있다. 창조가 시작되기 전의 진정한 출발점이다. 의도나 목적에 맞지 않으면 그 아무리 화려한 금장 테를 둘렀어도 말짱 도루묵이다. 출발선이 전제돼 있지 않으면 결과는 언제 무효처리될지 모른다.

그러니 시각적으로 찾아낼 수 있는 y^n=ab의 뒤에 숨어있는 X의 의도를 포착하려는 노력이 필수다. y^n=ab가 보인다면 사전에 무조건 무대 X가 있다는 것을 알아차려야 한다. 어떤 창조 작업을 하더라도 '어떤 무대가 사전에 세팅돼 있지?' 혹은 '어떤 의도로 이걸 하는 거지', '어떤 전제조건이 깔려있지?', '무엇이 출발선이지?'라고 X값의 주소를 먼저 확인하고 시작해야 한다.

하나를 보면 열을 안다는 이야기가 있다. 그것이 직관력이다. 1타 2피, 1타10피 등과 밀접한 관련이 있다. 창의방정식으로 표기하면 Xy^n=1이다. 핵심요소 1은 무대(X) 위의 2피, 10피 등과 같은 다양한 y^n과 동시에 연동되어 있다. 뽑는 목적과 의도 하나에 모든 이력서의 승패가 걸려있고 출발선 하나에 모든 선수들의 등수가 걸려있고 화투판 하나에 노름꾼들의 희비가 연동되어 달려있다. 많은 것이 연동된 하나의 무대 혹은 '1타'의 핵심을 보는 능력이 직관력이다.

평소에 직관력을 발휘할 수 있는 가장 실용적인 방법이 하나 있다. 바로 빈 종이를 준비해 일단 드러나지 않는 가상의 무대 X를 생각해 보는 습관이다. 일단 이 빈 종이가 어떤 일들의 무대다. 의도다. 사전전제다. 출발선이다. 그렇게 자리값을 생각해 두자는 것이다. 무조건 무대는 있으니 가상의 무대부터 그려놓고 진짜 핵심을 찾아가는 노하우다. 그런 다음 그 무대 위에 올라 올 수 있는 모든 요소들을 적어 본다. 나의 요소, 너의 요소, 그들의 문제, 좋은 점, 나쁜 점, 과거, 현재, 미래의 고려사항, 시간, 공간의 연계된 사항 등 연동된 핵심요소들이 많을수록 가상의 무대가 꽉 차고 무대가 점점 빵빵해질수록 서서히 진짜 무대의 실체가 구체적으로 드러난다. 백지일 때는 가상의 무대였다가 점점 뭔가 기록되어 연동된 요소들이 올라서면 구체적인 무대의 실체가 드러난다. 창조의 근원, 의도, 왜?의 이유가 보인다.

그렇게 ab의 관점을 버리고 Xy^n의 관점으로 바꾸고, 보이는 것의 관점에서 보이지 않는 것의 관점으로 바꾸는 순간, 직관력이 생기고 직관력을 통해 무대 전체가 세팅되고 창의할 수 있게 되면서 우리는 끝내 창조할 수 있게 되는 것이다.

Think Again

창의적인 팀 디자인과 리더십

삼국지는 '도원결의(桃園結義)'에서 출발한다. 유비, 관우, 장비의 멋진 팀 조합을 말하지 않고 어찌 삼국지를 이야기할 수 있을까? 중국대륙과 역사의 무대를 상징하는 도원(X)에서 y^1의 유비, y^2의 관우 y^3의 장비가 두근두근 조합하여 한 팀이 되는 순간(=1) 삼국지의 흥미진진한 이야기가 창조된다.

'삼불여(三不如)론'도 유명하다. 나이 48세에 봉기하여 7년 만에 황제가 된 유방은 자신보다 뛰어난 천하무적 라이벌 항우를 이길 수 있었던 이유로 장량, 소하, 한신이 있었기 때문이며 그들의 특별한 재능에 자신은 미치지 못한다고 말했다.

거대한 역사의 창조에는 반드시 팀이 있다. 스티브 잡스와 워니악스가 그런 조합이고 빌 게이츠와 스티브 발머, 구글의 비노드 코슬

라와 래리 페이지 구글 CEO, 세르게이 브린이 그런 팀이다. 로마가 낳은 창조적 천재 율리우스 카이사르는 폼페이우스와 크라수스를 한 팀으로 엮은 삼두정치로 로마의 새로운 역사를 창조했다.

하나의 무대 안에 두 개 이상의 서로 다른 모순, 대립되는 음과 양을 집어넣어 두근두근 조합시키는 능력이 창의성이다. 팀 창조의 프로세스 역시 마찬가지다. 모순과 음양이 조화될 수 있게 만드는 비법은 그것을 모두 포함할 무대를 공유하는 것뿐이다.

그렇다면 팀 창조는 먼저 하나의 비전과 근원적인 가치(X) 속에 서로 다른 재능을 가진 팀원들(y^n)을 하나로 두근두근 세팅하는 일이다. 그 공유된 하나의 무대는 수많은 사람들을 긴밀하게 연동시킨다. 이 연결을 통해 분명한 '왜?'를 공유한 이들은 어떤 명령이나 의무감 때문이 아니라 스스로 자신이 원하고 바라기 때문에 창조의 결말을 향해 움직인다.

"먼저 당신이 배를 만들고 싶다면 사람들을 불러 모아 목재를 가져오게 하고 일을 지시하고 일감을 나눠 주는 등의 일을 하지 마라. 대신 그들에게 저 넓고 끝없는 바다에 대한 동경심을 키워줘라." 생텍쥐페리의 말이다. 여기서 '사람들을 불러 모아 목재를 가져오게 하고 일을 지시하고 일감을 나눠 주는 등의 일'은 y^n이고 '저 넓고 끝없는 바다에 대한 동경심'이 X이다. X가 y^n을 우선한다. 진정한 리더는 먼저 비전이라는 무대를 보여줌으로써 많은 사람들에게 영감을 준다. 무대 X가 세팅되었다면 10만 명, 100만 명, 1000만 명이라도 동시에 연동이 가능하다. y^n은 저절로 이루어진다. 이렇게 무대에 연동된 이들은 능동적으로 동기부여 된 강한 개인들이다. 이들 각자에게 맞는 역할을 주어 창조로 가는 임무를 분담시키고 전체 프로세스를 완성시켜 창조로 나아간다. 이것이 리더십의 핵심이다.

창의적인 팀 세팅

$$Xy^n=1$$

창의성은 무대 위에 팀을 조합시키는 것이다. 개인(y^1)보다 팀(y^n)이 더 창의성에 부합하는 이유이다. 그러니 단기적으로 개인이 팀을 이길 수 있을지 몰라도 끝내 창의방정식의 창조 프로세스를 따르는 팀이 개인을 이기도록 돼 있다. 언제든지 개인보다 팀이 창의적일 확률이 높기 때문이다.

뭔가 일이 안 되거나, 일이 꼬이거나 실패를 거듭한다면 개인을 벗어나 팀의 길을 모색하는 것이 맞다. 유비가 넓적다리에 살이 오르며 한탄한 후 제갈량을 얻기 위해 '삼고초려'했다. 함께 하는 것만으로, 타인과 만나 새롭게 조합하는 것만으로 창조의 확률을 높일 수 있다. 이것이 창의방정식이 주는 중요한 메시지다.

스티브 잡스는 이 점을 분명히 통찰하고 있었다. 그는 실제로 최고를 창조하기 위해 최고의 팀을 조합해야 한다는 사실을 어린 시절 깨달았다고 말한 적이 있다. 스티브 잡스는 '팀'에 대한 자신의 생각을 한 방송 인터뷰에서 다음과 같이 소개했다.

"제가 어린 아이였을 때 이웃집 할아버지가 있었어요. 그 분이 제게 잔디 깎기 아르바이트를 주셨는지 그랬을 거예요. 어느 날 그분이 제게 보여줄게 있으니 우리 차고에 와 보라 하시고는 먼지 덮인 낡은 돌 텀블러를 꺼냈어요. 모터와 커피 캔이 작은 밴드로 연결돼 있는 구조였어요. 그리고는 밖으로 나가자 하셔서 나갔더니 돌멩이를 줍자는 겁니다. 평범한 울퉁불퉁한 돌멩이였어요. 그렇게 주은 돌멩이들을 깡통 안에다 넣었어요. 약간의 액체와 돌가루와 함께 말이죠. 그런 다음 뚜껑을 닫고 모터를 켜시더니 저보고 다음날 다시 오라고 하셨습니다. 깡통안의 돌이 구르며 부딪히는 소리가 나고 있었죠. 다음날 그분께 돌아가 같이 뚜껑을 열어 보니 안에는 놀라울 정도로 아름답고 매끄럽게 다듬어진 돌들이 들어 있었어요. 똑같이 평범한 돌멩이들이 그 안에 들어가 이렇게 서로 부딪치면서 약간의 마찰 그리고 약간의 소음을 일으키는 과정을 통해 그렇게 아름답고 매끄러운 돌들로 변할 수 있었던 거죠. 저는 늘 머릿속에 이 경험을 비유로 삼았어요. 자신들이 열정을 가지고 열심히 하는 팀들이 말이에요. 그 팀, 즉 엄청나게 뛰어난 인재들로 이루어진 그룹의 구성원들이 서로 부딪히고 논쟁을 벌이고 가끔 싸우기도 하고 시끌벅적하게 같이 일하는 과정에서 서로를 다듬고 아이디어도 다듬지요. 그렇게 정말 아름다운 돌들을 만드는 겁니다. 그래서 설명하기 쉽진 않지만 확실한 건 한 사람에 의해 나오는 결과물이 아니라는 겁니다. 사람들이 상징을 좋아해서 제가 특정한 것들의 상징이 되었지만 매킨토시는 팀 노력의 산물입니다."

잡스의 이야기처럼 위대한 창조를 이뤄낸 것은 겉으로는 주로 개인이 드러나지만 진실 깊숙이에는 반드시 드러나지 않는 팀이 있다. 왜 팀이 놀라운 힘을 발휘하는지 잡스도 설명하기 쉽지 않다고 했지만, 창의방정식은 공식으로 분명하게 그 이유를 제시한다. 개인($y^1=1$)보다 팀($Xy^n=1$)이 창조 프로세스에 더 적합하다고.

그럼에도 여전히 팀보다 개인이 편하고 일하기 쉽다고 여기는 사람들도 많다. 이유는 사람들이 서로 다르기 때문이다. 유능한 사람들의 특징을 살펴보면 기질적으로 논리적인 사고가 강한 사람, 상상과 직관이 뛰어난 사람, 사소한 일에도 집중하고 완벽주의를 추구하는 사람들이 많다. 그들은 자신의 고유한 자기 방식대로 어느 정도 성취를 해 왔기 때문에 남의 생각을 배척하려는 경향이 강하다. 그러나 진짜 위대한 창조는 '자기 방식'을 넘어서는 데서 시작된다.

창의방정식은 바로 그들의 생각방식이 가지고 있는 모순관계를 배척하지 않고 차별하지 않고 하나의 무대 위에 공존시킬 수 있을 때, $Xy^n=1$의 원리에 의해 위대한 창조가 이루어질 수 있다는 메시지를 보내고 있다.

X : 공동의 비전공유

y^n : y^1 논리적인 사고가 강한 사람, y^2 상상력이 뛰어난 사람, y^3 꼼꼼하게 완벽주의를 추구하며 몰입하는 사람

= : 팀워크를 통한 방향판단

a : 역할분담과 문제해결

b : 위대한 역사 창조

이렇게 하나의 비전무대를 포착하고 그 위에 서로 다른 기질의 사람들이 한 팀으로 두근두근 조합을 이룰 때 기존과 다른 창의방정식이 작동을 시작한다. 자신의 생각을 벗어던지는 순간 각각의 y^1적인 사고에 머물렀던 독선적인 개인이 창조적인 팀($Xy^n=1$)의 강한 개인으로 완전히 탈바꿈하게 된다. 그러니 위대한 팀을 세팅하려면 먼저 창의방정식을 알고 있어야 한다. 나만 옳거나 내 생각만 맞다고 생각하는 사고에서 벗어나지 못하면 자신과 다른 사람과는 결코 함께 할 수 없다. 더 위대한 창의를 할 수 없게 되는 것이다.

다름과 차이를 인정하지 못하면 창의할 수 없다. 새로운 창조를 할 수 없다. 새로운 것을 창조할 수 없다면 이미 죽은 것이다. 차별이나 왕따가 나쁜 이유는 단순히 그게 옳지 않아서가 아니라 나를 창의적인 인간으로 살지 못하게 스스로 자신을 죽이는 행위이기 때문이다.

그러나 공존할 수 있는 무대를 포착하고 세팅할 수 있는 창의적인 사람이라면 이야기는 달라진다. 관심사가 다르고 능력이 다르고 음과 양, 모순과 양자택일의 사고방식이라도 어떤 무대 위에 올라서면 그들은 위대한 한 팀으로 뭉쳐 새로운 역사를 창조할 수 있다는 사실을 알고 있다. 보이지 않는 무대를 발견하고 보이지 않는 비전을 명확하게 제시하고 그 안에 서로 다른 능력의 사람들이 두근두근 하나가 될 수 있도록 세팅해 낼 줄 아는 사람이 창의적인 리더가 된다.

어린 시절 친구들과 놀던 땅따먹기 놀이를 한 번 생각해 보자. 땅따먹기를 하기 위해서는 가장 먼저 네모난 땅이 있어야 한다. 리더는 바로 서로 다른 능력과 개성의 사람들을 커뮤니케이션 시키기에 앞서 네모난 땅을 발견할 줄 아는 사람이어야 한다. 비전이라는 무대를 공유하면 서로 다른 그들이라도 한 팀이 될 수 있다. 몰입형 인간은 완벽주의자답게 자신의 영토관리에 몰입하여 꼼꼼하게 관리한다. 상상력을 가진 인간은 때로는 허황되지만 무한한 상상력으로 불가능한 지점까지 무작정 뻗어나간다. 논리추구형 인간은 기어이 자신의 본토와 이상적인 영토지점을 현실적인 다리로 연결시켜 내고야 만다. 그렇게 각자에게는 전혀 불가능했던 위대한 영토의 창조가 두근두근 조합을 통해서라면 가능해진다. 그들의 관심사와 능력과 생각의 메커니즘은 각기 다른 모순관계지만 땅따먹기의 비전 무대 안에서 완벽한 한 팀이 되어 새로운 역사를 창조해 낼 수 있다.

X : 가장 먼저 시대의 흐름에 주목하여 새로운 영토(땅따먹기의 무대)를 발견하고 그곳으로 가는 비전을 품을 수 있는 영감을 제시한다.

y^n : 비전을 공유하는 강한 개인, 서로 모순되는 유형의 인간들이 한 팀을 이룬다.

- y^1: 근거지를 확고하게 지키는 몰입형 인간
- y^2: 이상과 큰 그림 때문에 보이지 않던 부분을 통찰하는 상상력의 인간
- y^3:그 둘의 사이를 합리적인 다리로 연결하는 논리형 인간

= : 장점과 단점을 고려한 최적의 역할분담

a : 각자의 역할 실행

b : 창조

창의적인 리더십은 무대 X의 관점에서 서로 다른 것을 하나로 수렴하고 통합하는 프로세스를 이해하는 능력이다. 이들은 가장 먼저 비전이라는 새로운 무대를 발견한다. 그 무대 위에 다른 인간형들을 긴밀하게 두근두근 세팅시킨다. 그리고 하나가 된 팀은 각자 최고의 능

력을 발휘할 수 있도록 역할을 나눈다. 이 전체 과정을 그리고 세팅할 줄 아는 창의디자이너가 바로 창의적인 리더인 셈이다.

결국 창의적인 리더는 창의방정식을 이해하는 사람이다. 창의방정식을 머릿속에 넣어두면 창의적인 팀을 세팅할 수 있는 힘도 커진다. 창의방정식은 왜 나와 다르게 사고하는 사람을 인정해야 하는지, 왜 나와 다르다는 이유로 타인을 차별하거나 왕따시켜서는 안 되는지, 왜 다른 사람의 다름을 받아들이고 다름을 존중해야 하는지, 왜 개인이 아니라 팀이 중요한지, 왜 팀을 통해 보다 높은 수준의 창조에 도달할 수 있는지를 명확하게 알려 주기 때문이다.

또한 창의방정식은 왜 개인으로는 부족한 능력이 팀으로 두근두근 조합됐을 때 위대한 것을 창조할 수 있는지, 왜 나약하고 부족한 내가 좋은 친구를 얻고 좋은 만남을 이루면 성취할 수 있는지, 그들을 한 자리에 모으기 위해 가장 먼저 무엇을 세팅해야 하는지 정확하게 답을 제시하고 있다.

Think Again

창의적인 문제 해결 방법

좋은 창의, 나쁜 창의가 있는 걸까? 그런 건 없다. 그저 '인간'에게 유익한 창의냐, 유익하지 않은 창의냐만 있을 뿐이다. 좋은 창의냐? 나쁜 창의냐? 이건 지극히 인간 중심의 관점이다. 창의는 나의 생각, 인간의 사고를 버리는 것에서 출발한다.

창의방정식($Xy^n=ab$)은 인간에게 유익한 창의를 다루는 것이 아니라 있는 그대로의 우주 창조 원리일 뿐이다. 그러니 거기에 어떤 값을 집어넣느냐에 따라 어떤 값이 튀어나올지는 인간이 아니라 오직 창의방정식이 결정한다. 이 사실을 이해하면 하나의 창조 프로세스를 통과해 나온 것이 '나쁜 창조(문제점)'라 해도 우리가 사전에 무대를 통제하는 방법으로 창의적인 해결책을 손쉽게 찾을 수 있다.

그러나 '나쁜 창조는 창의가 아니잖아!' 하고 고집하는 순간, 인간은 창의방정식을 적극적으로 활용할 수 없게 된다. 그러면 인간에게 유익하지 않는 문제를 통제하거나 해결하기 힘들어진다. 인간의 관점에서 창의를 해석하면, 실제로 창의하는 데 제약이 따른다는 말이다.

인간의 관점을 거둬낸 창조의 관점에서 보자면 암도 창의이고 에이즈도 창의다. 전쟁도 창의이고 병도 세균도 창의이고 죽음도 창의이고 성공과 마찬가지로 실패까지도 창의다. 소위 나쁜 문제들 역시 인간의 가치판단을 배제하고 창조의 전체 프로세스 관점에서 봐야 한다. 어쨌든 뭔가 없던 게 만들어졌다면 일단 창의가 작동된 것이다. 창의라면 창의방정식으로 제어할 수 있다. 그러니 창의방정식이라면 나쁜 문제를 손쉽게 해결할 수 있다.

생각해 보자. 창의방정식의 b는 창조의 결과값이다. 결과 b가 비록 인간이 원치 않던 병이나 실패라 할지라도 역시 $Xy^n=ab$라는 창조 프로세스를 거쳐 나왔다. 그렇다면 b라는 문제를 통제하거나 해결하는 방법은 무엇일까? b에 눈길을 주어 해결하는 방식으로는 절대 b의 문제를 해결할 수 없다. 결과에 대응해 봐야 임시방편이요, 깃털만 건드리는 꼴이다.

b라는 문제를 해결하기 위해서는 그 이전에 $Xy^n=a$로 거슬러 올라가면 된다. 이전 단계 무대나 두근두근 조합의 요소에 변화를 주면 b라는 문제점을 해결할 가능성이 높아진다. 무대를 치우거나 두근두근이 일어나지 않도록 재조정하면 된다. 창조시스템을 바꾸어야 근원적인 문제를 해결할 수도 있다.

창조 프로세스로 문제를 바라보면, 숨어있는 몸통인 배후조종자나

의도를 간파하여 장기적으로 전혀 다른 결과를 만들어 낼 수 있다. 그러니 창의방정식으로 사고하면 원하지 않는 결과를 없애는 문제해결 능력이 커지는 것이다. 문제해결 능력을 키워 주는 창의방정식의 활용법은 다음과 같이 매우 간단하다.

- 먼저 창의방정식($Xy^n=ab$)을 종이 위에 적는다.
- 해결해야 할 문제점을 창의방정식 b값에 대입시킨다.
- 창의방정식이 제시하는 각 단계별 프로세스에 맞춰 문제를 만드는 값들을 추적해 나간다.
- 문제를 만드는 창조 프로세스를 완성한다.
- 창의방정식에서 기존 무대 자체를 조정하거나 완전히 다른 무대로 옮겨 새로운 창조 프로세스를 세팅해 문제점이 없는 b값을 창조한다.
- 창의방정식에서 우선순위별, 각 단계별 새로운 조합을 시도하여 결과값 b를 새롭게 바꾸거나 통제한다.

이런 사고의 절차를 거치면 누구나 문제해결 능력이 단숨에 향상된다. 특히 비즈니스 현장에서 벌어지는 각종 문제를 창조적으로 해결해낼 수 있다. 한 사례로, 위기를 돌파한 '비타500'의 창조적인 문제해결 과정을 분석해 보자.

- 대한민국 음료 비타500을 구하라!
  - 문제 정의 : 에너지 음료가 등장해 시장점유율 위협과 카페인 음료 오해에 따른 매출감소 우려.

에너지 음료가 큰 인기를 끌면서 위기감을 느끼던 당시 비타500의 해결책은 쉽지 않았을 것이다. 실제로 이런 문제가 현실로 닥치면 누구라도 익숙한 대응책을 먼저 사용한다. 말하자면 다음과 같이 즉각 '목표설정' 방식으로 대응하는 식이다.

첫째, 비타500을 에너지 음료 트렌드에 편승해 좋은 에너지 음료로 이미지를 강화시킨다.

둘째, 비타500은 카페인이 없다는 진실 알림 캠페인을 전개한다.

이 두 가지 전략 중 더 시급하다고 생각하는 하나를 선택해 즉각 시행하는 것이 목표설정의 방법이다. 물론 이런 방법은 둘 중 어느 것으로 대응하더라도 탁월한 선택이 되기는 어렵다. 만약 첫째 전략을 선택하여 막대한 광고나 마케팅을 시행한다면, 기존 에너지 음료 시장에 더욱 깊숙이 빠져들어 경쟁력은 더욱 떨어질 것이고 에너지 시장의 트렌드를 강화시키는 들러리가 될 확률이 높아진다.

둘째, 비타500에 카페인이 들어있다는 오해를 풀겠다는 광고나 마케팅을 적극적으로 시행한다면 당장 오해를 풀 수 있어 웰빙 추구형 고객들의 마음을 잡을 수 있겠지만, 그동안 에너지 음료 트렌드 대세에 주춤하던 브랜드 경쟁력을 회복시키는 것이 힘들 수 있다.

실제로 초기 비타500은 '비타500에는 단 한 방울의 카페인도 들어있지 않습니다'라는 광고를 즉각 집행했다. 이 마케팅 전략은 그다지

큰 성과를 내지 못하고 막을 내렸다. 목표설정 방식은 결국 둘 중 어느 것을 선택하더라도 결코 창의적인 해결책이 아니다. 그러나 다행히 비타500은 이내 창의적인 문제해결 방법을 찾아냈다. 당장의 목표설정을 버리고 근원의 무대로 눈을 돌렸다. 문제를 만든 근원으로 돌아가 전체 프로세스에 주목했다. 마케팅 담당자들이 '문제'를 만드는 창조 프로세스 전체를 보는 순간 기존과 전혀 새로운 아이디어가 나왔다. 이렇게 탄생한 새로운 마케팅 전략은 '착한 음료' 캠페인이었다.

비타 500의 문제해결 과정은 창의방정식이 안내하는 창의적인 문제해결 과정과 매우 유사하다. 실제로 비타500의 창의적인 해결전략을 창의방정식으로 분석해 보면 다음과 같이 명쾌하게 이해된다.

먼저, 문제를 창조한 창의방정식을 검토한다. 창의방정식의 각 값에 비타500이 처한 문제를 대입한다. 그런 다음 이 전체 프로세스의 상관관계를 검토해 보면 금세 문제점이 명확하게 드러나게 된다. 새로운 에너지 음료 무대(X) 위에 비타500(y^1)이 올라 타 있는 형국이기 때문에 b라는 문제의 결과값이 나온 것이다. 각 값을 식에 대입하면 이렇게 된다.

X : 에너지 음료 등장

y^n : 카페인, 타우린 등을 원료로 한 에너지 음료에 대한 인기 + 에너지 음료의 건강에 대한 우려 공방

= : 비타500의 딜레마(에너지 음료 시장에서 경쟁력 약화, 카페인 음료라는 잘

못된 인식)

a : 비타500 카페인 제품 인식오류 확산, 에너지 음료시장에서 경쟁력 약화 및 웰빙 소비자에게도 외면 이중고 우려

b : 매출감소

창의방정식으로 문제를 보는 순간 탁월하게 '문제정의'가 이뤄졌다. 이렇게 전체 창조 프로세스로 문제를 정확하게 정의해 놓고 해답을 찾아나가면 훨씬 쉽게 창조적인 아이디어가 튀어 나온다. 창의방정식의 우선순위대로 무대 구획, 새로운 재조합을 다양하게 모색해 보면 된다.

y^1 에너지 음료의 장점 vs 단점

y^2 에너지 음료의 단점 vs 비타500의 장점

y^3 비타500에 카페인이 없다는 사실 vs 오해

y^4 카페인 등이 없는 진짜 건강음료 vs 카페인 등이 있는 가짜 건강음료

무대 위에 올라온 이 모든 핵심요소들을 두근두근 하나로 만족시켜주는 핵심 전략이 바로 '착한 음료' 캠페인이었다. 결국 창의방정식이 제시한 문제정의를 해결할 수 있는 핵심 전략은 '착한 음료' 캠페인이 되는 셈이다.

착한 음료(=1) 캠페인은 카페인과 타우린 중심의 에너지 음료 무대에서 내려와 착한 음료 비타500만의 새로운 무대를 만들고 이를 통해 차별적인 경쟁력을 갖는 지점이며, 카페인이 들어있다는 오해를 가장 효과적으로 해소할 수 있는 지점이며, 국민에게 메시지를 가장

쉽게 전파시킬 수 있는 트렌드 키워드가 모두 연동된 지점이다. 이렇게 y^1, y^2, y^3요소가 하나로 만나 연동되어 조합되는 1타 4피가 가능한 지점이 '착한 음료' 캠페인이었던 것이다. 실제로 비타500은 착한 음료 캠페인으로 성공적인 마케팅을 펼치며 국민들에게 강렬한 브랜드 이미지를 심어 주었다.

이외에도 창의방정식은 우리가 일상에서 해결해야 하는 수많은 '경쟁전략' 측면에서도 매우 창조적인 답을 제시해 준다. 경제학적 관점에서는 생산량을 늘리기 위해 가장 손쉬운 방법은 먼저 '노동력'(b)을 많이 투입하는 것이다. 그러나 곧 숨은 무대가 딴지를 건다. 판의 크기가 이미 한정 돼 있기 때문에 점점 더 많은 노동력을 투입해도 어느 순간부터는 생산량이 더 이상 늘어나지 않는다. '한계생산력 체감의 법칙'이 작용하기 때문이다.

투입량에 한계가 왔다면 다음으로 할 수 있는 건 '노력'(a)이다. 정해진 시간에 더 빨리하면 더 많이 일할 수 있다. 그 다음엔 할 수 있는 것은 '설비투자'(=)다. 그 다음 단계는 '생산기술력'(y^n)을 높이는 것이다. 최종적으로 같은 무대를 공유하는 '신뢰'(X)라는 사회적 믿음을 구축함으로써 생산량을 최고 수준으로 늘리는 것이다. 이로써 창의방정식 전체가 완성되는 시점에 가장 극대화된 생산량을 창조할 수 있게 된다. 우리는 이 전체를 창의방정식 하나로 통찰하고 있기 때문에 더 좋은 경쟁전략으로 다음 대안이 무엇인지 명확하게 알 수 있다.

어떤 '정보제공 사이트'의 비즈니스 경쟁전략을 예로 들어 보자. 처음엔 많은 정보의 양(b)을 한 곳에서 볼 수 있게 모아 두는 것이 가장 좋은 경쟁전략이다. 그러나 곧 경쟁자들도 손쉽게 정보량을 확보할 수 있어 양이 경쟁력 측면에서 의미가 없어진다. 이때 한 발 빠르게(a) 정보를 제공하는 방법으로 타 사이트와 차별화를 만들어 낼 수 있다. 가장 빠른 정보가 경쟁력이 되는 셈이다. 물론 이런 경쟁력 역시 드러나는 방법이기 때문에 금세 경쟁자들도 따라한다. 어느 시점부터는 정보의 양과 속도가 거의 평준화된다.

그렇다면 다음 단계에서는 '집중적이고 깊이 있는 핵심 전략'(=)을 제시하는 것이다. 전문화된 분석력, 해석력, 예측력, 컨설팅 능력을 통해 심화된 정보를 생산함으로써 남들이 쉽게 쫓아올 수 없는 차별적인 가치를 창조할 수 있다. 이렇게 되면 경쟁자들은 이제 따라오기가 힘들어진다. 물론 경쟁자들도 나름대로의 방식으로 전문성을 위해 노력할 것이다. 그러나 우리는 다음 단계의 명쾌한 경쟁전략이 있음을 알고 있다. 우리의 깊이 있는 고급정보를 고객들과 두근두근 개별화하여 최적의 일대일 맞춤정보(y^n)로 제공할 수 있기 때문이다.

여기가 끝은 아니다. 그 다음 단계까지 우리는 준비할 수 있다. 궁극적으로 정보를 제공하는 정보제공 사이트와 정보를 얻고자 하는 고객들이 공존하고 신뢰하는 무대(X)를 구축하면 된다. 고객이 스스로 고급정보를 생산하고 유무형의 이익을 함께 나눠가지며 제공자와 소비자의 경계를 허물고 같은 비전을 공유하는 수준의 단계가 남아 있다.

경쟁전략이란 다음 단계의 모든 승리의 패를 테이블에 올려놓고 그때그때 가장 적절한 카드를 꺼내 사용하면서 항상 우위를 점하는 비즈니스를 진행하는 것이다. 머릿속에 창의방정식만 넣어두고 있으면 이것이 가능하다. 창의방정식을 활용하면 즉각 창의적인 문제해결능력을 키울 수 있다. 답을 알고 시험을 치르는 것이다.

사실 삶은 위기의 연속이고, 문제해결의 과정이다. 매순간 우리 앞에 닥치는 위기와 문제를 보다 현명하게 해결할 수 있는 방법을 알고 있다면 그만큼 좋은 결과를 만들어 낼 수 있다. 창의방정식을 활용한 문제해결 방법은 갈등문제, 실패, 왕따 문제 등에서부터 병의 치료, 전쟁문제, 정치적 논란, 북핵문제 등 거대한 이슈에 이르기까지 거의 모든 분야에서 우리에게 창조적인 통찰력을 던져줄 수 있다.

창의방정식으로 미래 예측하기

미래를 예측할 수 있을까? 그렇게 할 수 있다면 인생은 한층 더 흥미진진해질 것이고 다양한 도전에서 성공확률을 높일 수 있을 것이다. 물론 예측은 충분히 가능하다. 단 전제조건이 필요하다. 창의방정식이라는 한 세트 안에서라야 한다.

사실 인간은 늘 예측하면서 살아가고 있다. 봄이 되면 곧 여름이 온다는 것을 알고 가을과 겨울을 예측하여 대비한다. 이런 예측이 가능한 건 이미 4계절이라는 한 세트의 프로세스를 경험했기 때문이다.

자연뿐만 아니다. 사회도 철저하게 프로세스로 움직인다. 혁신적 상품이나 아이디어의 전파는 X(2.5% 혁신가)→y^n(13.5% 초기수용자)→=(34% 초기 대다수)→a(34% 늦은 대다수)→b(16% 느린 수용자)의 과정을 거친다. 이는 한 세트의 전파과정을 유심히 관찰한 경험이 있기 때문에 알 수 있다. 어떤 경험을 가지고 있다는 이야기는 결국 '전체 프로세스'를 보는 눈을 가졌다는 의미다.

부는 과연 어떻게 분배될까? 마찬가지다. 혁신가가 새로운 것을 만들거나 새로운 무대를 발견(X)하면 그것을 관찰하다가 냅다 그 새로운 무대 위에 작동될 시스템을 구축(y^n)하는 사람들이 있다.

새로운 것을 만들거나 판을 짤 능력이 안 되는 사람(y^n)은 그 혁신가들(X)을 관찰하는 방식으로 혁신이 가져올 부의 가치가 자신의 주머니로 흘러 들어오도록 호스로 연결해 놓는다. 부는 이 보이지 않는 곳에서 이미 분배가 대부분 완료된다. 드러난 새로운 것에 눈길이 가면(=) 이미 게임은 끝난 것이다. 그 다음엔 그저 열심히 노력(a)하여 좀 더 많은 콩고물(b)을 가지기 위해 발버둥 칠 수밖에 없다.

창조의 프로세스는 불변이다. 부의 분배는 철저하게 창의방정식대로 움직인다. 그러니 곧 죽어도 보이지 않는 창조 프로세스를 보는 눈을 가져야 한다.

그러니 경험 그 자체보다는 본질적으로 '전체 프로세스'를 포착하는 눈이 예측력의 핵심이 된다. 이 말은 우리가 아직 경험하지 못했더라도 '전체 프로세스'를 보는 눈을 가졌다면 예측이 가능하다는 뜻이 아닐까? 바로 그거다. 우리는 전체를 보는 통찰력으로 미래를 좀 더 잘 그리고 쉽게 예측할 수 있다.

그렇다면 우리가 아직 경험하지 못한 것에 대해 예측하기 위해서는 '전체 프로세스'를 발견하는 게 우선이다. 그런데 우린 이미 그 답을 알고 있다. 창의방정식이 바로 전체이기 때문이다. $Xy^n=ab$는 시간의 흐름으로 조합된 세상만물의 공통된 창조 프로세스다. 부분인 b로 보면 아무런 예측을 할 수 없지만, 전체인 $Xy^n=ab$로 보면 $X \rightarrow y^n \rightarrow = \rightarrow a \rightarrow b$ 순으로 일이 진행될 것이라는 예측이 충분히 가능하다.

- 고정관념 사고 : 드러나는 부분인 결과값(b)만 인식(좋다, 나쁘다 판단할 뿐 예측할 수 없다.)
- 창의적인 사고 : 창조 프로세스($Xy^n=ab$)로 시간상에 흐르는 전체 과정으로 인식(시간상에 다양한 조합을 판단함으로 뒷일을 예측할 수 있다.)

드러나는 창조물이나 이미 모든 창조가 끝나버린 결과는 전 창조프로세스 중 마지막 '부분'일 뿐이다. 거기엔 시간이라는 개념이 없어진 상태다. 시간적 흐름이 없기 때문에 결과를 아무리 분석해도 그 창조물이나 이미 끝나버린 사건에는 예측이라는 개념이 나올 수 없다. 반면 창조 프로세스라는 한 세트의 창의방정식으로 사건을 바라본다면 필연적으로 전개되는 시간상의 흐름이 있고 그런 시간적 흐름 속에는 그 다음 전개될 단계를 예측할 수 있다.

좀 더 쉽게 설명해 보자. b라는 결과가 창조되자면? 시간상 사전에 반드시 a라는 사건이 있어야 한다. a가 드러나기 위해서는? 그전에 반드시 =이 숨어 있다. =이라는 씨앗이 있다면? 이전에 이미 다양한 요소값인 y^n이 와 있었다. y^n이 왔다면 그 전에 이미 무대가 세팅돼 있었다는 뜻이다.

예측력의 원리는 간단하다. b라는 드러나는 주변 결과데이터에서

a를, a에서 =을, =에서 y^n을, y^n에서 드러나지 않는 X의 창조 근원을 추적한 후 그 X에서 필수적인 두근두근 인프라를 생각하고 나만의 y^n을 예측하고 y^n에서 나만의 =을 예측하고 =에서 나만의 a를 예측하고 a에서 나만의 b를 예측하여 미리 선점해 두면 된다.

창의방정식의 프로세스로 보면 미래는 한 무대 안에서 반드시 공식대로 전개된다. 어떤 사건이라도 'X(무대)→y^n(다양한 요소들의 두근두근 조합)→=(핵심 전략 탄생)→a(형상화)→b(창조물)'로 시간을 타고 흘러 갈 테니까 말이다. 그러니 창의방정식을 통해 우리는 예측력을 폭발적으로 키울 수 있다.

예측할 수 없는 사람

b의 관점 : 부분인 현재, 결과값만을 보고 '좋다' 또는 '나쁘다' 정도만 판단한다. 예측할 수 없다.

예측력이 조금 있는 사람

a의 관점 : a가 b로 전개될 것이라는 것을 아는 사람들이 b의 관점을 가진 전혀 예측하지 않는 사람보다 한 발 앞서 움직인다.

예측력이 뛰어난 사람

X의 관점 : 전체 무대를 보면 앞으로 y^n=ab로 전개될 미래를 예측할 수 있다.

예컨대 주식투자 시장에서 현재 벌어지는 현상 b값만을 보고 '좋은 혹은 나쁜 주식'을 판정하는 대부분의 개미투자자들은 나름대로 가장 좋은 주식을 매매하는 합리적인 의사결정을 내리지만 드러나는 정보는 이미 남들도 다 알기 때문에 거의 수익을 낼 수 없다.

물론 드러나는 현상보다는 그런 현상을 만들어내는 변화와 흐름을 짚어내어 평범한 개미투자자들보다 한 박자 앞서 투자하고 빠지는 식으로 수익을 올리는 약삭빠른 투자자들도 있다.

그러나 이들 역시 전체 무대 X관점을 가진 이들에겐 절대 당할 수 없다. 창의적으로 예측하는 사람들은 창조 프로세스 전체를 머릿속에 집어넣고 대박주식의 길목에서 일찌감치 자리 잡고 있다가 주가가 무르익으면서 투자자들이 몰리면 그때 수익을 쓸어 담는다.

투자의 성패는 합리적인 선택이 결정하는 것이 아니다. 좋은 주식이 아닌 나쁜 주식을 선택해서 실패하는 것이 아니라는 의미다. 단지 b라는 부분으로 판단했기 때문이고, a→b로 세상이 움직인다는 사실만 알았지 정작 창의방정식의 전체 프로세스 $Xy^n=ab$가 있다는 사실을 몰랐기 때문이다.

미래예측은 결국 X로 세팅된 보이지 않는 전체무대를 발견하고 이후 그 무대 위에 다양한 핵심요소 y^n이 등장해 =으로 조합되고 이것이 a로 전개돼 b로 창조된다는 시간의 전개도를 머릿속에 넣어두어야 가능하다.

비가 내린 후 물레방앗간에 가면 한 발 늦다. 날씨가 흐리고 제비가 낮게 날면 비가 내릴 가능성(X)이 매우 높고, 물레방아가 돌아가

(y^n) 방아질이 시작(a)돼 쌀을 찧을 수 있을 것(b)이니, 미리 찧을 곡식을 갖다 넣어두면 1순위로 저녁밥을 해먹을 수 있다.

도로 병목구간에는 길거리 노점상들이 귀신같이 등장한다. 이 노점상들은 이 분야의 최고 예측전문가들이다. 병목구간(X)에 y^n(시간, 요일 등 한꺼번에 차들이 몰려 조합)이 되면 =(병목현상)이 생겨서 이동속도가 느려지고 운전자들이 지루해지니(a) 구매욕구(b)라는 결과가 나온다. 이런 전체를 알면 가장 적당한 시간에 가장 핵심 병목구간에 미리 대기하고 있다가 차가 막히면 바로 등장한다.

이들이 귀신같이 나타나는 이유는 머릿속에 창의방정식을 사전에 세팅해 놓고 있기 때문이다. 다른 분야도 예외는 없다.

미래를 예측하는 사람들의 사고패턴

창의방정식($Xy^n=ab$)은 창조되는 한 사건을 시작부터 끝까지 빠짐없이 짚어 주는 공식이다. 이 공식은 창조의 전 과정이 이루어지는 시간적 흐름이고 따라서 프로세스적인 사고를 하도록 이끌어 준다.

예를 들어 어떤 사건의 '결과값'은 나에게 별다른 의미가 없다. 장자의 '환공과 윤편' 대화에 나오는 "성인의 말씀은 이미 찌꺼기입니다"라는 말과 통한다. 그러나 내가 세팅해 놓은 창의방정식에서 그 결과값이 들어와 y^1값에 대입되는 순간 나의 b값을 창조할 수 있다. 우연한 만남은 나에게로 와 하나의 꽃이 된다.

자동차 세일즈의 신화적인 인물인 지엠대우 시절 박노진 이사는 처음 자동차 판매 일을 시작하면서 아침마다 신문을 보았다. 어느 날 수해로 과일 채소값이 급등했다는 기사에 눈길이 쏠렸다.

이 때 그는 창의방정식과 같은 프로세스 사고를 작동시킨다. 박노진 이사에게 '채소값 급등'은 단순한 결과값의 b가 아니다. b로 보면 이미 끝난 찌꺼기지만, 어떤 사건의 새로운 시작 지점으로 보면 그것은 창조의 새로운 재료가 된다. 자신이 세팅해 놓은 창의방정식에서 새로운 무대 위에 재료를 입력하면 $Xy^n=ab$가 작동한다. 박노진 이사의 머릿속에는 자동차 세일즈라는 무대 X가 있었고 여기에 들어온 y^1의 '채소값 급등' 이라는 새로운 사실은 y^2에 '청과물 도매업자에겐 호황'과 만나 두근두근 연결된다. 이 두 개의 핵심요소가 반응하는 핵심 전략(=1)은 '청과물 도매업자들의 자동차 수요가 많아질 것이다'라는 생각에 이르게 된다. 남들에게는 그저 결과값이었던 b를 박노진 이사는 그저 b가 아닌 자신의 무대(X)에서 y^n값으로 활용했던 것이다.

이런 창의방정식이 제시하는 예측력을 바탕으로 박노진 이사는 그날 오전 내내 청과물 도매시장 상인들을 상대로 트럭 판매 전단지를 돌렸다. 오후에 문의전화가 왔고, 단숨에 트럭 3대를 팔아치웠다. 그는 수해→채소값 급증이라는 a→b형 단순한 인과관계를 거부하고, 자신의 세일즈 무대에 전체 프로세스($Xy^n=ab$)인 '수해 → 채소값 급증 → 도매업자 호황 → 자동차 구매력 상승 → 판매 목표 → 자동차 판매'라는 창조 프로세스 전체과정을 스스로 설계했다. 이렇게 전체를 통찰하는 순간 수해와 동시에 도매상들의 자동차 구매력이 상승할 것이라고 예측할 수 있었던 것이다.

일본의 이토추 종합상사의 세지마 류조 기획담당 임원 역시 지난

1973년 오일쇼크를 정확하게 예측해 세계를 놀라게 했던 유명한 인물이다. 당시 그는 "매일 관심분야에 대해 신문기사를 유심히 읽고 스크랩하다 보니 '중동 지역 전쟁 발발 가능성'이 높다는 예측을 할 수 있었다"고 소개했다. 실제로 그의 건의에 따라 이토추 상사는 원유를 사전에 충분히 비축해 놓았고 마침내 실제로 중동 전쟁이 발발하자 수조원에 이르는 엄청난 이익을 회사에 안겨 주었다.

훗날 예측비결에 대해 그는 "중동 관련 기사는 1단짜리 단신과 동정도 소홀히 하지 않고 유심히 읽어나가며 뉴스 흐름을 추적했다"며 "중동 국가 정상들의 동정, 미국의 중동정책, 석유라는 요소를 종합적으로 고려하다 보니 그 요소들이 맞아 떨지는 지점에서 중동지역 전쟁을 예측할 수 있었다"고 고백했다.

세지마 류조 기획담당자의 사고패턴을 분석해 보면 그 역시 단순히 드러나는 a→b형 인과관계를 거부했다는 점을 알 수 있다. 신문에 나온 결과는 누구에게나 그저 b라는 결과값일 뿐이다. b를 b로 보는 순간, 그저 끝난 상태다. 미래도 없고 예측도 불가능하다. 더 이상 창의는 없다.

반면 세지마 류조는 신문에 나온 동정기사들인 b값을 자신의 관심무대 X 위에 옮겨 y^1 석유, y^2 중동, y^3 미국, y^4 중동지역 종교 기념일 등과 같은 중요한 또 하나의 핵심요소값으로 활용했다. 새로 설정한 자신의 창의방정식 무대 위에 다양한 요소들의 상관관계는 두근두근 새롭게 조합되어 핵심 전략이 도출돼 나왔다. 자신이 세팅한 창의방정식 안에서 '기념일에 중동 전쟁발발 가능성이 매우 높다'는 사실을 예측했고, 이에 석유를 미리 사들일 것을 회사에 적극적으로 제안했다. 이런 과정이 세지마 류조의 창의적인 사고의 핵심본질이다.

박노진과 세지마 류조는 모두 평사원으로 입사해 그 기업의 이사, 회장 등 최고 자리까지 올랐다. 이들이 신문을 매일 읽었다든가, 피나는 노력으로 자수성가했다는 해석은 어쩌면 지극히 무의미하다. 왜냐하면 누구나 신문은 매일 읽고 누구나 열심히 피나게 노력하고 있지만 그들처럼 모두 미래를 보는 통찰력과 예측력을 발휘해 불가능해 보이는 목표를 성취할 수 있는 건 아니기 때문이다.

그들의 예측력을 설명할 수 있는 숨은 공통점을 포착해야 한다. 그것은 그들의 머릿속에 공통적으로 일반사람들과 다른 생각의 방식이 작동하고 있다는 점이다. 구체적으로 말하면 어떤 사건을 끝나버린 하나의 결과값(b)에 두지 않고 전체 프로세스 속에 있는 하나의 퍼즐 조각(y^n)으로 보고 창조 프로세스 전체를 스스로 세팅하고자 하는 창의방정식적인 사고다. 99%의 사람들은 보이는 세상, 보이는 결과값인 b를 그저 b로 본다. 그곳에는 어떤 창의도, 아이디어, 예측도 없다. 그러나 이미 창의방정식이 세팅돼 있다면 온갖 b값이 새로운 부가가치를 창출시키고 가치를 창조해내는 y^n값이 된다. 창의적인 사람들은 단순하면서도 명쾌한 이 간단한 원리를 포착한 사람들이다.

그저 창조 프로세스를 이해한 후 자신의 머릿속에 창의방정식을 세팅해 놓기만 하면 누구나 매순간 창조적인 아이디어가 춤을 춘다. 다른 사람보다 훨씬 더 미래 예측력을 높이는 것이 가능하다. 창조 프로세스로 사고하면 예측력이 높아지고 저절로 예측에 맞는 창의적인 아이디어가 무궁무진하게 솟아난다. 그리고 과거와 현재를 통해 미래를 보고 무대의 세팅을 통해 결과를 예측할 수 있다. 미래와 결과값을 현재에 알 수 있으니 무엇보다 이겨놓고 싸우는 것이 가능하다.

특히 자신이 바라는 가장 이상적인 결과값 b를 미리 정해놓고 사전에 '$Xy^n=a$'를 정교하게 세팅해 놓으면 성공확률을 높일 수 있다. 창의방정식은 이런 예측력을 선물로 주기 때문에 우리에게 더 많은 성공의 확률을 손에 쥐어줄 수 있으며 더 창의적인 생각을 할 수 있도록 도와준다.

Think Again

서머셋 모음 광고와 돌멩이 스프, 정주영의 창의성

『달과 6펜스』로 유명한 소설가 서머셋 모음에게는 잘 알려진 일화가 하나 있다. 막 문단에 데뷔했던 무명 시절, 오랜 시간 힘겨운 노력 끝에 한 권의 책을 출간했지만 잘 판매가 되지 않았다. 그렇다고 출판사가 많은 비용으로 광고를 할 형편도 안 됐다. 그는 고민 끝에 아이디어 하나를 생각해 냈다. 그리고는 다음 날 아침 신문에 다음과 같은 구혼 광고를 게재했다.

'마음씨 착하고 훌륭한 여성을 찾습니다. 나는 스포츠와 음악을 좋아하고 성격이 비교적 온화한 젊은이로 백만장자입니다. 나는 모든 점이 최근 서머셋 모음이 쓴 소설의 주인공과 닮은 여성을 찾고 있습니다. 지혜롭고 부드러운 마음씨를 지닌, 그리고 젊은 아름다움을 간직하고 있는 여성이면 됩니다. 자신이 서머셋 모음이 쓴 소설의 주인공과 닮았다

고 생각되시면 지체하지 마시고 즉시 연락해 주십시오.'

광고가 나간 후 서점마다 모음의 소설이 날개 돋친 듯 팔려 나가기 시작했다. 모든 서점에서 모음의 소설이 동이 나버렸을 정도다. 그 후 그는 베스트셀러 작가가 됐다.

그의 기발한 광고아이디어를 좀 더 자세히 분석해 보기 전에 로저 마틴이 쓴 『생각이 차이를 만든다』에 소개된 '돌멩이 스프' 이야기를 소개한다. 그 내용을 요약하면 대략 이렇다.

이글거리는 태양, 타는 목마름, 허기진 배, 며칠을 굶었는지조차 잊어버린 당신은 지금 낯선 광장에 앉아 있다. 아마도 당신은 얼마 버티지 못할 것이며, 당신이 죽어가더라도 광장의 군중들은 아무도 거들떠보지 않을 것이다.

그러나 당신은 아직 여기서 정해진 며칠을 더 버텨야 한다. 당신에게 주어진 것은 오직 세 가지. 빈 냄비와 그 속에 담긴 물, 그리고 돌멩이 하나가 전부다. 이 세 가지 재료를 이용해 당신은 생존의 아이디어를 찾아내야 한다. 당신은 어떻게 살아남을 것인가?

한 창의적인 사람이 재료를 들고 사람들이 가장 많이 지나가는 장소에 자리를 잡는다. 냄비를 두드리며 보란 듯이 돌멩이를 냄비에 넣고 물을 끓이기 시작했다. 돌멩이를 끓이는 어처구니없는 광경에 사람들이 하나 둘 몰려들고 신기한 듯 "지금 뭐하고 있냐?"고 물었다. 그는 진지한 표정으로 다음과 같이 대답했다.

"제가 지금 세상에 다시없는 별미 중의 별미인 돌멩이 스프를 끓이는 중이거든요. 그런데 한 가지 아쉬운 것이 있긴 해요. 돌멩이 스프에 올릴 고명(음식의 모양과 빛깔을 돋보이게 하고 음식의 맛을 더하기 위하여 음식 위에 얹거나 뿌리는 재료)만 조금 있으면 맛이 진짜 끝내줄 텐데."

'설마' 하면서 호기심에 찬 사람들은 직접 자신들이 가져온 고명과 조미료를 넣어 주었다. 설마 했는데 어느새 정말 돌을 끓이다 보니 멋진 음식이 되었다.

이것은 빈 냄비를 들고 광장에 들어설 때 이미 머릿속에 그려진 그림이었다.

모옴과 돌멩이 스프를 만든 이에게 공통적으로 발견할 수 있는 생각의 방식은 전체과정($Xy^n=ab$)을 통찰하고 사전에 세팅시킬 수 있는 안목이 있었다는 점이다. 지금 당장 있지 않는 것과 현재 있는 것, 보이지 않는 것과 보이는 것, 과거와 현재를 현재와 미래까지 확장하여 하나의 전체 프로세스로 사고하는 능력이 그들에게 있었다. 이게 바로 창의성의 본질이다.

모옴은 '팔리지 않는 책' 밖에 없었다. 돌멩이 스프를 만든 아이디어 꾼 역시 아무짝에도 쓸모없는 '돌멩이와 빈 냄비' 밖에 없었다. 그러나 이들은 똑같이 아직 없는, 보이지 않는, 미래의 것까지 연동시켜 전체과정($Xy^n=ab$)을 그릴 수 있는 창의성이 있었다.

이미 존재하는 요소 y^1과 아직 존재하지 않는 요소 y^2를 동시에 무대 위(X)에 세팅하여 기발한 창조물(b)을 탄생시켰다. 그리고 아직 은 상상의 결과인 b값을 홍보마케팅에 활용해 새로운 요소 y^2를 얻는 것이다. 창의성을 발휘함에 있어서 중요한 것은 지금 있느냐 없느냐, 혹은 드러나느냐 드러나지 않느냐가 아니라 창의방정식의 전체를 세팅할 수 있느냐 없느냐로 결정된다.

모음과 돌멩이 스프 이야기를 듣다 보면 딱 떠오르는 이야기가 있다. 바로 정주영 회장의 500원짜리 거북선 지폐 일화다. 정 회장이 울산 미포만에 조선소를 세울 계획을 발표한 뒤 가장 큰 문제는 역시 자금이었다. 1971년 9월 정 회장은 영국 바클레이 은행 차관을 얻기 위해 런던으로 날아갔다. 'A&P 애플도어' 롱바톰 회장을 만나 차관을 요청했지만 조선소 설립 경험도 없고, 선주도 나타나지 않은 상황에서 돌아온 답은 당연히 'No'였다.

그러나 정 회장은 물러서지 않았다. 그는 그 때 바지 주머니에서 당시 이순신장군과 거북선이 그려진 500원짜리 종이지폐를 꺼냈다.

"거북선이오. 우리는 영국보다 300년 앞선 1500년대에 이미 철갑선을 만들었소. 그리고 400여 년 전 일본이 수백 척 배를 몰고 쳐들어 온 것을 이 철갑 거북선으로 다 막아냈소. 다만 쇄국정책으로 산업화가 늦었을 뿐, 그 잠재력은 그대로 갖고 있소." 그런 설득으로 끝내 차관합의를 이끌어 냈다.

아무것도 없는 황량한 조선소 자리 백사장이었지만 결국 그리스 거물 해운업자 리바노스를 만나 26만t짜리 배 두 척을 주문 받았고, 조선소 건립과 동시에 2척의 배를 진수시켰다. 오늘날 세계 최고의 현

대중공업이 그렇게 탄생했다.

정 회장의 머릿속에는 대한민국 조선소 창조의 전체과정($Xy^n=ab$)이 들어 있었다고 볼 수 있다. 그는 당장에 y^1이 있든 없든, y^2가 있든 없든, =이나 a, b가 있든 없든 중요하지 않았다. 상상의 결과인 b로 없는 y^1을 끌어오고, y^n으로 X의 판을 깔고, =으로 y^2를 불러들여 전체를 세팅하면 창조가 이루어진다는 사실을 이미 알고 있었다. 이미 보았기 때문에 확신과 자신감이 있었던 것이다.

사실 창조 프로세스로 사고를 하면 무수한 카드와 패, 관점들이 새로 등장한다. 이 때문에 현실에서 아직 갖춰지지 않은 것뿐만 아니라 미래의 가치까지 앞당겨 창조의 재료로 활용함으로써 합리적으로는 도저히 상상할 수 없는 혁신적인 미래를 창조할 수도 있다.

만약 $Xy^n=ab$에서 b라는 창조 프로세스를 세팅했다면 b의 창조는 미래예측이자 창조결과물이기도 하지만 프로세스 내에서는 또다시 현재의 재료값이기도 하다. 그렇다면 현실적으로 b라는 미래가치까지 현재 요소 y^1, y^2와 더불어 y^3의 요소로 앞당겨 투입할 수 있다.

$$Xy^n = ab(b')$$

예를 들어 1000원을 자신의 재능이나 스킬과 조합하여 두근두근 부가가치를 창출한 뒤 2000원이 창조되도록 완벽한 창조 프로세스를 세팅해 놓았다면, 1000원을 투입할 게 아니라 미래 예측 결과값인 2000원(대출이나 지원금 활용)을 부가가치 창출의 요소로 투입할 수 있다. 이런 통찰력이 있다면 실제로 4000원이 나오도록 세팅하는 것이 가능하다.

창의방정식을 활용한다면 이처럼 1000원을 투입하여 예측되는 미래 결과값인 b(2000원)를 현재의 y^n의 핵심요소로 투입할 때 실제로는 1000원으로 미래 결과값 b′(4000원)를 창조할 수도 있다는 것이다. 과거에서 현재와 미래로, 또한 미래에서 현재로 넘나드는 혁신적인 관점이동이 가능하게 된다. 창의방정식을 가지고 사고를 하게 되면 사고의 지평은 시간을 초월하여 확장되고, '상상력'은 폭발한다.

창의방정식을 세팅할 줄 아는 사람들은 남들에게 때로는 '미친 놈', '엉뚱한 놈', '말도 안 되는 무모한 도전', '사이코 같은 짓', '절대 불가능한 짓'으로 손가락질 받는 경우가 많다. 하지만 그들은 누구보다 확신과 신념을 가지고 밀어붙인다. 결코 흔들리지 않는다. 그 이유는 그들은 '전체'를 이미 봐 버렸기 때문이다. 그리하여 그들은 종종 불가능을 가능으로 바꾼다.

Think Again

'아'자형 인간이 돼라

T자형 인간은 자기 분야는 물론이고 다른 분야에도 두루두루 일가견이 있는 종합적인 사고능력을 가진 사람을 말한다. T의 '—'는 횡적으로 다른 분야에 대한 기본적인 지식과 문제 해결능력 등을 고루 아는 것(generalist)이며, 'ㅣ'는 종적으로 특정 분야의 전문지식과 능력을 깊이 안다(specialist)는 의미다.

다양한 전문 영역들을 알면서 그 영역들의 지식과 정보를 전문성 있고 깊이 있게 아는 T자형 인간이 바로 21세기형 인재상이라고 본다.

그러나 문제는 있다. 창의성이란 '깊이 있는 지식'이나 '폭넓은 지식'과 같이 고정된 것이 아니라 변화무쌍한 환경에 실시간 대응하고 끊임없이 두근두근 반응하여 새로운 조합을 찾아내는 생각의 힘이다. T자형 인간처럼 지식과 정보에 고정돼 있다면 일단 창의의 실패다. 창조 프로세스를 갖추고 있어야 진짜다. 두근두근 반응이 포함되지 않는 것도 문제다. 반드시 한계에 직면한다.

T자형 인간은 기업이 낸 문제를 가장 잘 해결할 수 있는 최고의 인재인 것은 분명하다. 그러나 전혀 새로운 문제정의, 전혀 새로운 무대 세팅, 전혀 새로운 사고의 토대를 구축하는 것과는 분명 차이가 있다. 스티브 잡스가 T자형 인간일까? 그렇지 않다. 잡스는 T자형 인간의 소질도 물론 가지고 있었겠지만 그 이전에 전혀 새로운 문제정의, 전혀 새로운 무대 세팅, 전혀 새로운 생각의 토대를 구축하는 능력이 있었다.

이는 T자형 인간이 기존에 없던 새로운 판을 구축하고 새로운 무대를 세팅하고 새로운 문제를 정의하여 새로운 시장의 영역을 구획해 새로운 문제를 내는 인재는 아니라는 이야기다. 단지 '어떤 인간형'이 무대를 세팅하면 그 위에 T자형 인간들이 답을 찾아낼 뿐이다.

이제 주목해야 하는 것은 T자형 인간이 아니라 그 어떤 새로운 인간형이다. 창의성의 시대에 창의성의 눈을 가진 인재라면 T자보다는 오히려 '아'자형과 어울린다.

'아'자형 인간의 모형은 '창의적인 무대 세팅' 능력을 강조하고 있으며, 창조 프로세스를 반영하고 있다. 창의적인 사람이라면 기존과 다른 새롭고 혁신적인 무대를 세팅할 수 있어야 한다. 진정한 창조자가 되기 위해서는 '깊이 있는 지식'이나 '폭넓은 지식', '융합'같은 것이 아니라 가장 먼저 보이지 않는 무대를 읽고 세팅하는 통찰력이 필요하다.

'T'가 가진 '깊이 있는 지식'이나 '폭넓은 지식', '융합'에 앞서 한 차원 높은 곳에 반드시 'ㅇ'라는 새로운 무대, 새로운 판, 새로운 영역, 새로운 시장, 새로운 문제영역을 통찰할 수 있는 사람이어야 한다.

모든 창조와 모든 혁신은 반드시 보이지 않는 새로운 무대 'ㅇ'에서 출발한다. 창조와 혁신의 출발선을 포착하려는 인재가 바로 '아'자형 인간이다. 이 무대(ㅇ) 위에 'ㅏ'라는 다양한 분야의 깊이 있는 정보들이 두근두근 융합됐을 때 비로소 새로운 아이디어가 나타나고 창의적인 혁신을 창조할 수 있다.

'아'자형 인간은 무엇보다 창조 프로세스 개념을 가진 인재이다. 창조는 반드시 무대라는 공간에 시간의 프로세스를 거쳐 완성된다. 새로운 창조는 무대세팅(ㅇ)→시대의 변화와 다양한 분야의 접목과 만남(ㅣ)→두근두근 반응하여 새롭게 조합된 지점(ㅏ)→콘셉트가 구체적인 형식을 갖춰(ㅡ)→창조(•)로 시간의 흐름을 타고 완성된다. 이 창조 프로세스를 포착하고 통찰하여 마음대로 통제할 수 있는 인간이어야 한다. 그러나 T자형 인간에는 창조를 만들어내는 '시간'과 '변화'의 개념이 전혀 들어있지 않다. 창조와 혁신과 창의는 반드시 새로운 환경의 변화를 실시간 받아들이고 두근두근 반응하여 진행되는 시간의 흐름을 타고 완성된다. 그것이 빠진 창조적인 사고는 결코 없다. 이렇게 볼 때 결국 '아'자형 인간은 창의방정식이라는 창조 프로세스를 머릿속에 세팅해 둔 인재다.

창의방정식($Xy^n=ab$)의 '아'자형 인간

ㅇ : X 무대
ㅣ : y^n 서로 다른(모순) 핵심요소의 만남
ㅏ : = 두근두근 반응하여 새롭게 조합되는 지점
ㅡ : a 콘셉트가 구체적으로 형상화
• : b 창조

세상은 변한다. 인재상도 끊임없이 달라진다. T자형 인간이 '깊이 있는 지식'과 '폭넓은 지식'으로 여전히 많은 영역에서 힘을 발휘한다. 하지만 변화무쌍한 환경에 실시간으로 대응하며 새로운 무대를 발견하고 두근두근 반응하여 새로운 조합을 찾아내는 창의적인 생각의 힘을 가졌다는 의미는 아니다.

창조 프로세스 전체를 통찰하지 못하는 한 피동적인 '을'의 자리에서 탈출할 수 없다. 창의성 시대를 이끌어 나갈 창조적인 분야에는 이보다 한 단계 업그레이드 된 통찰력 있는 인간이 반드시 필요하다. 새로운 창조의 무대를 발견하는 자만이 '갑'의 자리에 올라설 수 있다.

- **T자형 인간**

  피동적 주입식 학원경쟁 → 피동적 명문대학 입시경쟁 → 피동적 스펙경쟁 → 피동적 대기업 취업경쟁 → 피동적 정규직경쟁 → 피동적 기업생존경쟁 → 피동적 전문지식 경쟁 → 피동적 '을'의 인생 → 피동적 생존경쟁, 노후불안

지식으로 무장하여 최고를 달렸다 해도 인생 전체로 보면 성공이라 볼 수 없다. 이미 시작부터 인생은 뻔해졌다는 사실을 인정하고 시작해야 한다. 우리의 삶, 우리 아이들의 삶은 이제 빼도 박도 못하는 '을'의 신세다. 그러니 지금까지와는 완전히 다른 관점으로 세상을 바라보아야 한다. 완전히 창의적인 사고로 인생 무대 전체를 재배치할 줄 알아야 한다.

그러자면 가장 먼저 창조 프로세스 전체를 포착하고, 전체를 포착함으로써 무대를 스스로 세팅할 줄 알게 되며 드디어 세상을 능동적으로 통제하고 지배할 수 있는 사람이 되어야 한다. 바로 '아자형 인간'이다.

- **'아'자형 인간**
  - ㅇ : X 무대 → 자신의 재능과 끼, 관심영역, 미래 세상의 요구
  - ㅣ : y^n 서로 다른(모순) 핵심요소의 만남 → 독서, 지식, 경험, 소질, 재능, 커뮤니케이션, 좋아하는 것, 잘하는 것 + 컨설팅 능력, 해결책의 두근두근 부가가치 창출
  - ㅏ : = 두근두근 반응하여 새롭게 조합되는 지점 → 세상에 단 하나밖에 없는 제1호 전문가, 나만의 컨설턴트 분야 비전
  - ㅡ : a 콘셉트가 구체적으로 형상화 → 젊은 시절 10~20년 데이터베이스, 아이디어 노트(블로그), 해당 분야 100권 독서 정리, 지식 · 경험을 축적하여 체계적으로 관리해 나감.
  - • : b 창조 → 미래 나만의 전문가 창조(가족여행컨설턴트, 인문학마케터, 노인백세컨설턴트, 어린이창의다자이너, 가족화해소통 강사, 이색경험 도전 전문가, 홍보 스토리텔러, 자서전 e-Book쓰기 플래너, 노인패션디자이너, 애완동물학교, 관점디자이너, 회의컨설팅 전문가, 핵심파악 교육가 등)

창의성 시대에는 완전히 다른 두 갈래의 인생과 미래가 우리 앞에 있다. 어떤 길을 걸을 것인가? 자식들에게 어떤 길을 걷게 할 것인가? 결단을 내려야 한다. 그러자면 확신이 필요하고 확신하자면 창조 프로세스 전체를 통찰할 수 있는 능력이 필요하다. 그 능력을 갖기 위해 우리는 '아자형 인간'이 돼야 한다.

보이지 않는 무대 전체를 세팅할 줄 아는 인재, 그들은 바로 '아'자형 인간이다. '아'자형 인간은 '다양한 영역과 전문성의 깊이'가 만나 새로운 가치를 창조할 수 있도록 보이지 않는 무대를 통찰하고 세팅할 수 있는 인재다. 창조 프로세스 전체(아자형)를 통찰하는 인간이 창의성 시대를 지배할 것이다. 창의성시대의 새로운 리더는 '아'자형 인간이다.

Think Again

창의, 너무 쉽다

내가 다닌 중고등학교 이름은 '한알'이다. 여기서 한알은 성경의 요한복음 24절 '내가 진실로 진실로 너희에게 이르노니 한 알의 밀이 땅에 떨어져 죽지 아니하면 한 알 그대로 있고 죽으면 많은 열매를 맺느니라'에서 따왔다. 밀 한 알에는 창의성의 진정한 의미가 들어있다.

한 알 그대로 있는 밀은 결과요, 결과는 부분이다. 전체가 아닌 부분이자 부스러기로는 창의할 수 없다. 창조 프로세스를 세팅할 수 없다. 창의방정식($Xy^n=ab$)에서 말하자면 b값의 밀이다. 같은 밀이지만 b값의 밀은 한 끼 맛있는 식사에 불과하다. 먹어치움으로써 사라지는 것이다. 그것으로 끝이다.

그러나 죽은 밀의 의미는 전체의 시작이다. 전체이니 창의할 수 있다. 창조 프로세스를 세팅할 수 있다. 창의방정식에서 무대 X 위 y^n 값의 밀이 된다. 전체를 세팅할 수 있다면 창조의 출발점이 된다. 죽은 밀이 물과 햇빛을 만나 두근두근 반응하면 싹을 틔워 가을에 많은 열매를 맺고 가족의 1년치 식량이 되고, 가족의 미래가 된다.

'내가 진실로 진실로 너희에게 이르노니 한 알의 밀이 땅에 떨어져 죽지 아니하면 한 알 그대로 있고 죽으면 많은 열매를 맺느니라'라는 메시지는 한마디로 지금 당장 '내 생각, 좋은 생각'을 거부하고 멀리 내다보며 '창의하라'는 이야기다. 보기에 똑같은 밀이라도 '한 알 그대로 있는 밀'은 창의할 수 없으니 '죽은 밀'로 창의하라는 것이다. 눈길을 끄는 b에 관심을 접고 창조의 시작이 되는 X로 눈을 돌려 더 큰 가치를 만들라는 주문인 셈이다.

나란 누구인가? 지금 이 순간 나는 b인가? 틀렸다. 거긴 두근두근이 없다. 고정된 것, 끝난 것은 죽은 것이다. 정답은 $Xy^n=ab$에 있다. 진정한 나는 흐르는 프로세스다. 여기엔 두근두근이 들어 있다. 삶이라는 끊임없는 창조의 과정 속에 내가 존재하고 있는 것이다.

멈춰있는 차와 달리는 차가 있다면, 멈춰있는 차는 아무것도 창조하지 않는다. 거기엔 두근두근이 없기 때문이다. 달리는 차는 창조적이다. 거기엔 보이지 않아도 운전자와 핸들이 두근두근이 조합돼 있다. 멈춰있는 차는 아무런 의미가 없고 달리는 차만이 가치를 창조한다.

창의성은 의외로 쉽다. 두근두근이 없는 밀을 보지 말고 두근두근이 있는 밀을 발견하면 된다. 그대로 있는 '밀'에서 죽은 '밀'을 보는 통찰력을 얻으면 된다.

고정된 '나'를 버리고 살아가는 '나'를 발견하면 된다. 멈춘 자동차를 보지 말고 달리는 자동차를 보면 된다. 그저 이쪽에서 저쪽으로 눈길을 돌리면 되는 것이다. 드러나는 b에서 드러나지 않는 X로 시선을 돌리면 저절로 창의성이 작동하기 시작한다. 창의방정식대로 부분이 아닌 전체 프로세스를 보면 창조적인 판단을 할 수 있다.

평범한 사람의 생각 : 결과값

부부
취업 합격
나
책상
실패
성공
행복
돈
멋진 인생

창의적인 사람의 창의방정식($Xy^n=ab$) : 창조 프로세스

두근두근 → 부부
두근두근 → 취업 합격
두근두근 → 나
두근두근 → 책상
두근두근 → 실패
두근두근 → 예술품
두근두근 → 성공
두근두근 → 행복
두근두근 → 돈
두근두근 → 멋진 인생

보통사람들이 평범하게 결과값(좋은 리포트, 좋은 보고서, 좋은 기획서, 좋은 자기소개서, 좋은 생각, 좋은 디자인, 좋은 글, 좋은 아빠, 좋은 연인, 좋은 인간관계…)에 관심을 둘 때 창의적인 사람들은 거기서 시선을 돌려 무대를 읽고 그 위에서 두근두근을 조합한다.

어떤 것을 창조하고 싶다면 이렇게 눈을 반대로 돌려 창의방정식을 전개해 나가면 된다. b의 결과값에 대입할 수 있는 것은 그 무엇이어도 좋다. 죽을 때 참 멋진 인생이었다고 말할 수 있는 사람이 되고자 한다면 인생(X)이라는 무대 위에 수많은 두근두근(y^n)을 가득 채워 가면 된다. 당장 '좋은 기획서'를 창조하고 싶다면 이 역시 창의방정식을 따라가면 가능하다. 당신은 지금 무엇을 간절하게 창조하고 싶은가?

- 행복
- 목표
- 성취
- 돈
- 성공

이런 결과값을 창조하고 싶을 때 보통 사람들은 이렇게 생각한다.

- 행복하게 지내고 싶다. 더 열심히 행복하게 지내야지…….
- 목표를 이루고 싶다. 더 열심히 해서 목표를 이루어야지…….
- 성취하고 싶다. 더 열심히 해서 성취해야지…….
- 돈을 벌고 싶다. 더 열심히 돈을 벌어야지…….
- 성공하고 싶다. 더 열심히 해서 성공해야지…….

그러나 이런 사고패턴으로는 창조를 이룰 가능성은 낮다. 행복을 찾고자 발버둥 치면 칠수록 행복은 멀리 달아난다. 목표를 이루고자 발버둥 칠수록 목표가 오히려 멀어진다. 돈을 벌겠다고 돈을 좇으면 좇을수록 돈은 더 빨리 도망간다. 성공하겠다고 끊임없이 성공을 좇아다니면 성공은 어느새 저멀리 달아난다. 왜 이런 현상이 벌어지는지 창의방정식은 분명히 알려준다. 이것들의 자리는 창의방정식에서 창조의 시작인 X의 무대값이 아니라 b의 값이기 때문이다. 원하는 것을 창조하고 싶다면 눈을 반대로 돌려야 한다. b값에 고정됐던 눈을 돌려 X값의 무대를 발견하고 거기에서부터 출발해야 한다.

[두근두근] → 행복, 목표, 성취, 돈 , 성공

X : ?
y^n : ?
= : ?
a : ?
b : 행복, 목표, 성취, 돈 , 성공

Xy^n=ab의 프로세스를 설계해야 끝내 행복을 얻고 목표를 이루고 성취하고 돈을 벌고 성공한다는 사실을 포착해야 한다. b값에 행복, 목표, 성취, 돈, 성공이라는 결과값이 나오기 위해 지금 X에, y^n에 무엇을 대입해야 하느냐? 창의방정식이 그것을 딱 꼬집어 알려 준다.

- '?'를 하니 그 결과 행복해졌다.
- '?'를 재미있게 하다 보니 그 결과 돈을 많이 벌게 됐다.
- '?'를 하다 보니 어느새 성공해 있더라.
- '?'를 하다 보니 성취감을 느낄 수 있었다.

그 '?'는 주로 'Xy^n'의 영역이다. 그 생각의 퍼즐조각들을 완전한 하나로 세팅해 나가는 것이 창의적인 사람들이 진행하는 공통적인 사고방식이다.

과거(Xy^n)는 현재(ab)를 지배한다. 전체(Xy^n)는 부분(ab)을 지배한다. 창의성은 현재와 부분을 넘어 과거와 전체를 하나로 완성시키는 능력이다. 창의방정식은 창조적인 생각퍼즐을 완성시키는 유일무이한 설계도이다. 창의방정식은 지금 당신에게 꿈을 이루기 위해 어

떻게 창조 프로세스를 세팅하고 무엇을 우선순위로 하여 어디에 초점을 맞춰 어떻게 의사결정을 내려야 하는지 정확하게 알려주는 내비게이션이 된다.

남과 다른 생각을 내놓으려 하거나 창조적인 결과물, 뛰어난 것, 최고를 만들려고 하는 것은 가짜 창의성이다. 그냥 그것들이 이루어지는 창조 프로세스를 발견하는 것이 진짜 창의성이다.

남과 다른 생각, 창조적인 결과물, 뛰어난 것, 최고 등은 수백, 수천 가지 끝도 없는 무한대로 늘어나니 어렵다. 하지만 완벽한 창조 프로세스는 오직 1개 뿐이다. 필요할 때마다 창조 프로세스의 b값에 남과 다른 생각, 창조적인 결과물, 뛰어난 것, 최고 등 필요한 무수한 결과값을 그때그때 상황에 따라 대입하여 생각퍼즐을 조합하면 된다.

당신의 꿈과 목표는 무엇인가? 사랑이든 부든, 행복이든, 성공이든, 성취든, 건강이든 그 어떤 것이든 상관없다. 원하는 결과를 창의방정식의 b값에 대입한 후 어떤 무대 X 위에 어떤 y^n을 두근두근 조합시킬 것인가를 끊임없이 생각하고 세팅해 나간다면 창조의 확률은 매일매일 1%씩 높아지게 될 것이다. 결과는 저절로 당신을 따라온다.

Think Again

EPILOGUE

머릿속에 창의방정식을 장착하라!

"내 인생을 어떻게 사는 것이 좋을까요?"

"이제 어떤 선택을 해야 할지 점괘를 좀 봐 주세요?"

"왜 늘 앞날이 이렇게 불안할까요? 조언 좀 주세요?"

대부분의 사람들은 자신이 제대로 삶을 살고 있는지 궁금해 하고 불안해한다. 지금 자신이 제대로 살고 있는 건지, 자신이 선택한 것이 옳은 건지, 누군가에게 끊임없이 확인받고 싶어 한다. 다른 사람들에게 상담하는 것도, 또한 점쟁이를 찾아가는 것도 그런 이유다.

그런데 왜 사람들은 자기 삶에 대해 그렇게 확신을 가지지 못하는 것일까? 자신의 삶을 온전히 자신이 세팅하지 못했기 때문이다. 다른 사람들이 이미 세팅해 놓은 창의방정식에 y^2라는 부분의 역할을 떠맡고 있기 때문이다.

자신이 잘 살아가고 있는지 불안한 사람들

b : 현재의 결과

=> 외적인 욕망, 사회적 시선, 다른 사람들의 바람(태그사고)과 원인

대부분의 사람들은 자기 안에 창의방정식을 가지고 있지 않다. 외부의 태그사고에 의해 만들어진 자기의 결과를 가지고 있다. 그 결과는 막연하고 일부분이고 앞도 없고 뒤도 없고 미래도 없다. 외로운 무인도다. 그러니 자신의 현재 모습에 불안하다. 자신이 잘 살고 있는지, 자신이 앞으로 어떻게 살아가야 하는지 모호하고 답을 찾을 수 없다.

이렇게 우리 안에 창의방정식이 세팅돼 있지 않으면 오늘도 뭔가 그럴듯한 외부 태그를 찾는 하이에나가 된다. 결국 내가 내 삶의 주인이 되지 못하는 이유는 내 안에 창의방정식이 없기 때문이다. 외부 태그 욕망들이 내 삶을 지배하기 때문이다.

인생에 정답이란 정말 없는 것일까? 인생의 정답은 분명히 있다. 옳은 방법과 방향은 정해져 있다. 그건 내 안의 창의방정식을 남이 설계하도록 맡기는 것이 아니라 내 스스로가 세팅하는 것이다. 그 순간 자신감과 열정이 넘친다. 꽉 찬 충만감으로 채워진다. 나만의 이

야기가 자동으로 생겨난다. 자신에 대한 확신과 신념이 있고 도전하고 싶고 1만 시간, 10만 시간, 100만 시간이라도 시간 가는 줄 모르고 노력하고 싶어진다. 행복을 느낄 수 있다. 그런 만큼 부가 따라올 가능성도 높아진다. 자기 안에 자신만의 창의방정식 전체를 세팅하고 있는 사람이라면?

자신에 대한 확신과 신념이 있는 사람들

X : 나와 세상의 무대를 본다.

y^n : 나의 재능, 끼, 하고 싶은 것, 되고 싶은 것, 다양한 기대치 등의 요소를 모은다.

= : 최적으로 조합된 교집합에 나만의 콘셉트를 찾아낸다.

a : 나의 콘셉트를 펼쳐 하나씩 목표를 실행해 나간다.

b : 나만의 스타일과 목표를 하나씩 실행해 가고 있는 현재의 나!

외부의 태그사고가 아니라 내 자신의 창의방정식을 세팅해 현재의 '나'(b)를 만들어 낸다. 이런 '나'들은 자신이 어디에서 출발하여 어디로 향해 가고 있으며 앞으로 어디로 가야할지 분명하게 알고 있다. 인생 전체무대를 알고 가는 것! 창의방정식은 바로 그 전체를 선명하게 보여 주는 이정표다. 이것이 인생의 정답이다.

우리가 창의성과 창의방정식을 가져야 하는 또 다른 이유가 있다. 인간은 반드시 죽기 때문이다. 삶은 유한하다. 만약 인간이 죽지 않는다면 굳이 창의성이나 창의방정식이 필요 없다. 막 살아도 된다. 무한한 시간이 있기에 그저 하나하나 1타1피, 100타100피, 10000타10000피 하다 보면 언젠가는 창조해 낼 수 있다.

그러나 인간은 그럴 수 없다. 한정돼 있는 '인생의 시간'이라는 전제조건이 걸려있기 때문이다. 모션사고의 오류에서 빠져 나와야 하고 태그사고를 극복해야 한다. 당장의 이익과 효율을 버리고 장기적으로 우리에게 필요한 소중한 것들을 우선순위에 둘 수 있어야 한다. 이 문제를 해결하기 위한 유일무이한 도구가 바로 창의성이다. 유한한 삶 안에 새로운 것을 창조하고 싶다면 오늘부터 창의방정식을 가지고 창의성을 발휘하며 살아야 한다.

인류의 사고는 현재 4단계를 거치며 진보 중이다. 1단계는 무지의 시대였다. 오직 환경의 지배를 받았다. 2단계는 신의 시대였고, 성경의 사고가 지배했다. 신의 시대가 가고 3단계인 과학의 시대가 열렸다. 과학의 시대의 중심에는 코페르니쿠스와 뉴턴의 합리적인 사고가 있었다.

이제 4단계인 창의의 시대가 시작되었다. 창의성의 시대를 여는 열쇠는 창의방정식이다. 종교의 바이블이 '성경'이라면 창의적인 사고의 바이블은 창의방정식이다. 세상만물 세상만사는 모두 같은 창조 프로세스를 거쳐 나왔으며, 앞으로도 나올 것이기 때문이다. 우리는 이미 이 책을 읽는 동안 창의방정식이라는 엄청난 무기를 머릿속에 장착했다. 우리는 인간이 질문해 온, 앞으로 질문해 올 모든 질문에 명쾌하게 답할 수 있다. 인류가 묻는 그 어떤 질문이라 하더라도 그 답은 $Xy^n=ab$이다. 이 답을 들고 각자의 길을 가면 된다.

이제 세상에 필요한 무수한 창조작업에 뛰어들 준비를 모두 갖췄다. 인간관계, 진로, 취업, 비즈니스, 경쟁전략, 정치, 경제, 교육, 학습법, 기획, 창업, 의학, 역사, 범죄, 문화예술, 전쟁, 과학, 역사, 미래예측 등 어떤 분야라도 상관없다. 자신이 선택한 무대를 발견하는 순간, 반드시 가장 창조적인 답을 찾을 수 있다. 창의방정식이라는 나침반을 들고 당신이 꿈꾸는 목표를 향해 무수한 창조에 도전하기만 하면 된다.

지금 실패하고 있다면, 변화하고 싶다면, 매순간 기존과 다른 창조적인 의사결정을 하고 싶다면 그리고 창조적인 사람이 되고자 한다면 이미 창조게임이 끝난 b값에 얼쩡대지 말고 치열하게 창조의 근원인 X값을 추적하여 매순간 창의방정식($X+y^n+=+a+b$)으로 설계도를 그려나가면 된다. 반드시 창조는 이루어진다. 행운을 빈다.

참고도서 및 기타 도움 자료

※ 창의성의 관심무대(X)에서 이 책(b)을 창조할 수 있도록 해 준 나의 두근두근 y^n 도서들

생각이 차이를 만든다 / 로저 마틴 / 지식노마드

제7의 감각 전략적 직관 / 윌리엄 더건 / 비즈니스맵

생각의 출현, 뇌 / 박문호 / 유머니스트

생각의 탄생 / 로버트 루트번스타인, 미셸 루트번스타인 / 에코의 서재

착각하는 뇌 / 이케가야 유지 / 리더스북

통찰모형 스핑클 / 신병철 / 웅진윙스

욕망의 연금술사, 뇌 / 모기 겐이치로 / 사계절

뇌 과학이 밝혀낸 욕망의 심리학, 만족 / 그레고리 번스 / 북섬

당신의 뇌를 믿지 마라 / 캐서린 제이콥슨 라민 / 흐름출판

지두력 / 호소야 이사오 / 이레

몰입 / 황농문 / 랜덤하우스

탁월한 아이디어는 어디서 오는가? / 스티븐 존슨 / 한국경제신문사

천만불짜리 아이디어 / 필듀센베리 / 랜덤하우스

아이디어 머신 / 나쟈 슈네츨러 / CREDU

아이디어 에러디어 / 배상문 / 북포스

회사를 살리는 아이디어 42가지(모순 속에 숨은 진주, 트리즈) / 송미정 김경철 / 연합뉴스

상상력에 불을 지피는 아이디어 충전소 / 박종하 / 더난출판

이매지너 / 김영세 / 흐름출판

결과를 만드는 사람들의 공통적인 습관 WHY, 첫 번째 질문 / 류랑도 / 에이트포인트

최강제안경쟁 프레젠테이션 / 김용기 / 한스미디어

기획의 정석 / 박신영 / 세종서적

성공하는 사람은 발상이 다르다 / 나채훈, 홍인성 / 싱크뱅크

스티브잡스 / 월터 아이작슨 / 민음사

스티브잡스 이야기 / 짐 코리건 / 명진출판

다빈치가 그린 생각의 연금술 / 신동운 / 스타북스

레오나르도 다빈치처럼 생각하기 / 마이클J. 갤브 / 대산출판사

레오나르도 다빈치 / 지크문트 프로이트 / 여름언덕

레오나르도 다빈치 / 글 권용찬 그림 지혜경 / 돌베개

1년만 미쳐라 / 강상구 / 좋은책만들기

위대한 생각의 발견(역사상 가장 위대한 천재들의 생각기술) / 마이클 겔브 / 추수밭

위대한 생각의 힘 / 제임스 앨런 / 문예출판사

성격심리학 (성격에 대한 관점들) / 찰스 S. 카버ㅣ 김교헌 역 / 학지사

제갈공명 / 유재주 / 돋을새김

삼국지 / 이문열 / 민음사

익숙한 것과의 결별 / 구본형 / 을유문화사

아웃라이어 / 말콤 그래드웰 / 김영사

디테일의 힘 / 왕중추 / 올림

생각하라 그러면 부자가 되리라 / 나폴레온 힐 / 국일미디어

강방천의 투자이야기 / 강방천 / 에셋플러스 자산운용

연금술사 / 파울로 코엘료 / 문학동네

10년 법칙 / 공병호 / 21세기북스

보랏빛 소가 온다 / 세스 고딘 / 재인

믹스 / 이동조 / 엘도라도

나를 부자로 만드는 생각 / 로버트 콜리어 / 느낌이 있는 책

한국의 영업왕 열전 / 장승규 / 살림비즈

비즈니스 모델의 탄생 / 알렉산더 오스터왈더, 예스 피그누어 / 타임비즈

컨셉의 연금술사 / 탁정언 / 국일미디어

감칠맛전략(꿈끼꾀끈깡꼴꾼) / 이동조 / 동아일보사

한국의 기획자들 / 기획이노베이터그룹 / 토네이도

심플렉서티 / 제프리 클루거 / 민음인

잘되는 나를 만드는 최고의 습관 / 고다바 마쓰오 / 전나무숲

통찰의 기술 / 신병철 / 지형

역사란 무엇인가 / E.H. 카 / 까치

로마인이야기(율리우스 카이사르1.2) / 시오노 나나미 / 한길사

빌 게이츠 / 하지혜 / 김&정

이기적인 시간술 / 이토 마코토 / 전나무숲

생각정리의 기술 / 드니르보 외 / 지형
꿈꾸는 다락방 / 이지성 / 국일미디어
아프니까 청춘이다 / 김난도 / 쌤앤파커스
이코노믹 씽킹 / 로버트 프랭크 / 웅진 지식하우스
경영불변의 법칙 / 피터 R. 가버 / 전나무숲
야마다 사장, 샐러리맨의 천국을 만들다 / 야마다 아키오 / 21세기북스
당신의 소중한 꿈을 이루는 보물지도 / 모치즈키 도시타카 / 나라원
이기적인 시간술 / 이토 마코토 / 전나무숲
마케팅의 99%는 기획이다 / 야마모토 나오토 / 토네이도
잠자기 전 5분 / 나카이 다가요시 / 전나무숲
부자의 경제학 빈민의 경제학 / 유시민 / 푸른나무
경제학 콘서트 / 팀 하포드 / 웅진 지식하우스
실전에 강한 MBA마케팅 / 다카세 히로시 / 원앤원북스
한국의 글쟁이들 / 구본준 / 한겨레출판
아프리카에서 온 암소 9마리 / 박종하 / 다산북스
총각네 야채가게 / 김영한, 이영석 / 거름
마시멜로 이야기 / 호아킴 데 포사다, 엘런 싱어 / 한국경제신문
다산선생 지식경영법 / 정민 / 김영사
생각의 법칙 / 존 맥스웰 / 청림출판
히든카드 / 이동조 / 팜파스
직관형 인간 / 삭티 거웨인 / 뜰
시크릿 / 로다 번 / 살림비즈
신념의 마력 / 클로드 보리스톨 / 비즈니스북스
이기는 습관 / 전옥표 / 쌤앤파커스
낙타, 바늘구멍 통과하다 / 임문수, 정해영 / 이코북
두부 한 모 경영 / 다루미 시게루 / 전나무숲
몰입의 법칙 / 김용욱 / 21세기북스
18시간 몰입의 법칙 / 이지성 / 맑은소리
5분, 몰입의 기술 / 윤홍식 / 한스미디어
미쳐야 미친다 / 정민 / 푸른역사

마케팅 천재가 된 맥스 / 제프 코스, 하워드 스티븐스 / 위즈덤하우스
대한민국 일등상품 마케팅전략 / 조서환, 추성엽 / 위즈덤하우스
비전에 생명력을 불어넣어라 / 정철상 / 중앙경제평론사
마케팅 불변의 법칙 / 알 리스, 잭 트라우트 / 비즈니스맵
앨빈 토플러, 불황을 넘어 / 앨빈토플러 / 청림출판
무지개 원리 / 차동엽 / 위즈 앤 비즈
경제학 들어가기 / 이준구, 이창용 / 법문사
부자들의 음모 / 로버트 기요사키 / 흐름출판
이봐, 해봤어? – 정주영 / 박정웅 / 에프케이아이미디어
계속모드 / 오오하시 에츠오 / 다산라이프
죽도록 일하지 않고 성공하는 법 / 로버트 크리겔 / 한스미디어
천재의 두 얼굴 / 다큐멘터리 Q채널
창의성을 찾아서 / 다큐멘터리 EBS
TED 강연 동영상
유튜브에 공개된 수많은 창의성, 인문학 영상 강연
그 외 다양한 신문기사들, 조언자들의 도움.

창의방정식의 비밀

1판 1쇄 인쇄 | 2020년 2월 25일
1판 1쇄 발행 | 2020년 2월 28일

저 자 | 이동조
펴낸이 | 전익균, 강지철
기 획 | 1인1책
이 사 | 김기충
관 리 | 김영진, 정우진
편 집 | 김 정
마케팅 | 팀메이츠

펴낸곳 | 도서출판 새빛, 유피피코리아
전 화 | 02)2203-1996 **팩 스** | 050)4328-4393
출판문의 및 원고투고 이메일 | svedu@daum.net
등록번호 | 제215-92-61832호 **등록일자** | 2010. 7. 12

값 16,000원
ISBN 978-89-92454-81-0(03190)

이 도서의 국립중앙도서관 출판시도서목록(CIP)은 서지정보유통지원시스템 홈페이지(http://seoji.nl.go.kr)와 국가자료공동목록시스템(http://www.nl.go.kr/kolisnet)에서 이용하실 수 있습니다.(CIP제어번호 : CIP2020005760)